Kohlhammer

Analytische Psychologie C. G. Jungs in der Psychotherapie

Herausgegeben von Ralf T. Vogel

Eine Übersicht aller lieferbaren und im Buchhandel angekündigten Bände der Reihe finden Sie unter:

 https://shop.kohlhammer.de/analytische-psychologie-cg-jungs

Der Autor

Dr. med. Stephan Alder arbeitet seit über 30 Jahren in ambulanter Vertragsarztpraxis für Psychiatrie, Neurologie, Psychotherapie, Psychoanalyse (inklusive Gruppenanalyse) in Potsdam und ist zusätzlich als Dozent (IfP-Berlin, C. G. Jung-Institut Berlin), Gruppenlehranalytiker (Berliner Institut für Gruppenanalyse), zudem in Potsdam (Institut für Psychotherapie Potsdam) und Heidelberg (Institut für Gruppenanalyse Heidelberg) sowie Moskau und Shanghai als Lehranalytiker (DGPT, IfP-Potsdam, Ärztekammer Brandenburg) tätig. Schwerpunkte seiner Arbeit sind die psycho- und gruppenanalytische Arbeit für Menschen mit Angststörungen, Depression, Psychosen und dissoziativen Störungen durch Traumata. Er ist Mitglied in mehreren Fachgesellschaften: DGAP-IAAP, DGPT, D3G, GASI, IAGP, DGPPN; Initiator der psychohistorischen Trialog-Konferenzen. Preisträger der International Dialogue Initiative (IDI). Zudem Balintgruppenleiter der Deutschen Balintgesellschaft.

Korrespondenzadresse:
Dr. med. Stephan Alder, Facharztpraxis Stephensonstraße 16, 14482 Potsdam. E-Mail: praxis@stephan-alder.com

Stephan Alder

Psychodynamisches und analytisches Arbeiten mit Gruppen

Mit einem Vorwort von Robi Friedmann

Verlag W. Kohlhammer

Dieses Werk einschließlich aller seiner Teile ist urheberrechtlich geschützt. Jede Verwendung außerhalb der engen Grenzen des Urheberrechts ist ohne Zustimmung des Verlags unzulässig und strafbar. Das gilt insbesondere für Vervielfältigungen, Übersetzungen und für die Einspeicherung und Verarbeitung in elektronischen Systemen.

Pharmakologische Daten verändern sich ständig. Verlag und Autoren tragen dafür Sorge, dass alle gemachten Angaben dem derzeitigen Wissensstand entsprechen. Eine Haftung hierfür kann jedoch nicht übernommen werden. Es empfiehlt sich, die Angaben anhand des Beipackzettels und der entsprechenden Fachinformationen zu überprüfen. Aufgrund der Auswahl häufig angewendeter Arzneimittel besteht kein Anspruch auf Vollständigkeit.

Die Wiedergabe von Warenbezeichnungen, Handelsnamen und sonstigen Kennzeichen berechtigt nicht zu der Annahme, dass diese frei benutzt werden dürfen. Vielmehr kann es sich auch dann um eingetragene Warenzeichen oder sonstige geschützte Kennzeichen handeln, wenn sie nicht eigens als solche gekennzeichnet sind.

Es konnten nicht alle Rechtsinhaber von Abbildungen ermittelt werden. Sollte dem Verlag gegenüber der Nachweis der Rechtsinhaberschaft geführt werden, wird das branchenübliche Honorar nachträglich gezahlt.

Dieses Werk enthält Hinweise/Links zu externen Websites Dritter, auf deren Inhalt der Verlag keinen Einfluss hat und die der Haftung der jeweiligen Seitenanbieter oder -betreiber unterliegen. Zum Zeitpunkt der Verlinkung wurden die externen Websites auf mögliche Rechtsverstöße überprüft und dabei keine Rechtsverletzung festgestellt. Ohne konkrete Hinweise auf eine solche Rechtsverletzung ist eine permanente inhaltliche Kontrolle der verlinkten Seiten nicht zumutbar. Sollten jedoch Rechtsverletzungen bekannt werden, werden die betroffenen externen Links soweit möglich unverzüglich entfernt.

Abb. 2.1, 3.1, 3.2, 3.3, 3.4, 3.5, 3.6 und 3.7: Dominique Benirschke

1. Auflage 2025

Alle Rechte vorbehalten
© W. Kohlhammer GmbH, Stuttgart
Gesamtherstellung: W. Kohlhammer GmbH, Heßbrühlstraße 69, 70565 Stuttgart
produktsicherheit@kohlhammer.de

Print:
ISBN 978-3-17-037567-3

E-Book-Formate:
pdf: ISBN 978-3-17-037568-0
epub: ISBN 978-3-17-037569-7

Geleitwort

Dieser Buchreihe gebe ich sehr gerne ein Geleitwort mit auf den Weg. Dies geschieht heute an einer Station in der psychotherapeutischen Landschaft, von der aus man fast verwundert zurückblickt auf die Zeit, in der sich Angehörige verschiedener »Schulen« vehement darüber stritten, wer erfolgreicher ist, wer die besseren Konzepte hat, wer zum Mainstream gehört, wer nicht, und – wer, gerade weil er nicht dazu gehört, deshalb vielleicht sogar ganz besonders bedeutsam ist. Unterdessen wissen wir aufgrund von Studien zur Psychotherapie, dass die allgemeinen Faktoren, wie zum Beispiel die therapeutische Beziehungsgestaltung, verbunden mit der Erwartung auf Besserung, wie die Ressourcen der Patienten, wie das Umfeld, in dem die einzelnen leben und in dem sie behandelt werden, eine größere Rolle spielen als die verschiedenen Behandlungstechniken. Zudem – und das zeigen auch Forschungen (PAPs-Studie, Praxisstudie Ambulante Psychotherapie Schweiz) – werden heute von den Therapeutinnen und Therapeuten neben den schulspezifischen viele allgemeine Interventionstechniken angewandt, vor allem aber auch viele aus jeweils anderen Schulen als denen, in denen sie primär ausgebildet sind.

Gerade aber, weil wir unterdessen so viel gemeinsam haben und unbefangen auch Interventionstechniken von anderen Schulen übernehmen, wächst auch das Interesse daran, wie es denn um die Konzepte der »jeweils Anderen« wirklich bestellt ist. Als Jungianerin bemerke ich immer wieder, dass Theorien von Jung als »Steinbruch« benutzt werden, dessen Steine dann in einer neuen Bauweise, beziehungsweise in einer neuen »Fassung« erscheinen, ohne dass auf Jung hingewiesen wird. Das geschah mit der Jung'schen Traumdeutung, von der viele Aspekte überall dort übernommen werden, wo heute mit Träumen gearbeitet wird. Dass C. G. Jung zwar auch nicht der erste war, der mit Imaginationen intensiv gearbeitet hat,

Imagination aber zentral ist in der Jung'schen Theorie, wurde gelegentlich »vergessen«; die Schematheorie kann ihre Nähe zur Jung'schen Komplextheorie, die 100 Jahre früher entstanden ist, gewiss nicht verbergen. Vieles mag geschehen, weil die ursprünglichen Konzepte von Jung zu wenig bekannt sind. Deshalb begrüße ich die Idee von Ralf Vogel, eine Buchreihe bei Kohlhammer herauszugeben, bei der grundsätzliche Konzepte von Jung – in ihrer Entwicklung – beschrieben und ausformuliert werden, wie sie heute sich darstellen, mit Blick auf die Verbindung von Theorie und praktischer Arbeit. Ich bin sicher, dass von der Jung'schen Theorie mit der großen Bedeutung, die Bilder und das Bildhafte in ihr haben, auch auf Kolleginnen und Kollegen anderer Ausrichtungen viel Anregung ausgehen kann.

Verena Kast

Inhaltsverzeichnis

Geleitwort 5

Vorwort 11

Danksagungen 13

1 **Einführung** 15
  1.1 Typisches in der Gruppenpsychotherapie 17
  1.2 Archetypisches in der Gruppenpsychotherapie 18
  1.3 Zielstellung 19
  1.4 Psychodynamische Gruppenpsychotherapie –
      Einordnung als psychotherapeutisches Verfahren ... 20
  1.5 Die Gruppenpsychotherapie und die Analytische
      Psychologie 21

2 **Theorie** 25
  2.1 Gruppenpsychotherapie 25
  2.2 Gruppenpsychotherapie – eine erste
      psychodynamisch-analytische Begriffsbestimmung .. 45
  2.3 Das Unbewusste 60
  2.4 Theoretische Grundlagen der psychodynamischen
      und gruppenanalytischen Theorie mit Bezug zur
      OPD (Beziehung, Konflikt, Struktur und Gruppe) ... 68
  2.5 Kleinste psychische Einheiten – Emotionen,
      Gefühle, Motivationen, Szenen, Feld (Gefäß),
      Körper, Gruppen, szenischer Komplex 84
  2.6 Gruppe 93

	2.7	Common-Ground-Aktivität	106
	2.8	Geschichte – analytische Gruppenpsychotherapie mit jungianischen Beiträgen	108
	2.9	Zur Wirksamkeit und Effektstärke von Gruppenpsychotherapie	111

3 Praxisteil ... 112

3.1 Indikation und Kontraindikation zur Gruppenpsychotherapie ... 113
3.2 Erstgespräch 1, Einstieg, diagnostische Fragen als intersubjektive Szene und Erzählung ... 115
3.3 Eine Gruppentherapie beginnt – fantasiert und/oder real ... 131
3.4 Ziele und Interventionen in der (intersubjektiven) Bezogenheit ... 136
3.5 Aufgaben und Bedeutung der Gruppenleitung in Klinik und Praxis ... 184
3.6 Gruppenphänomene – Gruppenmuster als Widerstand und kreative Leistung ... 191

4 Stationäre Gruppentherapie ... 212

4.1 Psychodynamisches Kurz-Zeit-Konzept – Aufgaben des Gruppentherapeuten ... 214
4.2 Agenda-Gruppe nach Yalom/1–3 Stunden Fokus-Gruppe ... 220

5 Ambulante Praxis ... 223

5.1 Rahmenbedingungen im vertragsärztlichen und psychotherapeutischen Alltag ... 223
5.2 Stundenkontingente im Rahmen der gesetzlichen Krankenkassen für die ambulante kassenärztliche und kassenpsychotherapeutische Versorgung ... 225
5.3 Unterschied und Übereinstimmung zwischen psychodynamischer und analytischer Gruppentherapie ... 227

| 6 | Kompetenzen in Klinik und Praxis | 229 |
| 7 | Schlusswort – Begegnung und Versöhnung mit dem Gruppalen | 233 |

Literatur 235

Stichwortverzeichnis 245

Vorwort

Stephan Alder stellt im vorliegenden Band einen enormen Reichtum an Informationen über verschiedene gruppentherapeutische und (jungianische) analytische Ansätze zur Verfügung. Dabei beschreibt er nicht weniger als sieben kurze Zusammenfassungen der leitenden Richtungen in der Gruppenpsychotherapie – angefangen von Burrow, dann Foulkes, Hobson, Bion, Schulz-Venrath, Haubl & Lamott. Wenn Dorst auch in dieser illustren Reihe steht, ist es eine Orientierung für das ganze Buch: Die Gruppenteilnehmenden erleben immer wieder, dass der Außenseiter, der aggressiv abgelehnt oder ausgestoßen wird, gleichzeitig der dunkle Bruder ist, den man nicht annehmen kann. Alder zitiert ein wegweisendes Prinzip seiner Auffassung der analytischen Gruppentherapie: »Es geht um das Wiedererkennen der inneren Prozesse im sozialen Geschehen. Damit geschieht über die soziale Interaktion das Werden der inneren Vollständigkeit, die Jung unter anderem als Ziel der analytischen Arbeit formuliert hat« (Seifert, 1985, S. 182).

Gesundheit und Psychopathologie werden bei Alder diskutiert. Haben psychische Krankheiten mit fehlender Integration im Einzelnen zu tun oder eher mit gruppalen Spaltungsphänomenen – oder gilt beides? Sind es Individual-Archetypen die wir beobachten, oder eher archetypische Beziehungsmuster? Alder verknüpft Foulkes' Ansicht einer mobilen Lokalisierung der Pathologie »zwischen« bezogenen Personen mit der Operationalisierten Psychodynamische Diagnostik. Die Diskussion darüber ist für klinisch Tätige sehr hilfreich. Alder ist der Überzeugung, dass »die qualitative Trennung von persönlichem und kollektivem bzw. sozialem Unbewussten aufgegeben und durch (…) den Blick für das Multipersonale und Soziale/Gruppale ersetzt werden sollte« (2.2.1).

Der Traum wird gruppenanalytisch behandelt: Alleine beim Erzählen eines Traumes entfaltet sich ein intersubjektives Feld. Ich meine sogar, wenn ich Alders Zitat von Jung richtig verstehe, dass schon die Traumentstehung eine Beziehungssache ist. »Sobald gewisse Patienten zu mir in Behandlung treten, ändert (sich) der Typus der Träume. Im tiefsten Sinne träumen wir alle nicht aus uns, sondern aus dem, was zwischen mir und dem Andern liegt« (Jung, 1934).

Im Praxisteil, der sehr sinnvoll für Gruppenleitende ist, speziell für die weniger erfahrenen, gibt es sehr viele interessante Hinweise zu Setting, Indikation, Kontraindikation und Prognose. Im Kapitel über die therapeutische Haltung werden Neutralität, Abstinenz und Anonymität anhand des Konzeptes der Paradoxie diskutiert. Ergänzt wird dies durch Gedanken zur *Berührbarkeit* der Therapierenden.

Der Praxisteil ist sehr interessant. Obwohl der Autor keine ausführlichen Beispiele beschreibt, ist der Text durchwirkt von praktischer Erfahrung und gruppentherapeutischen Begegnungen.

Von den verschiedenen Interventionsmöglichkeiten hebe ich die elfte Interventionsart heraus. Sie entwickelt bei Teilnehmern meiner Meinung nach eine wichtige Differenzierung der Wahrnehmungsebenen wie Sehen, Hören, Riechen etc. Das fördert das Vertrauen sowohl zur Gruppe als auch zu sich selbst und zu Bezugspersonen – ein ganz fundamentales Element unserer sozialen Gesundheit. Sehr wichtige Elemente der Gruppenarbeit sind der Kipp-Prozess, der Umgang mit Konflikten und Krisen.

Stephan Alder informiert uns in diesem Buch über die klinische Versöhnung des Einzelnen mit dem Gruppalen, und es ist zudem eine wichtige Begegnung der jungschen Ansichten im Gruppenanalytischen. Dieses Buch ist eine Einladung zum gruppentherapeutischen Denken.

Robi Friedman   Haifa, Israel – März 2024
Dr. Robi Friedman, Gruppenanalytiker, klinischer Psychologe, ehem. Präsident der Group Analytic Society International

Danksagungen

Mit Dankbarkeit denke ich an all die Patientinnen und Patienten sowie alle Teilnehmenden von Selbsterfahrungs- und Supervisionsgruppen, mit denen gemeinsam die vielfältigen Erfahrungen in mir entstanden. Meinen psycho- und gruppenanalytischen Lehrerinnen und Lehrern bzw. Kolleginnen und Kollegen aus den vielfältigen Psychotherapiebereichen verdanke ich ebenso wichtige Schritte meiner Entwicklung. Hervorheben möchte ich meinen Lehranalytiker, Dr. Wolfgang Kleespies, der mir als Nervenarzt, Psychoanalytiker mit Prägung durch die Analytische Psychologie und als Gruppenanalytiker viele Jahre zeigte, wie es möglich ist, als Psychiater und als Psychoanalytiker einschließlich der analytischen Arbeit mit Gruppen eine Praxis zu führen. Sehr wichtig für mich ist der Ethnologe, Organisationsberater und Gruppenanalytiker Gerhard Wilke, der mir vertraute, neben kleinen auch Großgruppen zu leiten. Zu meinen gruppenanalytischen Lehrern zähle ich Agathe Israel, Paul Franke und Christoph Seidler. Prof. Erdmute Fikentscher ließ mich als Lehrtherapeutin und Psychoanalytikerin im Bereich der Katathym imaginativen Psychotherapie die innere Welt der Imaginationen und Übertragungen entdecken. Der Psychoanalytiker und Nervenarzt Dr. Eike Hinze begleitete mich über mehrere Jahre einfühlsam und bestärkend. Meiner Intervisionsgruppe (Dr. Michael Froese, Dr. Birgit Jänchen van-der-Hoofd, Eike Sternberg, Dr. Klemens Färber) danke ich für ihre kontinuierliche Anteilnahme an meinen psychischen Prozessen. Ebenfalls danke ich Sarah Cook für ihre Unterstützung. Den englischen Aufsatz von Hobson übersetzte Brita Pohl, der ich hiermit Gelegenheit habe zu danken. Der Illustratorin Dominique Benirschke verdanke ich einige Grafiken im Text.

Das Manuskript begleitete die äußerst sachkundige und geduldige Lektorin Karin Nungeßer. Ihr danke ich sehr. Ebenfalls danke ich meinen

Danksagungen

Lektorinnen vom Verlag, Kathrin Kastl und Manuela Pervanidis sowie dem Herausgeber Prof. Ralf T. Vogel für die Durchsicht des Manuskriptes und die wichtigen Hinweise. Hinweise und Anregungen zum Text erhielt ich zudem von Anja Hendel, Dr. Anna-L. Paetz, Ludger Verst, Dr. Kathrin Poege-Alder, Dr. Michael Froese, Katrin Stumptner und Dr. Klemens Färber. Meiner Frau möchte ich für ihre liebevolle Geduld einschließlich einiger Hinweise zum Text über die Jahre der Buchentstehung danken; meinem Schwiegersohn möchte ich danken, ebenso meinen beiden erwachsenen Kindern für ihre zielsicheren Fragen.

1 Einführung

In der Buchreihe »Analytische Psychologie C. G. Jungs und Psychotherapie« liegt hiermit der Beitrag zur psychodynamischen Gruppenpsychotherapie vor. Mein Kollege Ralf Vogel bat mich, etwas zur Gruppenpsychotherapie zu schreiben. Gern sagte ich zu. Mit Menschen, die sich – sei es aus Interesse oder aus psychischer Not – ihrer Beziehungen bewusster werden wollen und Veränderung suchen, arbeite ich bevorzugt in Gruppen.

Geschrieben ist das Buch für alle Kolleginnen und Kollegen[1], die sich für therapeutische Gruppenarbeit interessieren, unabhängig davon, ob sie schon erfahrene Gruppenpsychotherapeuten sind oder sich noch in Weiterbildung befinden. Wie schon Irvin D. Yalom (2005b, S. 36) in den Nuller Jahren und zwanzig Jahre später Bernhard Strauß beklagten (Strauß, 2022, S. 7), ist es eine häufige Erfahrung von Berufseinsteigern und denjenigen, die Therapiegruppen in Kliniken leiten, dass sie dies ohne theoretische und praktische Erfahrungen tun müssen. Dabei sind sie hochgradig überfordert. Die übliche Angst in Gruppen und viele Formen der Scham werden übergangen, verdrängt und abgespalten, was potenziell traumatisch fortwirkt. Das kann bleibende psychische Schäden bei allen Beteiligten, Patienten und Psychotherapeuten, hinterlassen. Solche extrem verunsichernden und verstörenden Erfahrungen werden durch psychologische und ärztliche Psychotherapeuten immer wieder berichtet (Strauß, 2022, S. 185 ff; Schultz-Venrath, 2013, S. 44). Ich halte das seitens der

---

[1] In diesem Buch dominiert das generische Maskulinum. Gelegentlich wird die Doppelform weiblich neben männlich verwendet. Stets sind alle Geschlechtszugehörigkeiten, seien sie männlich, weiblich, oder divers, inkludiert. In Zitaten wird die Schreibweise des zitierten Originals übernommen.

1 Einführung

Verantwortlichen gegenüber den Patienten und ebenso gegenüber den Kollegen in psychotherapeutischer Weiterbildung für absolut inakzeptabel. Gruppentherapien sind wirkungsstark und nachhaltig, sowohl positiv als auch negativ. Vereinfacht gesagt, können Fehler in der Gruppenleitung die Betreffenden lange nachwirkend verunsichern. Ein zentrales Anliegen dieses Buches ist es, dafür zu sensibilisieren.

Die starken Wirkungen von Gruppenpsychotherapie, die auch als Effektstärken gemessen werden, müssen ernst genommen werden. Mehrfach und in vielen Studien ist zur Wirksamkeit und Wirkungsweise von psychoanalytischen bzw. psychodynamischen Therapien geforscht worden. Metaanalysen belegen die gute und sehr gute Wirksamkeit psychodynamischer, psychoanalytischer und entsprechender Therapien in Gruppen (Poscheschnik, 2012, S. 102 ff.; Schultz-Venrath, 2013, S. 2013, S. 44). Das verlangt einen verantwortlichen Umgang gerade mit dieser Form der Therapie.

Im vorliegenden Text beschäftige ich mich mit Neuentwicklungen, die für Gruppenpsychotherapeutinnen und Gruppenpsychotherapeuten relevant sind. Dazu gehören die dritte Version der Operationalisierten Psychodynamischen Diagnostik (OPD-3), die 2023 publiziert wurde. Das bekannte Archetypenkonzept wird neu gedacht. Es wird beschrieben, wie – über dem Abgrund traumatischer Erfahrungen – archetypische Muster der Kommunikation als etwas sozial und kulturell Gewordenes entstehen. In diesem Kontext nutze ich Arbeiten des Jungianers Christian Roesler und des Philosophen Christoph Türcke. Der praktische Teil gibt Einblicke, wie eine therapeutische Gruppe zusammengestellt werden kann, was in verschiedenen Phasen des therapeutischen Prozesses geschieht und welche therapeutischen Haltungen für alle Beteiligten unterstützend sind. Eine Zusammenführung von therapeutischen Zielen und Interventionen veranschaulicht die Komplexität des therapeutischen Geschehens. Dabei gehe ich auf Besonderheiten der stationären und der ambulanten Situation ein. Unter anderem hebe ich die wegweisenden Gedanken des Jungianers und Gruppenanalytikers, Robert F. Hobson, hervor.

1.1 Typisches in der Gruppenpsychotherapie

Worin lässt sich das Typische in der analytischen und tiefenpsychologisch fundierten Gruppenpsychotherapie erkennen? Im Zentrum stehen die einzelnen Menschen mit ihren meist krankheitswertigen Leiden. Solche psychischen Leiden wie anhaltende Angst, Scham, Zustände von Schuld, Dissoziation oder Depression werden als verinnerlichte Interaktionserfahrungen und innerpsychische Arbeitsmodelle verstanden, die sich, und das ist typisch, zwischen den Gruppenmitgliedern und den Leitenden sowie gegenüber der Gesamtgruppe wie in einem Laboratorium bzw. in einem sozialen Trainingsfeld im Sinne einer Übertragung durch Resonanz reinszenieren. Die sozialen bzw. gruppalen[2] Beziehungsnetzwerke dienen der gemeinsamen Untersuchung aller Beteiligten im Gruppenprozess. Hierbei kommt es typischerweise nach einer Phase des Nichtverstehens und der Verwirrung zu einem gegenseitigen Verstehen, Anerkennen und Bezeugen. Veränderungen in den oft in Denkschleifen verhärteten oder emotional eingefrorenen Körperzuständen gelangen in der Regel in einen Zustand der Transformation, also einer dem Leben zugewandten Wandlung für die an den Gruppensitzungen Teilnehmenden. Typisch für psychodynamische bzw. tiefenpsychologisch fundierte Psychotherapie ist die Fokussierung auf vier Bereiche: die spezifische die Symptomatik auslösende Situation für den Patienten, das pathogene (Um-)Feld oder soziale Netzwerk, in dem sich die Konflikte immer wieder neu konstellieren, die aktuelle therapeutische Situation und die Begrenzung von Themen und Dauer der Therapie[3]. Allein für die analytische Psychotherapie wird die therapeutische Bearbeitung als Reaktualisierung eines frühkindlichen

---

2 Der Begriff des »Gruppalen« ist nicht im Duden zu finden. Von einigen schreibenden Gruppenpsychotherapeuten wird dieser Begriff, das Adjektiv »gruppal« zum Substantiv »Gruppe« durchaus verwendet (siehe Janssen und Sachs, 2018). Das alternative Adjektiv »gruppenbezogen« vermittelt einen Bezug zu einer Gruppe, ist jedoch länger als »gruppal«. Gruppal ist eine Eigenschaft, die direkt von einer Gruppe ausgeht oder ihr zugeschrieben werden kann.
3 Diese Aspekte werden von Ulrich Rüger in seinem Aufsatz: »Herkunft und Entwicklung der tiefenpsychologisch fundierten Psychotherapie als psychoanalytisch begründetes Verfahren« diskutiert (Rüger, 2020, S. 4ff.)

Konfliktes im therapeutischen Feld verstanden. Dass hier ein weites Feld zwischen den benannten Polen besteht, ist jedem klar, der psychodynamisch und analytisch mit Patientengruppen arbeitet.

1.2 Archetypisches in der Gruppenpsychotherapie

Wenn es Typisches gibt, muss es auch Archetypisches geben. Wie können wir uns den Ursprung, die Quelle oder das Prinzip (griechisch: Arche) des Typischen vorstellen?[4] Die Konzepte der Analytischen Psychologie wie das der Archetypen und des (kollektiven) Unbewussten, die sich auf Carl Gustav Jung (1875–1961)[5] und Weiterentwicklungen beziehen, helfen zu denken, weil sie auf universale Erfahrungen und Bilder (Urbilder) der Menschen verweisen. Diese Bilder, besser als Muster der Kommunikation verstanden, helfen zu fühlen, weil sie Menschen untereinander ergreifen, also faszinieren und schrecken, was mit dem komplexen Gefühl des Numinosen (Ergriffensein) benannt werden kann. Auf diese Weise können kommunikative Muster wie »Zusammenhalt (Kohäsion) und Störung« oder »Zusammengehören und Trennen/Alleinsein« identifiziert werden. Dabei wirken Gefühle wie Liebe, Schuld, Scham, Hass und destruktive Gleichgültigkeit.

Vor dem Hintergrund des neu formulierten Konzepts der Archetypen beschreibe ich u. a. die soziale Marginalisierung einer Person, einer (Rand-) Gruppe oder den Ausschluss eines Gruppenmitglieds als Sündenbock.

---

4 *Arche* (altgriechisch ἀρχή ›Anfang, Prinzip, Ursprung‹ mit Betonung auf der zweiten Silbe) steht für: Archē, > in der antiken Philosophie den Urstoff bzw. Urgrund oder das Urprinzip, aus dem die Welt entstanden ist (de.wikipedia.org/wiki/arche, Zugriff: 24.08.2023).

5 Carl Gustav Jung ist weltweit mit seiner Schreibweise C. G. Jung bekannt. Diese werde ich im weiteren Textverlauf so verwenden. Alle anderen Autoren führe ich mit Vornamen, ggf. mit abgekürztem zweitem Vornamen und Familiennamen wie zum Beispiel Wilfred R. Bion auf.

Diese Figurationen sind zwar typisch für Gruppen unterschiedlicher Größen, gehen in ihrer Intensität über ein typisches Maß hinaus und verdienen daher das Attribut archetypisch. Doch wie ist das konkret zu verstehen? Das wird uns in der Gruppenpsychotherapie beschäftigen, theoretisch und praktisch.

1.3 Zielstellung

Theorie und Praxis der psychodynamischen (tiefenpsychologisch fundierten und analytischen) Gruppentherapie gewinnen besonders für junge Kolleginnen und Kollegen an Bedeutung. Hintergrund dafür sind Veränderungen in den Weiterbildungsordnungen für ärztliche und psychologische Psychotherapeuten sowie für Kinder- und Jugendlichenpsychotherapeuten in Deutschland, wonach zur psychotherapeutischen Qualifizierung seit 2020 die Einzel- und die Gruppenpsychotherapie gehören. Praktischer Hintergrund sind die Anforderungen seitens der Patientinnen und Patienten und die Entwicklung der Institutionen der Selbstverwaltung der Ärzte und Psychotherapeuten (Ärztekammern und Psychotherapeutenkammern). Deutlich ist, dass generell psychische Störungen zunehmen. Dass Gruppenpsychotherapie dabei an Bedeutung gewinnt, liegt wohl auch daran, dass die therapeutische Wirksamkeit für alle Beteiligten während der erlebten therapeutischen Arbeit spürbar ist. Mit 80 und mehr Prozent guter und sehr guter Ergebnisse im Verlauf einer psychodynamischen Gruppenpsychotherapie ist diese Methode der Einzelpsychotherapie gleichwertig (Strauß, 2022, S. 185 ff.; Schultz-Venrath, 2013, S. 44, Poscheschnik, 2012, S.102 ff). Der finanzielle Gewinn für die Gesellschaft verdeutlicht sich in weniger Medikamentenverbrauch, weniger Krankenhausbehandlungen, weniger Arbeitsunfähigkeitstagen etc. (Keller, Dilg, Westhoff, Rohner & Studt, 1997, S. 444 ff.). In meiner Erfahrung als Psychotherapeut erlebe ich die Patientinnen und Patienten in der Gruppentherapie durch die anderen Mitpatienten stärker herausgefordert, gefördert und getragen als in der dyadischen Psychotherapie. Die Komplexität und

1 Einführung

Kontingenz der Herausforderungen und der praktischen Alltagsorganisation sind in der Gruppentherapie größer.[6]

In diesem Buch beginnen die meisten Kapitel mit einer einleitenden Zusammenfassung, die durch eine Rahmung hervorgehoben wird.

1.4 Psychodynamische Gruppenpsychotherapie – Einordnung als psychotherapeutisches Verfahren

Das psychodynamische Verfahren schließt tiefenpsychologisch fundierte und analytische Zugänge ein. Dieser Auffassung entspricht eine Begriffsklärung des wissenschaftlichen Beirats »Psychotherapie«. Dieser Beirat wird seit 1998 von der Bundesärztekammer und der Bundespsychotherapeutenkammer nach § 11 des Psychotherapeutengesetzes gebildet. Er hat u. a. die Aufgabe, Psychotherapieverfahren nach wissenschaftlichen Kriterien zu bewerten. In diesem Zusammenhang wurde der Begriff des psychodynamischen Verfahrens für den Geltungsbereich der Bundesrepublik Deutschland 2004 und ergänzend 2008 begrifflich festgelegt. Die psychodynamische Therapie zeichnet sich dadurch aus, dass mit ihrer Anwendung lebensgeschichtlich begründete unbewusste Konflikte und krankheitswertige psychische Störungen in einer therapeutischen Beziehung effektiv unter Berücksichtigung von Übertragung, Gegenübertragung und Widerstand behandelt werden können. Mit dem Begriff »psychodynamisch« werden demnach die analytische Psychotherapie (AP), die tiefenpsychologisch fundierte Psychotherapie (TP) einschließlich deren Anwendungen im Gruppensetting verstanden.

Im englischsprachigen Raum wird von »psychodynamic psychotherapy« gesprochen. Es finden sich jedoch auch hier Begriffe wie group analytic

---

6 Dieser Vorteil ist für manche ein Nachteil. Deshalb bevorzugen manche Patienten und auch manche Psychotherapeuten die therapeutische Zweierbeziehung, welche ebenso ihre Berechtigung hat.

psychotherapy, Group Analysis neben psychodynamic therapy in a group. Der gemeinsame Bundesausschuss für Psychotherapie, der die Richtlinien ausarbeitet, bevorzugt auch den Begriff der »psychoanalytisch begründeten Verfahren« als Oberbegriff (KBV 2020,; Springer, Senf, Schneider, Sasse, Wimmer, 2011, S. 1 ff.). Dieser zweite Oberbegriff ist ebenfalls zweckmäßig mit der Einschränkung, dass dieser Begriff »psychoanalytisch begründet« für unsere Perspektive gruppenanalytisch begründete Theorien oder sozialpsychologische nicht zwingend einbezieht. Die Muster-Weiterbildungsordnung der Bundespsychotherapeutenkammer übernimmt die Trennung der psychodynamischen bzw. psychoanalytisch begründeten Verfahren in TP und AP. Dem schließt sich aus praktischen sozialrechtlichen Gründen und mit Bezug auf den Konsens im Wissenschaftlichen Beirat »Psychotherapie« die Bundesärztekammer an. Auf diese Weise gibt es in Deutschland vier Psychotherapieverfahren: die Tiefenpsychologisch fundierte Psychotherapie, die analytische Psychotherapie, die Verhaltenstherapie und die systemische Therapie. Alle arbeiten sowohl mit dem Setting der Gruppe als auch dem der Zweierbeziehung (Dyade). Im Bereich der Kliniken für Psychosomatik, für Psychiatrie und Psychotherapie sowie der psychosomatischen Rehabilitationskliniken kommen multimodale Therapieansätze zum Einsatz. Hier steht den Patientinnen und Patienten die therapeutische Gruppe neben Einzelgesprächen, der Ergo- und Kunsttherapie, der Angehörigengruppe, der Stationsgruppe u. a. zur Verfügung.

1.5 Die Gruppenpsychotherapie und die Analytische Psychologie

Beiträge der Analytischen Psychologie[7] zur Gruppenpsychotherapie werden im Sammelband »Selbst, Ich und Wir« erstmals als ein Gesamt ver-

---

7 Die tiefenpsychologische Schule der Analytischen Psychologie, die von C. G.

1 Einführung

öffentlicht, herausgegeben von Martin Schimkus und Ulrich Stuck (2016). Dabei werden Kernbegriffe der Analytischen Psychologie, wie sie Ralf Vogel (2017) formulierte, diskutiert. Zu ihnen gehören:

- »Das Konzept eines geschichteten, dynamischen Unbewussten und der Archetypen als die Inhalte der kollektiven, unbewussten Regionen.
- Das Konzept des Selbst als das regulierende Zentrum des menschlichen Daseins und seiner Beziehung zum bewussten >Ich<.
- Die sog. >Typologie<, als die Sicht des Menschen als ein Wesen mit komplementären psychischen Funktionen, die den Blick auf sich selbst und die Anderen bestimmen.
- Das Finalitätsprinzip als ein Verständnis der menschlichen Entwicklung als zielgerichteter und sinnhafter Prozess.
- Das Individuationskonzept« (Vogel, 2017, S.14).

Auf Träume zu achten, ist ein weiteres Kernstück der Analytischen Psychologie – auch für therapeutisches Arbeiten in Gruppen. So überrascht es nicht, dass ein Buch mit dem Titel »Traumarbeit in Gruppen« von elf Autorinnen und Autoren der Analytischen Psychologie, herausgegeben von Claus Braun, erschien (Braun, 2022). Konzeptionell gibt es mehrfach direkte Verweise auf das Matrixmodell von Siegmund H. Foulkes mit seinen Weiterentwicklungen als auch Verweise auf Beiträge von Erich Neumann zum Gruppen-Selbst als eigenständiger Qualität menschlichen Erlebens, zur Verwendung des Denkmodells der »gefühlsbetonten Komplexe« (Jung, 1934/1995, Bd. 8, § 201), der archetypischen Bilder und Wirkungen mit direktem Verweis auf C. G. Jung. Im benannten Buch zur »Traumarbeit« findet sich eine ausführliche Kasuistik einer analytisch geführten ambulanten Gruppentherapie, auf die ich als Autor im vorliegenden Buch im Abschnitt der ambulanten Gruppenpsychotherapie verweisen möchte (Alder, 2022a, S. 9ff.). Die rege Publikationsaktivität der jungianischen Kollegenschaft zeigt sich im Buch von Brigitte Dorst

---

Jung begründet und seinen ihm Nachfolgenden weiterentwickelt wurde, wird im deutschsprachigen Raum häufig großgeschrieben: Analytische Psychologie. Im englischsprachigen Raum, in dem gern Eigennamen und Titel mit Großbuchstaben versehen werden, findet sich überwiegend die Kleinschreibung.

1.5 Die Gruppenpsychotherapie und die Analytische Psychologie

»Therapeutisches Arbeiten mit Symbolen« (Dorst, 2022, S. 71 ff) und dem Buchbeitrag von Ulrich Stuck zur Anwendung der Komplextheorie für ambulante analytisch und tiefenpsychologisch verstandene Gruppenpsychotherapie (Stuck, 2020, S. 81–91). Nachfolgend möchte ich auf die Anfänge dieser Entwicklung blicken, die gegenwärtig wenig bekannt sind.

Die jungianisch beeinflusste Gruppenanalyse bzw. Gruppenpsychotherapie lernte ich überzeugend in zwei frühen Texten von Robert F. Hobson kennen (Hobson, 1959 und 1964). Er beschreibt sowohl die Gruppe als Ganze in Gestalt eines Musters mit ihren Merkmalen als auch die Gruppenmitglieder in ihren Bezogenheiten (Vielheit in ihrer Vernetzung). Dabei orientierte er sich an theoretischen Konzepten von C. G. Jung (archetypische Muster der Kommunikation, Übertragung, Gegenübertragung, Widerstand) und von Michal Fordham (Primäres Selbst in seiner Dynamik von De- und Re-integration) (Fordham, 1978, S. 9). Seine Grundlagen zur Gruppentherapie wurden in den 1960er-Jahren von den Analytischen Psychologen Edward C. Whitmont, der in New York, und William Willeford, der in Zürich lebte, aufgegriffen. Sie beschrieben und veröffentlichten ihre Überlegungen und praktischen Erfahrungen mit Patientengruppen (Whitmont, 1964; Willeford, 1967). Gemeinsam mit den Schriften der britischen Analytikerinnen Eve Lewis, einer Kindertherapeutin aus London und Irene Champernowne aus Exeter sind die Texte aus den Jahren 1959 bis 1967 eine Fundgrube an Wissen über jungianisch beschriebene Gruppenpsychotherapie (Alder, 2015, S. 196 ff.).[8]

In den Schriften Jungs finden sich mehrfach antisemitische und rassistische sowie Frauen herabsetzende Gedankengänge, die mich als Mitglied der analytischen Fachgesellschaft DGAP peinlich berühren. Eine Reihe von Konferenzen der DGAP und entsprechende Publikationen doku-

---

[8] Weitere Entwicklungen sind das Arbeiten mit Träumen in Gruppen, die Anwendung und Förderung von aktiver Imagination in der Gruppe, das Einbinden von Märchen bis hin zu einem Konzept der Auseinandersetzung mit wenig bewussten Anteilen des Einzelnen, dem Schatten, was mit Techniken des Psychodramas in einer Gruppe ermöglicht wird. Alle diese Entwicklungen haben ihre eigenständige Bedeutung, werden allerdings in meinem Text nicht zum Gegenstand der Betrachtung, weil diese den Rahmen des Verfahrens der gruppenanalytischen und gruppendynamischen Theorie und deren Rahmenbedingungen nicht entsprechen. Das würde dann ein anderes Buch.

mentieren seit den 1990er Jahren einen schmerzlichen und klärenden Auseinandersetzungsprozess mit dieser Seite Jungs (Heinz, 2023, S. 77, 79; vgl. Spillmann & Strobel, 2010; Samuels, 2019; Roesler, 2022; Erlenmeyer, (2001), S. 107 ff.; vgl. Tann & Erlenmeyer (Hg.) (1993). Eine historisch kritische Ausgabe der Gesammelten Werke Jungs könnte einen weiteren wichtigen Beitrag zu dieser Aufarbeitung leisten.

Eine abschließende Anmerkung sei mir in der Einleitung gestattet. Indem ich in diesem Buch den Einfluss der Analytischen Psychologie auf das Verstehen und Werden von Gruppenpsychotherapie verfolge, stelle ich meine Perspektive dar. Welchen Einfluss die Analytische Psychologie bzw. ihre Vertreter haben, werde ich diskutieren, ohne daraus eine jungianisch geprägte analytische Gruppenpsychotherapie abzuleiten (Alder, 2022b, S. 309 ff.).

2 Theorie

Wir bio-psycho-sozial verfassten Menschen internalisieren und externalisieren ein Leben lang Interaktionserfahrungen[9] mit zwei, drei und mehr Personen, wie auch Gruppenerfahrungen. Dazu benötigen wir als Individuen neben dyadischen, triadischen und selbstreflexiven Erfahrungen auch solche aus Kleingruppen (drei bis zwölf Personen), die eine dynamische »Interaktionsmatrix« (Foulkes, 1992, S. 33) ausbilden.

2.1 Gruppenpsychotherapie

2.1.1 Definitionsversuche

Zusammenfassung

Gruppenpsychotherapie ist eine Redekur in einer Gruppe mit klaren und hinreichend sicheren Rahmenbedingungen einander meist frem-

---

9 Das Konzept »Interaktion als Erfahrungsorganisator« für psychisches Werden in der Dyade geht auf den Psychoanalytiker und Sozialpsychologen Michael B. Buchholz zurück (Buchholz 2010, S. 642f.). Er schreibt: »Die zugrundeliegende Idee ist also, dass die Interaktion mit einem Analytiker Elemente der Erfahrung hervorbringt, deren Bedeutung nicht ein für alle Mal festliegt, sondern die in und durch diese Relationalität ihre Bedeutung erlangen.« (Buchholz 2010, S. 643). Dieses Modell ist in meinem Verständnis unkompliziert auf das Setting der Gruppe übertragbar (▶ Kap. 2.4.3 Beziehung).

2 Theorie

> der Menschen (Patienten, Selbsterfahrungsteilnehmende und Gruppenpsychotherapeuten) mit einem therapeutischen Anliegen. Gruppenpsychotherapie ist ein interaktives und aufeinander bezogenes Lernen in einer Gruppe durch Kommunikation, gemeinsam geteilte Erfahrungen aller Teilnehmenden einschließlich ihrer persönlichen Begegnungsmomente.

Mit der tiefenpsychologisch fundierten und der analytischen Ausrichtung betonen die jeweiligen Autorinnen und Autoren (vgl. Foulkes, 1992; Pritz & Vykoukal, 2003; Hopper, 2011; Janssen & Sachs, 2018; Trautmann-Voigt & Voigt, 2019; Schlapobersky, 2016; Friedman, 2018; Lorentzen, 2014, 2020; Dorst, 2016, 2022; Haubl & Lamott, 2019; Dietrich & Fossel, 2022, Stumptner, 2022) die therapeutische Arbeit an und in der Bezogenheit zwischen Psychotherapeuten und Patienten. Diese therapeutische Arbeitsbeziehung, die von den Patientinnen und Patienten wegen einer psychisch krankheitswertigen Störung gesucht und aufgesucht wird, enthält neben dem neurotisch infantil primärprozesshaften oder psychotisch verzerrten psychischen Anteil stets einen realitätsbezogenen und gesunden Bereich, den Sigmund Freud »eine normale Person« nennt (Freud, 1941/ 1999, GW Bd. 17, S. 132).[10] Ich verstehe diese Arbeitsbeziehung zwischen dem jeweils konkreten Patienten und seinem Psychotherapeuten gleichwohl erstens als Übertragung mit Gegenübertragung und Widerstand, wenn vom Patienten zum Therapeuten gedacht wird. Dabei kann davon ausgegangen werden, dass parallel zu einer durch Übertragung und Dissoziation verzerrten Beziehungsgestaltung des Patienten zum Psychotherapeuten eine realitätsbezogene und kooperative Arbeitsbeziehung besteht.

Zweitens ist regelhaft eine als Ko-Übertragung zu beschreibende wechselseitige Bezogenheit zu beobachten, wenn Patient und Therapeut sich ko-kreativ, unbewusst und soweit möglich szenisch reflektiert eine

---

10 »Selbst von Zuständen, die sich von der Wirklichkeit der Außenwelt so weit entfernt haben, wie der einer halluzinatorischen Verworrenheit (Amentia), erfährt man durch die Mitteilung der Kranken nach ihrer Genesung, dass damals in einem Winkel ihrer Seele, wie sie sich ausdrücken, eine normale Person sich verborgen hielt, die den Krankheitsspuk wie ein unbeteiligter Beobachter an sich vorüberziehen liess« (Freud, 1941/1999, GW Bd. XVII, S. 132).

regressive oder/und realitätsbezogene und dem Leben zugewandte Arbeitsbeziehung erlauben. Oder es ereignet sich drittens eine erneut inszenierende Wiederholung verinnerlichter szenisch konflikthafter (komplexhafter) und traumatischer Interaktionserfahrungen im Feld der Gruppe bzw. zwischen den Beteiligten. Für alle drei Ausprägungen verwende ich die Begriffe »Wiederholungszwang« (Freud) oder »traumatischer Wiederholungszwang« (Türcke). Die Beziehungsdynamik zwischen den beteiligten Personen, die auch mit dem Konzept der »dreigliedrigen Matrix« (Hopper & Nietzgen; zur Darstellung des Konzepts der »dreigliedrigen Matrix« ▶ Kap. 2.6.3) erfasst wird, geschieht über kulturübergreifende und durch Kultur geprägte allgemeinmenschliche archetypische Muster der Kommunikation.

Die Teilnehmenden an der Gruppentherapie[11] fungieren – möglichst spielerisch bei aller Ernsthaftigkeit – füreinander als Projektions- bzw. Übertragungsangebote. Sie werden durch mehrfache Projektionen aufeinander und incinander (interpenetrativ) zu szenischen Repräsentationen in der Gruppe und zu funktionalen oder auch zu dysfunktionalen Beziehungspersonen. Anders ausgedrückt entstehen eher positive oder eher negative Übertragungen. Der Psychotherapeut ist beispielsweise für den Patienten ein Hoffnungsträger oder im negativen Fall eine erneute Enttäuschung, die vielleicht zu Beginn verdrängt oder gar dissoziiert wird. Diese konflikthaften und durch Trauma geprägten verinnerlichten, dann nach außen gebrachten Beziehungserfahrungen werden durch die gegebene Sicherheit und Freiheit (Rahmenbedingungen) der Gruppe im Umgang miteinander sehr verschieden wahrgenommen, miteinander wertgeschätzt und so für möglich gehalten. Sie werden von den Beteiligten einschließlich der Gruppentherapeuten so benannt und als mögliche Re-Inszenierung von verinnerlichten Interaktionserfahrungen, von verinnerlichten intersubjektiven Netzwerken, sogenannten Matrizen verstanden (vgl. Foulkes, 1992; Foulkes & Antony, 1957; Schlapobersky, 2016; Bauer, 2022).

---

11 Die Begriffe Gruppentherapie und Gruppenpsychotherapie verwende ich synonym. Durch den Einschub »psycho« wird der psychotherapeutische Kontext betont in Abgrenzung zu Ergo- oder Soziotherapie in der Gruppe.

Hierzu gehört ebenso die Re-Inszenierung von unbewussten Fantasien (Freud), unbewussten Komplexen (Jung)[12] oder wie im intersubjektiven Paradigma – von unbewussten »Selbst-mit-Anderen-Mustern« (Knox, 2011, S. 14). In diesem Prozess von Wechselwirkungen zwischen Figur und Grund bilden sich psychodynamische Konfigurationen (Foulkes, 1992, S. 193) bzw. Konstellationen im dynamischen Gruppenprozess ab. Diese sind für jeden Patienten einschließlich seiner intrapsychischen und körperlichen Reaktionen spezifisch.

2.1.2 Individuelle und gruppenbezogene Psyche

Zusammenfassung

Wenn wir Menschen als Personen und als aktive Subjekte verstehen wollen, stehen stets ihre Beziehungen zu anderen, zu sich selbst und der jeweilige Gruppenbezug als Perspektiven im Mittelpunkt. Vielheit in unseren individuellen Beziehungen (individuelle Psyche) und Einheit als Teil einer Gruppe mit ihren charakteristischen Mustern (gruppenbezogene Psyche) stellen zentrale Annäherungen dar, um Gruppen und ihre Individuen zu beschreiben und zu verstehen.

Es lassen sich eine individuelle Beziehungspsyche – »individual mind« – und eine gruppenbezogene Psyche »group mind« (Hobson, 1959, S. 140) – darstellen, die sich gegenseitig ergänzen. Die individuelle Psyche beschreibt die relevanten lebensgeschichtlich frühen und die aktuellen Beziehungsmuster interpersonal und gruppal. Die gruppenbezogene Psyche begreift dieselbe Person als kontingenten Teil einer Gruppe mit der Ausprägung eines bestimmten kommunikativen Musters. So kann eine Patientin in Gruppen regelhaft Spaltungen erzeugen. Dadurch entstehen in der Gruppe wie aus dem Nichts Muster von Zustimmung und Ablehnung. Zugleich kann diese Patientin durch ihre einerseits gewinnende und zugleich verachtende Beziehungsaufnahme zu Gruppenmitgliedern charak-

---

12 Diese unbewussten Komplexe beschreibt Bovensiepen genauer (Bovensiepen, 2016, S.49)

terisiert werden. Das kann die Therapiegruppe sein, in der solche kommunikativen Muster identifiziert werden oder es treten Erzählungen über die relevanten Herkunftsgruppen, etwa Ursprungsfamilie und Grundschulzeit, auf. Solche gruppalen Muster können nicht einfach generalisiert werden. So kann, um ein zweites Beispiel zu nennen, ein Mann in der Therapiegruppe, wie auch zu Hause, einen Außenseiterstatus haben, der ihn vor seiner Unsicherheit und Depressivität schützt und diese zugleich aufrechterhält. Beruflich hingegen tritt er anders in Erscheinung; dort kompensiert er und zeigt sich übermäßig aktiv. Individuelle und gruppenbezogene Psyche stellen notwendig zwei Perspektiven dar, um eine Person im therapeutischen Kontext zu beschreiben.

2.1.3 Rahmenbedingungen

Zusammenfassung

Je klarer der Rahmen und seine Bedingungen für eine Gruppe, umso sicherer können die Teilnehmenden in dieser Gruppe sein. Rahmen geht vor Inhalt. An den Rahmenbedingungen spielen sich die Erfahrungen mit Grenzstörungen und mit Autorität ab.

Klare und stabile *Rahmenbedingungen* in der Therapiegruppe bilden normierend die äußere Sicherheit für die innere Freiheit des Denkens und des Fühlens. Hinzu kommt ein fundamentaler Zuspruch von Seiten der rechtlich verfassten Gesellschaft, von der die Psychotherapie anbietenden Institution und von den realen Fachärzten und Psychotherapeuten. Ich meine die jeder Person zukommende Würde, deren Schutz das Grundgesetz in Artikel 1 und 2 ins Zentrum stellt. Die freie Entfaltung der Persönlichkeit findet danach dort ihre Grenzen, wo sie jemand anderem schadet[13]. Diese rechtsstaatliche Rahmung betrachte ich als eine kulturelle

---

13 »Artikel 1 [Menschenwürde, Rechtsverbindlichkeit der Grundrechte] (1) Die Würde des Menschen ist unantastbar. Sie zu achten und zu schützen ist Verpflichtung aller staatlichen Gewalt. [...] Artikel 2 [Freiheit der Person] (1) Jeder hat das Recht auf freie Entfaltung seiner Persönlichkeit, soweit er nicht die

Errungenschaft. Ich möchte an dieser Stelle aus aktueller, wie historischer Perspektive an die vielen Länder und Staaten erinnern, die die Würde von Einzelnen und Gruppen von Menschen aus imperialen oder anderen Gründen missachten. So war es in der Zeit der DDR, insbesondere von 1961 bis 1989, nicht selten kompliziert, die Schweigepflicht einzuhalten. Gefühlsbetonte Äußerungen zu Tabuthemen waren therapeutisch nicht möglich, ohne auf ein differenziertes Über-Ich-System einer kollektiven Zensur zu achten.

Ein imaginärer, *reflexiver Raum* (Knox, 2011, S. 171) kann in einem sicheren und geschützten Miteinander einer Gruppe mit freier respektvoller Kommunikation und Diskussion gefördert werden.[14] Ein reflexiver Raum entsteht auf diese Weise potenziell und kann von jedem selbstreflexiv erprobt werden. Dabei stellen neue persönliche Erfahrungen immer Lernschritte dar. Lernen bedeutet hier für alle Beteiligten, sich von früheren, ggf. kindlichen Überzeugungen zu entwöhnen[15], neu erlebte und aktuelle Gefühle zu benennen, Gedanken zu äußern, *neue Beziehungserfahrungen* machen zu können, *neue Einsichten* über sich und andere Menschen zu gewinnen und eher spielerisch mit einer verantwortlichen Haltung respektvoll miteinander umzugehen. Das kann durch Kommunikation, durch selbstwirksames gegenseitiges Erkunden der eigenen Themen und persönliche Begegnungen, wie es bereits Hobson (1985) als Modell einer Psychotherapie beschrieb, ermöglicht werden (Hobson, 1985, S. 169).

Rechte anderer verletzt und nicht gegen die verfassungsmäßige Ordnung oder das Sittengesetz verstößt.«

14 Dieser reflexive Raum ist vergleichbar mit dem rituellen Raum, der in Tempelanlagen oder Kirchen den Altarbereich, das Heilige, markiert.

15 »Weaning« ist ein Begriff, den Foulkes für den psychischen Veränderungsprozess der Entwöhnung von kindlichen Abhängigkeiten, ohne diese näher zu kennzeichnen, verwendet. Den Hinweis verdanke ich dem Gruppenanalytiker Robi Friedman (mündlich 12.10.2022). Entwöhnen hebt die Widerstände hervor, die Veränderungen im Denken, Fühlen und Verhalten innewohnen.

2.1.4 Zugänge zur Gruppenpsychotherapie

Zur Gruppenpsychotherapie finden sich verschiedene Definitionen. Ich beziehe mich im Folgenden auf ausgewählte Gruppenanalytiker, deren Konzepte aus meiner Sicht historisch und gegenwärtig bedeutsame Akzente setzen.

Erstens – Burrow

Die erste Definition von Gruppenanalyse von 1928 geht auf Trigant Burrow (1875–1950) zurück. Er gilt als der erste Psychiater, Psychologe und Psychoanalytiker, der den Begriff der Gruppenanalyse für seine analytische Arbeit in Gruppen verwendete. Er nannte das, was er als Gruppenanalyse bezeichnete auch Phylo- oder soziale Analyse. Bemerkenswert ist, dass Burrow, der Medizin studiert hatte und sich als Psychiater spezialisierte, zudem Psychologie studierte, sich schließlich in den Anfangsjahren des 20. Jahrhunderts zum Psychoanalytiker ausbilden ließ. Nach einem Jahr Lehranalyse bei C. G. Jung (1909/1910) kehrte er in die USA zurück und arbeitete von 1911 bis 1926 als Psychoanalytiker in Baltimore. 1911 war er Gründungsmitglied der American Psychoanalytic Association (APA). Mit der Trennung zwischen Freud und Jung im Jahr 1913 folgte Burrow institutionell den Vorstellungen von Freud. Als Vorsitzender der APA 1924/25 empfahl Burrow Freud in einem Aufsatz, der ihm zum 70. Geburtstag gewidmet war, die Psychoanalyse um die Ebene der Gruppe zu erweitern, was dieser jedoch ablehnte. Burrow wollte die Psychoanalyse aus der Dyade mit Couch und Sessel ins Gruppensetting überführen. Zwei Jahre später schrieb er selbstbewusst: »Gruppenanalyse oder soziale Analyse ist die Analyse des Gruppengeschehens im Moment des Geschehens« (Burrow 1928/1998, S. 103)[16]. Die individuellen Bewegungen der Gruppenmitglieder in der Gruppe stehen nach Burrow im Aufmerksamkeitsfokus des Gruppenanalytikers. So werden alle Beteiligten abwechselnd zu Beobachteten und Beobachtern. Der Prozess in der Gruppe, der von den Teilneh-

---

16 Der deutsche Text von T. Burrow 1928/1998, S. 103, aus Sandner 2013, S. 24; vgl. auch Pertegato & Pertegato, 2013.

menden das jeweils Wahrgenommene, Gefühlte und Gedachte »konsensuell validiert« (ebenda), ist zentraler Zugang des Erlebens und Verstehens, was durch die individuellen kommunikativen Aktivitäten in der Gruppe geschieht und den Patientinnen und Patienten bewusstwerden kann. Burrow betont mit seiner Beschreibung von Gruppenanalyse das Hier und Jetzt des sozialen bzw. gruppalen Geschehens, also der sich herstellenden Projektionen und Beziehungen. Diese werden von den Beteiligten beobachtet und sie stellen sich zugleich für Beobachtung der anderen zur Verfügung. Diese Verbindungen zwischen den Gruppenmitgliedern beschreibt Burrow als »soziale Matrix«. Die gemeinsame Bewertung dieser Erfahrungen der Kommunikation im aufeinander abgestimmten Konsens hilft – oft gegen im Nachhinein verständliche Widerstände – Unbewusstes bewusst zu machen.

Zweitens – Foulkes

Siegmund H. Foulkes (1898–1976) gilt als der Begründer der analytischen Gruppenpsychotherapie, auch wenn Burrow diese auf seine bahnbrechende Weise durchführte, sie bereits 1925 (Burrow, 1925) in einem Vortrag und 1928 in einem Aufsatz definierte. Gemeinsam mit der Analytischen Psychologin Eve Lewis begann Foulkes 1940/41 über gut zwei Jahre zwei ambulante und zwei stationäre Gruppen in Exeter, UK, zu leiten (Foulkes & Lewis, 1945, S. 174–185). Während des Zweiten Weltkrieges konnte er in einem Krankenhaus (Northfield) mit Soldaten der britischen Armee analytisch-psychotherapeutisch in Gruppen arbeiten. Foulkes nannte diese Erfahrungszeit sein »Northfield Experiment« (Foulkes, 1948/ 1991, S. 18). Foulkes, der einen Teil der Texte von Burrow kannte, ging mit seinen Theorien und seiner gruppenanalytischen Praxis über Burrow hinaus. Er definierte analytische Gruppentherapie (1948) mit den einfachen Worten: »Gruppenanalytische Psychotherapie ist eine Art Psychotherapie durch die Gruppe einschließlich ihres Leiters« (Foulkes, 2007, S.11). Das ist die kürzeste Definition zur Gruppenpsychotherapie, die ich kenne. Umfassender ist folgende Fassung:

> Gruppenanalyse ist also, wie die Psychoanalyse: (1) eine besondere Methode des Vorgehens; (2) eine Form der Therapie; (3) ein Mittel wissenschaftlicher For-

schung. Sie ist das beste Mittel für das Studium der Gruppendynamik, einer neuen Wissenschaft, in der sich Psychologie und Soziologie treffen. In Hinblick auf die Notwendigkeit guter Beziehungen zwischen Gruppen aller Art, ja ganzer Völker, braucht die Bedeutung solcher Untersuchungen in unserer Zeit kaum betont zu werden. (Foulkes, 1947/1992, S. 183)

Als zentrales Konstrukt als Wirkmacht neben den triebtheoretischen Annahmen nach Freud sei an dieser Stelle das Konzept von der dynamischen Matrix der Gruppe hervorgehoben. Foulkes beschreibt dabei Psychodynamik und Gruppendynamik als zwei Seiten einer Medaille, als hypothetisches Netzwerk zwischen Gruppenmitgliedern, die füreinander kommunizierend Sinn und Bedeutung entstehen lassen.

Drittens – Hobson

Von dem britischen Psychiater und jungianischen Analytiker Robert F. Hobson (1920–1999) wissen wir, dass er nach dem Zweiten Weltkrieg viele Jahre meist im Krankenhaus mit Patienten in Gruppen arbeitete. Er versteht Gruppenanalyse wie folgt:

> Bei der Verwendung des Begriffs »Gruppenanalyse« habe ich Analyse als Veränderung bewusster Einstellungen durch Assimilation bisher unbewusster Elemente definiert, die durch das Erleben und Verstehen einer Beziehung zu einer oder mehreren Personen erreicht wird. Das Hauptmerkmal der Analyse ist das Erkennen, Aufklären und Lösen von Widerständen, was zu vollständigeren Beziehungen, zur Korrektur von Fehlern in der Wahrnehmung der äußeren und sozialen Umwelt und zur Freisetzung von Heilungsprozessen (Ganzwerdung) in der Psyche führt. (Hobson, 1959, S. 146 und 1964, S. 35, übersetzt von S. Alder)

Mit Hobson finden wir den Prozess der Heilung für den Einzelnen als soziales Wesen in einer Therapiegruppe beschrieben. Für Hobson, der mit Bezug auf und in Abgrenzung von Jung von der Individuation des Einzelnen in der Gruppe ausgeht, ist jeder Mensch sowohl als Individuum in Bezug zu anderen zu verstehen als auch als Teil eines Gruppenmusters.[17] Psychodynamik und Gruppendynamik stellen auch für Hobson – wie für Burrow und Foulkes – zwei sich ergänzende Perspektiven, aber kein Entweder-oder dar. Durch das Erkennen, Aufklären und Lösen-können un-

---

17 Damit ging Hobson über Jung hinaus.

2 Theorie

bewusster Einstellungen der beteiligten Personen werden Widerstände bewusst. Ein Verstehen ist möglich sowie eine Fehlerkorrektur eigenen Erlebens und Verhaltens. Wenn Hobson von »Assimilation bisher unbewusster Elemente« spricht, drücken wir das heute eher mit Begriffen von Integration abgespaltener und verdrängter Anteile des eigenen Selbst aus. Hobson beschreibt Abwehrmuster von Gruppen. So erfasst Hobson Spaltungsphänomene in Gruppen (Hobson, 1959, S. 140), die sich nicht nur als Kampf oder Flucht markieren, sondern auch als Isolation eines Gruppenmitglieds im Sinne des Sündenbockphänomens und als verinnerlichte und in der Gruppe wiederbelebte Beziehungserfahrung dienen können. Wesentlicher Antrieb des Lebens der Individuen und der Gruppen, die die Individuen ausmachen, sind nicht (nur) einzelne Archetypen wie Mutter- oder Kindarchetyp, sondern behelfsmäßig-unterstützende archetypische Beziehungsmuster. Diese entwickeln und zeigen sich in Gruppen durch Prozesse, die von Zusammenhalt und Zerrüttung/Störung (cohesion and disruption) oder von einem Erleben von Zusammengehörigkeit und Trennung (togetherness and seperation) geprägt sind, die durch Beobachtung formuliert und therapeutisch genutzt werden können. Um diese Position von Hobson zu verdeutlichen, zitiere ich ihn:

> Noch ist viel über die subsidiären archetypischen Motive zu sagen, die die Grundmuster von Kohäsion und Zerrüttung/Störung ausdrücken. Das Auftauchen des Führers, des Helden, des Sündenbocks, der Anima und des Schattens und die Ausarbeitung von Todes- und Wiedergeburts-, Nachtmeerfahrt- und Drachenkampfmotiven sind zu unterschiedlichen Zeiten als Antworten der Gruppe auf die Probleme verschiedener Mitglieder und auf Situationen, die die ganze Gruppe betreffen, erkennbar. Durch die Beobachtung von Gruppen sollte es möglich sein, die Archetypen im Sinne von Beziehungsmustern zu formulieren. Mir scheint es tatsächlich in der Weise, dass Archetypen so beschrieben werden müssen, und ich denke, »archetypische Bilder« in Träumen und Fantasien sollten als Andeutung von gestörten Anpassungen betrachtet werden, d. h. die archetypischen Motive werden in konkreten Beziehungen nicht zufriedenstellend entwickelt. (Hobson, 1959, S.141, Übersetzung von Brita Pohl)

Viertens – Bion

Wilfred Rupert Bion (1897–1979), britischer Mediziner, Psychiater und Psychoanalytiker beschäftigte sich mehrere Jahre damit, wie Individuen in Gruppen Erfahrungen machen. Dabei ging Bion davon aus, dass die kleinste Einheit das Individuum ist und Gruppen eine vorübergehende regressive Fantasiebildung der Gruppenmitglieder darstellen (Bion, 1961, S. 141). In solchen vorübergehend für die Teilnehmenden regressiv wirkenden Gruppen verhalten und erleben sich die Einzelnen durch Projektionen und Identifikationen (ebenda). Gruppen zeichnen sich für Bion durch einen »guten Gruppengeist« (group mentality) aus. Dieser wird von Bion in Gestalt dreier Grundannahmen charakterisiert (Wiedemann, 2007, S. 141). Im Folgenden fasse ich zentrale Gedanken und Konzepte von Bion zusammen. Hierbei beziehe ich mich auf die Zusammenstellung von Gedanken von Bion durch Irmgard Wellert (Wellert, 2003, S. 26 ff.) wie auch die Darstellung von Felix de Mendelssohn (2003, S. 126) und Rafael, E. Lopez-Corvo (Lopez-Corvo, 2003, S. 132 f.):

- Die Teilnehmenden an einer Gruppe beginnen mit der Vorstellung, ein Ziel wie zum Beispiel Therapie und Heilung gemeinsam zu haben. Angst lässt eine Gruppenkultur entstehen, die zu Abhängigkeit vom Gruppenleiter unter Verzicht auf Wissenwollen führt oder zu Kampf- und Fluchtfantasien, geleitet durch Hass, oder zu einer messianischen, also rettenden Paarfantasie, geleitet von Liebe. Damit sind Bions drei Grundannahmen, wie Gruppenmitglieder auf Angst reagieren, skizziert (Bion, 1961, S. 142 f.). Durch die verschiedenen Möglichkeiten aus Angst zu regredieren, verlieren die Teilnehmenden das gemeinsame Ziel, am Verstehen, an der Verbesserung ihres psychischen Leids und den dazugehörenden Konflikten zu arbeiten, aus den Augen. Wenn aus der Regression heraus dieser progressive Schritt gelingt, bezeichnet Bion diese Gruppe als Arbeits- und intelligente Gruppe (work group and sophisticated group; ▶ Kap. 3.6).
- Der Gruppenleiter begleitet deutend die Gruppenmitglieder. Zugleich wird er als »Leerstelle« konzipiert, die die Gruppenmitglieder mit ihren Fantasien ausfüllen (de Mendelssohn, 2003, S. 120).

- Eine gemeinsam vollzogene Anerkennung der Grenzen der Gruppe als Fantasie geschieht.
- Die »Fähigkeit, Mitglieder zu verlieren oder neue aufzunehmen« (Wellert, 2003, S. 26), wird erworben.
- Jedes Mitglied wird wegen seiner Beiträge zur Gruppe wertgeschätzt. Das gilt als Haltung.
- Als Aspekt der Kapazität für Negatives (negativ capability) wird die individuelle »Fähigkeit, Unzufriedenheit innerhalb der Gruppe hinzunehmen« (Wellert, 2003, S. 26) und zu regulieren, gefördert.
- Eine Mindestgröße von drei Mitgliedern ist gesetzt, da bei drei oder mehr Personen qualitative Änderungen in der interpersonalen Beziehung eintreten.

Die Gruppe bzw. die Fantasie der Gruppe, die er nie als kleine bzw. therapeutische Gruppe von der Gesellschaft, dem Staat, der Armee oder der Institution Kirche unterschied, war für Bion eine Fiktion.

Fünftens – Schultz-Venrath

Der Facharzt für Psychosomatische Medizin und Psychotherapie, Psycho- und Gruppenanalytiker Ulrich Schultz-Venrath, ein engagierter Vertreter der mentalisierungsbasierten Psychotherapie mit Bezug auf Michal Fonagy und Kollegen fasst analytische (psychodynamische) Gruppenpsychotherapie so zusammen:

> Gruppenanalyse ist ein theoretischer Ansatz sowie eine Methode zum Verstehen (zur Analyse) von Gruppenprozessen und zur Leitung von kleinen, mittleren und großen Gruppen mithilfe von psychodynamischen und soziodynamischen Konzepten, die ihre Herkunft in der Tradition der Psychoanalyse haben, sowie anschlussfähiger Disziplinen (z. B. System-, Informations- und Kommunikationstheorie, Ethnologie, Philosophie, Soziologie und Sozialpsychologie). (Schultz-Venrath, 2012, S. 123)

Hier liegt der Schwerpunkt auf geleiteten Gruppenprozessen. Das spielt eine besondere Rolle in Krankenhäusern (Kliniken für Psychosomatik oder Psychiatrie und Psychotherapie), in denen mit Klein-, Mittel- und Großgruppen gearbeitet werden kann. Ebenso ist dieses Modell als Menschenbild sinnvoll, weil wir Menschen in Gruppen leben und daraus unsere Ich- und Wir-Identität(en) (Elias, 2021, S. 210–238) sowie unseren Selbstwert ableiten.

Sechstens – Haubl & Lamott

Die Herausgeber eines Handbuchs Gruppenanalyse, Rolf Haubl und Franziska Lamott, haben seit 2007 in mehreren Auflagen mit 14 Kolleginnen und Kollegen eine bemerkenswerte Zusammenstellung theoretischer Grundlagen und praktischer Anwendungen von analytischer Gruppentherapie vorgelegt. Rolf Haubl fasst Gruppenanalyse wie folgt auf:

> Gruppenanalyse ist die Analyse der Gruppenbildung einander fremder Menschen in der Konfliktspannung zwischen (regressiver) Vergemeinschaftung und (progressiver) Vergesellschaftung. Im Vergleich mit der Einzelanalyse tritt dieses Moment der Konfrontation mit dem interindividuellen Fremden (je nach Gruppengröße und -zusammensetzung) viel stärker in den Vordergrund und ängstigt deshalb auch mehr. (Haubl, 2019, S. 4)

Der Prozess der Vergemeinschaftung, wie Haubl ihn versteht, betont die Notwendigkeit, die Ignoranz des Inzesttabus und damit zusammenhängend die Kraft von Familienverbänden bewusst zu machen, weil sie in ihrer vereinnahmenden Tendenz den Einzelnen in seiner Entwicklung hindern. Der dem entgegengesetzte Prozess der anzustrebenden Vergesellschaftung, bei dem es um die intrapsychische Lösung von der Primärfamilie geht, ist grundlegend. Damit einher geht die Fähigkeit, friedliche und freundliche Beziehungen zu Fremden herzustellen, »die ganz wie wir selbst und gleichzeitig doch ganz anders sind« (Haubl, 2019, S. 4). Das kann als mögliche Projektion eines Patienten bzw. einer Patientin auf die Gesamtgruppe beobachtet werden. Dieser Differenzierungsarbeit in der Gruppentherapie kommt eine hervorgehobene Bedeutung zu, weil damit eine psychosoziale Entwicklungsaufgabe verbunden ist (ebenda).

Siebtens – Dorst

Brigitte Dorst Psychologische Psychotherapeutin, jungsche Psychoanalytikerin und Gruppenanalytikerin am C. G. Jung-Institut Stuttgart war

Lehrstuhlinhaberin an der Universität Münster. Sie versteht Gruppenpsychotherapie auf der Basis der Analytischen Psychologie. Im Sinne einer Zusammenfassung von Gruppenarbeit formuliert sie Folgendes:

> Die Gruppe ist der Ort, an dem der Einzelne seine Individualität und seine Verbundenheit mit anderen lebendig erfährt. In Therapiegruppen muten sich die Teilnehmerinnen und Teilnehmer einander zu; ihre persönlichen Besonderheiten, ihre Stärken, Schwächen und Schattenseiten werden im Spiegel und Feedback der Gruppe schnell sichtbar. Anima und Animus, die archetypischen Bilder von Weiblichkeit und Männlichkeit, werden in Beziehungsklärungen erkennbar, ebenso natürlich Geschlechtsrollenstereotype und gesellschaftlich geprägte Geschlechterverhältnisse. Immer geht es um das Erleben, Gestalten und Verstehen der Beziehungsmuster, die sich zwischen den beteiligten Personen im Hier und Jetzt herausbilden und das Spiel der Begegnung bestimmen. (Dorst, 2016, S. 60)

Besonders bezieht sie sich auf die Jungianer, den deutschen Gruppenanalytiker Theodor Seifert (1931–2018) und den US-amerikanischen Edward C. Whitmont (1912–1998). Wichtig ist die Annahme, der zufolge die intrapsychisch bedeutsamen, meist dysfunktionalen Interaktionsmuster in der Gruppensituation zu den Mitpatienten als »Schwestern und Brüder im Geiste« reinszeniert und auf diese Weise bewusster und miteinander potenziell verändert werden können. Mit den Worten von Seifert klingt das so:

> Ein großer Teil der praktischen Arbeit in der analytischen Gruppe läuft darauf hinaus, die inneren Parallelen der äußeren, sozialen Interaktionen in der Gruppe sehen zu lernen und sich den eigenen inneren Anteil bewusstzumachen. Das heißt, dass der Außenseiter, der aggressiv abgelehnt oder ausgestoßen wird, gleichzeitig der dunkle Bruder ist, den man nicht annehmen kann. Es geht um das Wiedererkennen der inneren Prozesse im sozialen Geschehen. […] Damit geschieht über die soziale Interaktion das Werden der inneren Vollständigkeit, die Jung unter anderem als Ziel der analytischen Arbeit formuliert hat. (Seifert, 1985, S. 182)

Der in New York lebende jungianische Gruppenanalytiker Edward C. Whitmont macht bereits 1964 darauf aufmerksam, dass Gruppenanalyse als Besonderheit gegenüber der Einzeltherapie eine »größere Realitätsnähe und Konkretheit« (Dorst, 2022, S. 76; Whitmont, 1964, S. 5) aufweist, weil die zu beobachtenden Interaktionen im »Hier und Jetzt der Gruppe« zu beobachten sind (Whitmont, 1964, S. 3). Für Brigitte Dorst, die Whitmont und Seifert als historische Referenz nutzt, umfasst das therapeutische Arbeiten in Gruppen im Rahmen der Analytischen Psychologie sieben Themen:

- »Herausarbeiten und Verdeutlichen von archetypischen Beziehungsmustern, Rollen und Gruppensituationen. […]«
- »Das Verdeutlichen und Herausarbeiten von Komplexkonstellationen in der Interaktion. […]«
- »Umgang mit Schattenprojektionen: […], z. B. im Sündenbockphänomen und in Übertragungen. Vor allem die Bewusstmachung der individuellen Schattenanteile im Sinne der Erkenntnis: ›Was ich an dir nicht leiden kann, das ist auch ein Teil von mir‹, ist in der Gruppe erleichtert. […]«
- »Arbeit an der Persona: Die Persona ist das Bild, das jeder in der Gruppe zunächst von sich vorzeigen möchte und mit dem er oder sie sich identifiziert. […]«
- »Bewusstmachung von eigengeschlechtlich und gegengeschlechtlichen Bildern der Anima und des Animus […]«
- »Die Erfahrung der Gruppe als Selbstsymbol: Schon die Anordnung einer Gruppe in der Runde verweist auf die Symbolik des Kreises, für Jung ein zentrales Selbstsymbol der Ganzheit. Die Gruppe selbst ist ein präsentes Bild einer Ganzheit. Im emotionalen Erleben der Gruppe drückt sich die Ganzheit als Wir-Gefühl aus. Das Gemeinschaftsgefühl und seine spezifische Kohäsionskraft ist Ausdruck der energetischen Ladung des Gruppenselbst als Ganzheit. […]«
- »Arbeit mit Übertragungsphänomenen« (Dorst, 2022, S. 77 ff.).

Ganz im klassisch jungianischen Sinn verwendet Dorst in der Gruppentherapie die Konzepte vom Archetyp der Persona, dem Schatten und dem Selbst, dem persönlichen und kollektiven Unbewussten, vom Komplex und Symbol, die in den Interaktionen projektiv für die Teilnehmenden erfahrbar werden.

Gemeinsames und Unvereinbares

1. Zwischen den vorgestellten Definitionen finden sich viele Übereinstimmungen. Dazu gehören die Annahme des dynamischen Unbewussten und die Wirksamkeit der Re-Inszenierung verinnerlichter unbewusster und biografisch geprägter Repräsentanzen. Weiter zählen dazu das Arbeiten an und in der Übertragung, Nutzung der Gegenübertragung oder Ko-Übertragung durch die Gruppentherapeuten. Dabei wird die Regression zugelassen und, soweit möglich, gemeinsam im Konsens validiert und reflektiert. Das schließt das respektvolle Beachten von Takt, Würde des anderen einschließlich aller sich zeigenden Widerstände ein.

2. Differenzen finden sich in der Aufmerksamkeit für die Balance zwischen Ich-Identität und Wir-Identität. Der Soziologe Norbert Elias konzipiert das als »Wir-Ich-Balance« (Elias, 1987/2021, S. 210). Wird die Ich-Identität betont, steht der einzelne Patient mit seinen Bezogenheiten in der Gruppe und zur eher fiktiven Gruppe im Vordergrund. Therapeutisch wird der Patient eher einzeln dialogisch in der Gruppe bzw. vor dem mitwirkenden Hintergrund der Gruppe verstanden und vom Therapeuten behandelt. Der Patient in seinen persönlichen Außenbeziehungen (zum Partner, zu seinen Kindern, Eltern, zum individuellen Berufsfeld etc.) steht im Mittelpunkt der Aufmerksamkeit des Gruppentherapeuten. Wird die Wir-Identität betont, steht die Gruppe der Patienten mit ihren Fantasien zur Gruppe mit ihren Anmutungen und Reaktionsmustern im Vordergrund. Darin ist der Gruppentherapeut einbezogen – alle sitzen in einem Boot – oder die Beziehung der Gruppe zum Therapeuten wird gemeinsam in der Differenz unter der Perspektive der Kohäsion und Separation untersucht. Dann sitzt die Gruppe in einem Boot mit oder ohne den Therapeuten. Alternativ befindet sich der Therapeut oder eines der Gruppenmitglieder beobachtend in einem anderen Boot als die Gruppe.

3. Hinter den Definitionen steht eine große Differenz zwischen der Vorstellung von Bion und Dorst im Vergleich zu der von Burrow, Foulkes und Hobson. Für Bion gibt es nur Individuen, die, wenn sie in einem Raum als Ansammlung (aggregate) und im Kreis der analytischen Gruppe zum Zweck gemeinsamer Erfahrungen sitzen, vorübergehend

aus Angst oder Panik, Hass oder Liebe eine Gruppe fantasieren, die dann wieder zerfällt und sich neu bildet, wie Bion es 1961 beschrieben hat (Bion, 1961, S. 147)[18]. Für Dorst gibt es die Individuen, die in der Gruppe ihre verinnerlichten Beziehungen zu den auf Gruppen bezogenen Imagines erleben, reflektieren und ggf. ändern. Mit diesem Verständnis gibt es nur die Individuen, die Intrapsychisches auf die Gruppe projizieren; die Gruppe selbst in ihrer Eigenständigkeit wird nicht anerkannt. Den Gegenpol bilden alle anderen hier zitierten Gruppentherapeuten, indem sie die Überzeugung teilen: der Mensch ist ein soziales Wesen, bildet Gruppen, die als Gruppe der Individuen verstanden werden (vgl. Foulkes, 1992, S.184ff.; Elias, 1987/2021). Das Individuum mit seinen Beziehungen und die Gruppe als Ganzes mit typischen psychosozialen Mustern sind nur zwei Seiten einer Medaille. Bei Foulkes findet sich der Ausdruck von der »Identität von Psychodynamik und Soziodynamik« (Foulkes, 1992, S.212) und an anderer Stelle benennt er die »grundsätzliche Einheit von Gruppendynamik und individueller Psychodynamik (Foulkes, 1992, S. 32). Hobson wiederum positioniert sich hier gleich zu Beginn seines 1958 gehaltenen Vortrages. Er könne zwar eine individuelle und eine Gruppepsyche beschreiben, jedoch betont er, dass beide logischen Beschreibungszugänge gleichermaßen wahr und bedeutsam sind und unbedingt ergänzend zusammengehören.[19]

---

18 »The belief that a group exists, as distinct from an aggregate of individuals, is an essential part of this regression, as are also the characteristics with which the supposed group is endowed by the individual. Substance is given to the phantasy that the group exists by the fact that the regression involves the individual in a loss of his ›individual distinctiveness‹ (Freud, 1921, p. 9), indistinguishable from depersonalization, and therefore obscures observation that the aggregation is of individuals. It follows that if the observer judges a group to be in existence, the individuals composing it must have experienced this regression. Conversely, should the individuals composing a ›group‹ (using that word to mean an aggregation of individuals all in the same state of regression) for some reason or other becomes threatened by awareness of their individual distinctiveness, then the group is in the emotional state known as panic« (Bion, 1961, S.147).
19 »It must be stressed that this differentiate does not imply the existence of a ›group mind‹ and an ›individual mind‹. This distinction is between two ways of thinking which are in different logical categories, both are valuable and neither is

Dem steht, um einen weiteren Akzent zu setzen, die Position von C. G. Jung, Theodor Seifert und Brigitte Dorst gegenüber, wonach zwischen persönlichem und kollektivem Unbewussten unterschieden wird. Ich halte zwar die Unterscheidung zwischen persönlichem und kollektivem Unbewussten für nachvollziehbar, weil das Bewusstsein auf den ersten Blick in unserer Kultur ein individuelles ist. Näher an der Wirklichkeit erscheint mir durchaus die Annahme, die Norbert Elias, Robert F. Hobson und Siegmund H. Foulkes teilen, dass das Persönliche und Kollektive/Kulturelle zwei verschiedene Perspektiven auf ein und dieselbe Realität sind. Gleichwohl will ich anmerken, dass darin in unserer (westlichen) Kultur der Gegenwart eine Provokation im Blick auf die Besonderheit des Individuellen und des Subjekts enthalten ist.

4. Ich möchte hier erwähnen, dass C. G. Jung wie Wilfred R. Bion das Individuum als den einzigen Träger für Unbewusstes und Bewusstes verstehen, wobei zeitweise das unbewusst-bewusste Individuum sich in Verbindung mit anderen realisiert, um sich selbst weiterzuentwickeln. Von Jung ist das Konzept vom therapeutischen Gefäß, »vas hermeticum«, bekannt (Müller & Müller, 2018, S. 189 f.), durch das die Beteiligten (Patient und Therapeut) eine psychische Wandlung erfahren. Von Bion wird gern das Konzept vom Halten des Gehaltenen (Container/contained) – auch in der Gruppe – verwendet (Bion, 1962/1990, S. 146). Beide Denkmodelle haben eine historische Verbindung, weil Jung davon 1925 in einem Seminar in London (Tavistock Lectures), das Bion mit dem Schriftsteller Samuel Beckett, der zu dieser Zeit sein Patient war, besuchte, gehört hatte. Während Bion später nichts darüber schrieb, geht die Beschäftigung mit dem Thema vas hermeticum, container/contained und Psychotherapie aus den Briefen von Beckett hervor (Maier, 2014, S. 180 ff.).

5. Behelfsmäßig unterstützende – subsidiäre – archetypische Beziehungsmuster nach Hobson (1959), die einerseits Kohäsion und Kohärenz einer Gruppe betonen und anderseits zu Störungen durch Ausgrenzungs- und Spaltungsprozesse in der Gruppe und Zerfall (disruption)

---

more ›true‹ than the other« (Hobson, 1959, S. 140). Der Vortrag zur Gruppenanalyse von Hobson erfolgte auf dem ersten Kongress der Internationalen Gesellschaft für Analytische Psychologie in Zürich 1958.

derselben führen, bestimmen das Leben von Individuen, die als Patienten in Behandlung kommen. Das mutet modern an, sind es doch Gedanken, die als Vorläufer der intersubjektiven Denkrichtung gelten können, die die Gruppe als eigene (systemische) Wahrnehmungskategorie einbeziehen. Wenn der Begriff und das dazugehörende Konzept des Archetypischen weggelassen werden, so finden sich wohl zu allen anderen zitierten Autorinnen und Autoren große Übereinstimmungen, wenn es um die Wirkkraft von Beziehungs- und Bindungsmustern geht. Allerdings wäre der Verzicht auf die Denkmöglichkeit des Archetypischen ein Verlust an konzeptioneller Herausforderung, über sozialkulturell psychisch verinnerlichte Verhaltensmuster, die »universell« sind, »autonom« und unhintergehbar stark emotional wirken, nachzudenken (Roesler, 2016, S. 17 f.). Zum archetypisch Emotionalen in entsprechenden Lebenssituationen gehören Gefühle des Ergriffenseins als Mischung aus Faszination und Schrecken. Damit verweist diese Affektlage auf eine denkbare Grundlage, eben des Schreckens, des namenlosen Grauens und des unfassbaren Abgrundes, auf den immer wieder der psychoanalytisch versierte Philosoph und Theologe Christoph Türcke aufmerksam macht (Türcke, 2008, S. 76; 2011, S.15).

6. Von archetypischen Mustern oder Urbildern zu sprechen, zeichnet in der Regel Psychotherapeuten aus, die sich mit der Denktradition von C. G. Jung verbunden wissen. Meist wird die Kategorie des Archetypischen von Vertretern der Gruppenanalyse, der Psychoanalyse und davon abgeleiteten Denkschulen vermieden oder abgelehnt. Die Ablehnung erfolgt mit der Begründung, dass Archetypisches als Teil des Konzepts vom kollektiven Unbewussten ahistorisch, unabhängig von Kultur und dem Sozialen sei (Mies, 2022, S. 188). Von der Seite der Analytischen Psychologie hingegen wird im selben Zeitraum eine fundierte Untersuchung, Revision und Neuformulierung des Archetypenkonzepts durch Roesler (2022, S. 239 ff. ; 2016, S. 124 f.) und Roesler & Sotirova-Kohli (2014, S. 133), die auch die biologische Verankerung als widerlegt darstellen, vorgelegt. Dem Konzept des kollektiven Unbewussten, dass durch Archetypisches bestimmt wird, erteilen Roesler und Sotirova-Kohli wie auch Jean Knox eine Absage. Eine wissenschaftlich fundierte Reformulierung einer Theorie des Archetypischen öffnet neue, wenn auch bescheidenere Perspektiven. Das kollektive Unbewusste ist nach

Roesler (2022) im Kern ein gewordenes und kulturelles. Bemerkenswert anders verhält es sich in der Literaturwissenschaft, Erzählforschung, Ethnologie und Politik. Hier werden diese Konzepte der Urmuster oder Elementargedanken, der archetypischen Muster als Denkebene als Teil einer »Polygenese«, die alle Menschen unabhängig von ihrer Kultur und Geschichte verbindet, verwendet und wertgeschätzt (Céciere, 2021, S. 129; Poege-Alder, 2016, S. 110 ff.; Handke, 2010, S. 18; vgl. Verst, 2022).

7. Vergemeinschaftung als Begriff für regressive (Inzest und andere verletzende Grenzüberschreitungen) und Vergesellschaftung für progressive Prozesse (meine unmittelbaren Mitmenschen und vertrauten Gruppenmitglieder sind mir/uns sehr ähnlich und doch ganz anders), werden, soweit mir es bekannt ist, in Theorien zur Gruppenpsychotherapie – außer jetzt von Rolf Haubl – nicht gegenübergestellt. Endogame und exogame Regeln spielen eine fundamentale Rolle für Therapiegruppen, weil die Einhaltung der Gruppengrenzen sowie der Gruppenregeln nicht nur selbst- oder fremdschädigendes Verhalten ausschließen (Tötungstabu, Tabu der Sexualität), sondern auch private einschließlich sexueller Kontakte zwischen den Gruppenteilnehmenden als Grenzüberschreitung sanktionieren. Diese psychischen Kräfte zu identifizieren und zu sortieren, machen es zwingend erforderlich, in Gruppentherapien die Grenzen der Neutralität, Anonymität und Abstinenz (▶ Kap. 3.2.2) in besonderem Maße auch für die Gruppenteilnehmenden zu reflektieren.

2.2 Gruppenpsychotherapie – eine erste psychodynamisch-analytische Begriffsbestimmung

Zusammenfassung

Gruppenpsychotherapie ist ein interaktives auf den Mitmenschen und auf sich selbst bezogenes Lernen durch gemeinsam geteilte Erfahrungen in einer Gruppe von Individuen. Das ist metaphorisch vergleichbar mit einem Laboratorium zum Zweck des Verstehens und Veränderns von dysfunktionalem und krankheitswertigem Denken, Fühlen, Körperwahrnehmen und Handeln. Dabei gehen wir als Gruppenpsychotherapeuten von unbewussten, vorbewussten und bewussten Interaktionserfahrungen aus, die in der Begegnung mit anderen übertragen werden, resonieren und eine vernetzte Interaktionsmatrix (Foulkes) ausbilden. Dies wird von den Teilnehmenden idealerweise spielerisch gemeinsam wahrgenommen und Veränderungen werden »konsensuell validiert« (Burrow).

Mit Gruppenpsychotherapie wird das Dysfunktionale und Krankheitswertige, zwar zuerst als psychische Störung des Einzelnen betrachtet, jedoch bald als sinnvolle Kompromissbildung für den Betroffenen und für das relevante Beziehungs-(Familien-)System verstanden. Das ist in der Regel plausibel, weil das psychische Gleichgewicht der betreffenden Person (Protagonist) und seines psychosozialen Umfeldes (Netzwerkes) unter dem Einfluss der früheren oder auch der aktuellen psychosozialen Bedingungen unbewusst hergestellt und schützend erhalten wird. Je fortgeschrittener die Gruppenmitglieder sind, umso mehr können sie die Gruppenarbeit als ein Übungsfeld für sich und die anderen verstehen. Der Erstbeschreiber der Gruppenanalyse nannte das Übungsfeld »Laborationsmethode« (Burrow, 1928). Das Wort »Labor« betont die experimentelle und untersuchende Haltung der Beteiligten. Einen anderen Akzent setzt der Begriff des Spielens bzw. des Spielerischen (Ballhausen-Scharf, Müller, Lehle, Winzer, 2022, S. 32 ff.; Stumptner, 2022, S. 16). Auf spielerische

Weise können neue Verhaltensweisen miteinander zunehmend leichter ausprobiert und dabei frühere Überzeugungen in ihrer Funktion bewusster werden. Im Laufe der Zeit wird klar, was durch genaueres Zuhören und präziser auf den anderen bezogenes Sprechen bewirken – auch für die Zuhörenden und Sprechenden selbst. Das kann für jede und jeden etwas anderes sein und doch fügen sich die Teile in einer Gruppe wie ein Mosaik zu einem gemeinsamen Inhalt und Prozess zusammen.

Im Zentrum der Betrachtung stehen therapeutische Gruppen, die aus mindestens drei, jedoch in der Regel aus fünf bis zehn Personen bestehen, einschließlich einer oder zweier Gruppentherapeutinnen bzw. -therapeuten. Das Setting ist in einem festen Wochenrhythmus für eine definierte Zeit an einem Ort in einem Raum ritualisiert und damit konstant. Zum Setting gehört weiter ein Stuhlkreis mit freier Mitte, der es allen ermöglicht, sich zu sehen und zu hören, was durch eine therapeutisch geförderte freie respektvolle Kommunikation miteinander ermöglicht wird.

Dort, wo Menschen mit hohem psychischen Leidensdruck, gepaart mit unterschiedlich motivierter Veränderungsbereitschaft, zusammenkommen, gibt es immer einen Gegenwillen, einen Widerstand.

2.2.1 Widerstand – Übertragung – Gegenübertragung – Wiederholungszwang

Zusammenfassung

Wenn die freie, respektvolle Kommunikation oder der Fluss der Bilder und Worte unterbrochen werden, wenn abgelenkt wird, wenn Müdigkeit auftritt, jemand einschläft oder aus dem Raum geht, sprechen wir von Widerstand. Nicht mehr denken, nicht mehr fühlen und keine Sprache und keine Stimme für eigene Wünsche, Ängste, Sorgen oder Interessen finden, markiert Widerstand. Widerstand ist eine Störung der Resonanz und zugleich eine wichtige Information im Kontext von Übertragung, Gegenübertragung und Wiederholungszwang.

2.2 Gruppenpsychotherapie – eine Begriffsbestimmung

Der Gruppenanalytiker Dieter Sandner diskutiert die notwendige Balance zwischen der therapeutischen Orientierung auf den Einzelnen und auf die Gruppe. Dabei verweist er auf den behandlungstechnischen Hinweis von Sigmund Freud, dass deutendes Vorgehen erst dann hilfreich ist, »wenn die Übertragung zum Widerstand werde« (Sandner, 2010, S. 136). Dem kann ich mich gut anschließen – mit einer entsprechenden Erweiterung für das Gruppensetting. Deutendes Vorgehen ist erst dann hilfreich, wenn die Übertragung zum Widerstand gegenüber dem Gruppentherapeuten wird oder der Therapiegruppe als ganzer oder einem Mitpatienten gegenüber.

Übertragung benennt in diesem Zusammenhang das Gesamt an Fantasien, Gefühlen und Erwartungen, die von einer Person (Protagonist) am anderen und im anderen wahrgenommen, erhofft oder gefürchtet werden, wobei ein wesentlicher Anteil vom Protagonisten stammt und weniger von den anderen. Biografisch relevante Beziehungsmuster – die Bindungstheorie nennt sie »Arbeits- oder Repräsentationsmodell« – reinszenieren sich erneut in der therapeutischen Situation (Gloger-Tippelt & König, 2009, S. 7). In therapeutischen Gruppen wird auch von »multipersonaler Übertragung« oder »multilateralen Übertragungen« gesprochen (Janssen & Sachs, 2018, S. 20 f.) sowie »handelnder Inszenierung« (ebenda). Mit Übertragung und handelnder Inszenierung wird benannt, dass Unbewusstes und nicht Aussprechbares in der Projektion auf andere Personen und im Handeln in einer Gruppe als Information und Mitteilung verstanden werden kann. Besonders herausfordernd ist es, wenn der Gruppentherapeut selbst einen Widerstand in sich, einem Patienten oder einer Gruppe gegenüber wahrnimmt. So spürt beispielsweise der Gruppentherapeut bzw. die Gruppentherapeutin Impulse in sich, der Gruppe nicht zuhören zu wollen, in Steigerung gar eine ganze Gruppe (Therapiegruppe) emotional abzulehnen, obwohl er bzw. sie einen Therapieauftrag hat.

Das Konzept der *Gegenübertragung* umfasst alle Fantasien, Gefühle und Erwartungen als Reaktion auf Übertragungen. Intersubjektiv gedacht, sprechen wir dann von Ko-Übertragung. Die *Gegenübertragung* ist ein analytisches Konzept, das davon ausgeht, dass im Sinne der Resonanz der Therapeut über seine Gefühle, Gedanken, inneren Bilder und Körperreaktionen so nachdenken kann, dass er sich damit konkordant oder komplementär in Bezug zum Patienten und dem Gruppengeschehen versteht. Wenn wir im Sinne der relationalen/intersubjektiven Denktradition von einem ko-kreativen Prozess der Kommunikation ausgehen, so spreche ich von *Ko-Übertragung* in der Gruppe und nicht von Gegenübertragung. Gegen solches Übertragen bzw. Projizieren von psychischen Zuständen und deren Wahrnehmung kann jeder Mensch aversiv reagieren, aus welchem Grund auch immer. Das ist im Prozess der Therapie ein Widerstand, der ernst genommen werden muss, weil sich darin eine Komplikation, ein vielleicht unaushaltbarer Schmerz, eine schwere Kränkung, existenzielle Angst oder soziale Ausstoßung verbergen. Freud drückt die Verbindung von Verdrängung und Widerstand so aus: »die Kraft, welche die Verdrängung herbeigeführt und aufrecht gehalten hat, behaupten wir während der analytischen Arbeit als Widerstand zu verspüren« (Freud, 1999, GW Bd. 13, S. 241). Was für das Verdrängte zutrifft, gilt ebenso für das Dissoziierte. Gruppenanalytisch steht neben der intrapsychischen Betrachtung die interpersonale Interaktion als Kommunikation im Aufmerksamkeitsfokus.

Das Konzept des *Wiederholungszwangs* beschreibt ein Verstehen von Gefühlen, Handlungen und Denkmustern von Personen, die in aktuellen Situationen und Beziehungen frühere, biografisch relevante, meist traumatische und/oder konflikthafte Interaktionsmuster mit anderen Personen erneut herstellen. Die Kraft dieser Selbstwirksamkeit auf andere Menschen und Gruppen ist oft erstaunlich. Selbstwirksamkeit gründet im Verstehen von Intersubjektivität (Knox, 2011, S. 9) und – ich erweitere – von Gruppalität. Mit Selbstwirksamkeit und Selbsturheberschaft wird die Erfahrung verstanden, durch eigenes körperliches oder zielgerichtetes, auch reflektiertes Handeln oder Sprechen, beim anderen meist unbewusst etwas zu bewirken. Diese Erfahrung, selbst etwas in Bezug zu anderen Menschen und Gruppen zu bewirken, ist die Grundlage für das Erleben, selbst existent und etwas wert zu sein (Knox, 2011, 14 ff).

2.2.2 Ebenen der Wahrnehmung und Kommunikation: Individuum, Dyade/Triade, Gruppe

> **Zusammenfassung**
>
> Im Individuum vollziehen sich das Erleben, das Reflektieren und Verhalten, das sich vollziehende Projizieren und Introjizieren (Projektion und Identifikation); ebenso geschieht das in der Dyade oder Triade und zugleich in der Gruppe, die klein, mittel oder groß sein kann. Jede Ebene und Perspektive der Erkenntnis hat ihre eigenen Gesetzlichkeiten. Jede Ebene der Kommunikation verhält sich komplementär zur anderen. Alle Ebenen sind nicht aufeinander reduzierbar.

Zuerst ist für jede und jeden als Mitglied einer therapeutischen Gruppe an die individuelle intrapsychische Wahrnehmung von Gefühlen, Gedanken, Körperreaktionen in Verbindung mit dem daraus verstandenen Verhalten zu denken. Es ist trotz der schrittweisen Bekanntheit des intersubjektiven und relationalen Paradigmas (Burrow, 1928; Mitchell, 2021; Stolorow & Atwood, 2002; Benjamin, 2019; Stern, 2014; Potthoff, 2014, 2022) in der analytischen und psychodynamischen Community ein neuer Gedanke, dass all die Gefühle, Gedanken etc. ihren Ursprung in mehrfach verinnerlichten Interaktionserfahrungen haben, die szenisch einem Beziehungsfeld zuzuordnen sind und die aus Dyaden, Triaden und Gruppen stammen.[20] Diese Interaktionserfahrungen werden auch als Repräsentanzen für Beziehungserfahrungen im Gedächtnis gespeichert. Wir sind also durch und durch Beziehungswesen, und zwar gruppale bzw. sozial-kulturelle, mindestens reduziert betrachtet, triadische und dyadische (Bauer, 2022, S. 179). Zwar steht die einzelne Person mit ihrem Erleben und Verhalten im Mittelpunkt diagnostischer Betrachtung und Therapiebe-

---

20 Hierzu vergleiche im vorliegenden Text den Abschnitt 2.5.5 (▶ Kap. 2.5.5) Soziale Netzwerkanalyse, der als kommunikative Einheiten Individuen und Gruppen definiert und deren Verbindungen als Monologe, Dialoge, Trialoge oder Gruppenprozesse versteht.

mühungen, jedoch inkludiert dies konstitutionell eine triangulierte Dyade in einer Gruppe. Auf das Individuum als Subjekt der Betrachtung sind die meisten psychotherapeutischen Theorien ausgerichtet. Die auf das eigene Selbst bezogene Introspektion ist ein wertgeschätzter Weg der Selbstanalyse (Thomä & Kächele, 2006, S. 342). Durch Selbstöffnung gegenüber anderen erfahren diese etwas von solchen selbstreflexiven Vorgängen. Eine weitere Person kann diese Kommunikation beobachten und dokumentieren. Inzwischen wissen wir davon, dass das jeweilige Gegenüber die Äußerungen der ersten Person stark beeinflussen. Aus der Eine-Person-Psychologie entwickelte sich die Zwei-Personen-Psychologie mit den Konzeptualisierungen der Intersubjektivität und Interpersonalität. Das war als Paradigmenwechsel, als »revolutionäre Phase des Übergangs von einem zu einem anderen Paradigma« auf der Seite der psychoanalytisch – auch tiefenpsychologisch – identifizierten Psychotherapeuten mit Bezug zur Triebtheorie, der Ich-Psychologie, der Objektbeziehungstheorie und der Selbstpsychologie gewürdigt worden (Altmeyer und Thomä, 2006, S. 9). Zwölf jungianisch orientierte Psychoanalytikerinnen bzw. Analytische Psychologen veröffentlichten 2005 die Ergebnisse ihrer Auseinandersetzung mit den Prinzipien der Intersubjektivität, verbunden mit dem Leitmotiv »Am Anfang war Beziehung« (Otscheret und Braun, 2005, S. 8). Alle diese Autorinnen und Autoren beziehen sich auf den Religionsphilosophen und Theologen Martin Buber (1878–1965). Er verdeutlichte, dass das Ich durch die Begegnung mit einem Du entsteht (Buber, 2021, S. 71). Erst mehrere Jahre später begannen mehr und mehr Kollegen der tiefenpsychologischen und psychoanalytischen Schulen, sich mit der Verknüpfung und Erweiterung der intersubjektiven Theorien im Bereich der Gruppenpsychotherapie zu beschäftigen (Trautmann-Voigt und Voigt, 2018, S. V.; Schlapobersky, 2016, S. 221; Janssen und Sachs, 2018, S. 59f.). Damit wurde ein Anschluss an die Drei-Personen-Psychologie – die Triade – mit dem Übergang zum Verständnis von Gruppen als System, als Muster oder Matrix erreicht (Foulkes, 1992, S. 165).

Somit unterscheide ich drei Ebenen des Erlebens: Erstens die intrapsychische durch Selbstreflexion, zweitens die intersubjektiv-interpersonale durch ein miteinander Sein und Sprechen, dass Gefühle und auf den anderen bezogene Mitteilungen beinhaltet, was sowohl für die Dyade als auch die Triade gilt und drittens die gruppale Erfahrung durch erneutes

2.2 Gruppenpsychotherapie – eine Begriffsbestimmung

miteinander Sein und Sprechen, welches ebenfalls Gefühle, Gedanken, Bilder und Körperreaktionen kontextabhängig einbezieht. Dabei können des Weiteren anhand der Teilnehmenden (TN) Kleingruppen (3–12 TN) von mittleren (13–20/25 TN) und davon Großgruppen (ab 20 oder 25 bis einige hundert TN) unterschieden werden. Die intrapsychischen Repräsentanzen und Aufmerksamkeitsfelder unterscheiden sich noch einmal deutlich zwischen den verschiedenen Gruppengrößen und deren meist unterschiedlichen Aufgaben. Alle drei Ebenen (Individuum, Dyade und Triade, sowie Gruppe klein, mittel, groß) sind miteinander komplementär verknüpft, weshalb sie sich einander bedingen und doch nicht aufeinander reduzierbar sind (Walach, 2012, S. 319 ff.). Um das zu verdeutlichen, sage ich gern: Küssen ist zwar individuell zu fantasieren, jedoch nur zu zweit möglich, wie auch ein therapeutisches Gespräch in der Dyade etwas Besonderes darstellt. Gehen wir einen Schritt weiter. Die Gruppe ist etwas Besonderes. Nur in der Gruppe ab drei Personen gibt es zwei, die sprechen und der oder die Dritte beobachtet, anerkennt, bezeugt und bringt sich ein. Diese Art der gruppalen Erfahrung ist nicht durch eine Zweierbeziehung zu ersetzen. In der Zweierbeziehung fehlt der oder die Dritte, was in der Regel Absicht ist. Die Vertraulichkeit zu zweit ist besonders. Wenn wir das für eine musikalische Gruppensituation betrachten, ist ein Duo etwas anderes als ein Trio. Das lässt sich unkompliziert auf größere Gruppen – auch in der Musik – erweitern. Ab mindestens sechs (zweimal drei) oder eher ab sieben Gruppenmitgliedern entstehen Untergruppen. Erst im Beisein der anderen werden bestimmte Haltungen und Projektionen möglich und so erkennbar. Gegenseitige Rückmeldungen und die im Konsens zu findenden Einsichten und wenn es die Einsicht ist, keinen Konsens, jedoch einen Kompromiss zu finden und das im Konsens anzuerkennen, sind von unschätzbarem Wert für die Förderung der reflexiven Denk- und Fühlräume sowie für Selbstwirksamkeitserfahrungen oder Mentalisierung respektive Symbolisierungserfahrungen.

2.2.3 Perspektiven: Patienten/Selbsterfahrungsteilnehmende, Therapeut, Gruppe

Zusammenfassung

Grundsätzlich besteht bei Gruppenpsychotherapie, ganz gleich welches Psychotherapieverfahren angewendet wird, immer eine Beziehung ihrer beteiligten Akteure auf drei Ebenen:

- Patienten zum Gruppenpsychotherapeuten,
- Patienten untereinander und
- alle Gruppenmitglieder zur Gesamtgruppe.

Mit diesen drei Beziehungsperspektiven können wir theoretisch therapeutische Beziehungen unterscheiden, die zwischen Gruppentherapeuten und Patienten entstehen, zwischen Beziehungen der einzelnen Patienten in ihren intersubjektiven Bezogenheiten untereinander und zwischen allen Teilnehmenden und der Gruppe als Ganzer. Diese therapeutischen Beziehungen können je nach Kontext als Realisierung von verinnerlichten Interaktionserfahrungen in der dreifachen Beziehungsgestaltung gesehen werden. Gleichberechtigt dazu ist es sinnvoll, von Übertragung und Gegenübertragung zu sprechen, wenn wir die Interaktionserfahrungen in ihren verschiedenen projizierten bzw. übertragenen Anteilen verstehen wollen. Während diese drei Perspektiven der Realisierung von internen Arbeitsmodellen bzw. Interaktionserfahrungen, wie ich sie vertrete, in einem ausgewogenen Sowohl-als-auch geschehen sollten, gibt es Konzepte, die vor allem oder ausschließlich dyadisch gedacht werden. Praktisch bedeutet dies eine Reduktion der Komplexität, die in der Regel zu Lasten des vernachlässigten Bereiches geht. Das ist Psychotherapie der Einzelnen vor dem Hintergrund der Gruppe oder die gegenteilige Sicht: die Gruppe wird vom Gruppentherapeuten wie ein Patient behandelt, ohne dabei direkt auf die Einzelpersonen einzugehen.

Ich werde also nicht die Gruppenpsychotherapie als Einzelbehandlung in der Gruppe beschreiben, wie sie durch Alexander Wolf (1907–1997) und

Emanuel K. Schwartz vertreten wurde. Dafür findet sich eine gute Darstellung im Vergleich mit anderen Ansätzen bei Dieter Sandner (Sandner, 2010, S. 135 ff., 238 f.). Ebenso halte ich im Kontext von Heilbehandlung und Selbsterfahrung wenig von einer Therapie der Gruppe, ohne die Individuen zu berücksichtigen. Um noch einmal die Komplexität zu verdeutlichen, die sich zwischen den einzelnen Individuen einer Gruppe und der Gesamtgruppe entfaltet, möchte ich betonen, dass eine Therapiegruppe mehr als die Summe der Individuen ist und ebenso ist das Individuum mehr als ein Teil einer solchen Therapiegruppe.

2.2.4 Diagnostik und Therapieplanung

Zusammenfassung

Psycho- und Gruppendiagnostik verbinden sich mit einer szenischen Beziehungsdiagnose, einem oder mehreren Konflikten mit deren Kern- und Leitaffekten sowie einer Vorstellung von einer psychischen Struktur. Die jeweils gültige ICD- und DSM-Systematik ist Teil der OPD.

Das von mir bevorzugte psychodynamische Erklärungsmodell für psychische Störungen bzw. Erkrankungen ist die im Februar 2023 veröffentlichte Operationalisierte Psychodynamische Diagnostik (OPD). Sie enthält erstmals einen eigenständigen Beitrag über sechs Seiten von analytischen Gruppentherapeuten und -therapeutinnen (Arbeitskreis OPD-3, 2023, S. 288 ff.). Erste gruppentherapeutisch bezogene Darstellungen zu den Bereichen Konflikt und Struktur werden beispielhaft in diesen umfangreichen, wissenschaftlich gut gesicherten Konzepten der OPD-3 vorgestellt. Dazu führe ich mehr im Abschnitt 2.4.3 »Fünf Achsen der Diagnostik« (▶ Kap. 2.4.3) und im Praxisteil zur Indikationsstellung aus (▶ Kap. 3.1).

2.2.5 Neurobiologie

> **Zusammenfassung**
>
> Spiegelneuronen mit ihren Selbst- und Wir-Systemen beschreiben ein neurologisches Korrelat zu psychischer Repräsentanz, womit deutlich wird, wie unmittelbar Biologisches und Psychosoziales wechselwirkend miteinander verwoben sind. Wenn es um den freien Willen von Individuen geht, legt uns der Hirnforscher Gerhard Roth Verantwortung und Respekt vor dem Unbewussten in uns selbst und gegenüber allen anderen nahe.

Die Beiträge der Neurobiologie in Verbindung zum Psychischen und Psychosozialen, wie sie beispielhaft von Janssen und Sachs dargestellt werden (Janssen & Sachs, 2018, S. 39 ff.), erfuhren in den vergangenen ca. zwanzig Jahren wichtige Erweiterungen. Das Wissen um die Spiegelneuronen (Bauer, 2005, S. 18), die Selbst- und Wir-Systeme, wie sie seit 2018 durch den Neurobiologen, Psychiater und Psychotherapeuten Joachim Bauer (2022, S. 179) für die Psychotherapie, die Psychiatrie und Psychosomatik bekannt gemacht werden, verfeinert unser Verständnis von dyadischer (Du-Ich-Bezug) und gruppal-intersubjektiver (Ich-Wir-Sie-)Bezogenheit, von Übertragung, Gegenübertragung und Widerstand in der Gruppe. Kommunikation und Resonanz werden vor dem Hintergrund von Motivationssystemen, Wir- und Selbst-Systemen sowie Spiegelneuronen zu zentralen Denkmöglichkeiten, um psychische Veränderungsprozesse, Empathie und markiertes Spiegeln, neue Beziehungserfahrungen bis hin zum Deuten neu zu verstehen.

Ein weiteres Forschungsfeld der aktuellen Hirnforschung stellt die Entstehung unbewusster und bewusster Entscheidungen von Gerhard Roth dar (vgl. Roth, 2020). Gerhard Roth (1942–2023) ist vielen Psychotherapeutinnen und -therapeuten als Hirnforscher bekannt, weil er sich für psychische Entwicklungs- und Entscheidungsprozesse interessierte, unabhängig davon, ob sie aus Beratungssituationen oder Psychotherapien stammen. Das limbische System nimmt Einfluss auf die Basalganglien und moderiert unsere unbewussten Entscheidungen, ein »Bereitschaftspotenzial« (Roth, 2020, S. 264). Dem steht, wenn ein Veto gegen eine Entscheidung gedacht werden kann, ein »Gegen-Bereitschaftspotenzial« als Hindernis entgegen. Die von Cortexarealen kommende »bewusste Handlungsplanung« – das Veto – wird allerdings ebenso von unbewusst arbeitenden Basalganglien beeinflusst (ebenda). Wie solch ein Veto gemeint und in einer Beziehung wirken kann, wird in der von mir beschriebenen Beziehungsdiagnostik mit ihren fünf Ebenen deutlich. Was lernen wir daraus? Bewusstes und Unbewusstes sind nicht zu trennen, auch nicht auf der Ebene der Hirnstrukturen. Roth kommt zu folgender Aussage, die bei der Frage des sogenannten freien Willens für Individuen von Bedeutung ist: »Das Unbewusste hat damit das erste und das letzte Wort: das erste beim Entstehen unserer Wünsche, das letzte bei der Frage, ob etwas jetzt und in dieser Weise tatsächlich getan werden soll« (Roth, 2020, S. 245).

2.2.6 Motivationssysteme, Archetypisches und Triebe

Zusammenfassung

Bindung und Vertrauen, Sexualität und Zärtlichkeit, Hunger und Durst, Aversion und Aggressivität, Intersubjektivität, Kommunikation und Interesse bilden die biologische, stammesgeschichtliche und kulturelle Basis für menschliches Erleben und Verhalten. Archetypisches als sozial-kulturell vermitteltes und situativ ergreifendes Erleben durch Erfahrung weist auf hervorzuhebende Aspekte hin, die uns Menschen bewegen. Denkmodelle zu den Trieben wie Libido und Aggression bzw. Lebens- und Todestrieb verweisen auf Motivationssysteme.

Motivationssysteme bilden die biologische, stammesgeschichtliche und kulturelle Grundlage für all unsere Lebenstätigkeit, unser Erleben und Verhalten. Zu ihnen gehören 1.) die physiologischen Bedürfnisse wie Hunger, Durst, Ausscheidung, Körpertemperatur und Schlaf-Wachrhythmus, 2.) Bindung und Zugehörigkeit, 3.) Fürsorge und Versorgung, 4.) Sexualität und Zärtlichkeit, 5.) Aversiv-Aggressives, 6.) Vertrauen, 7.) Intersubjektivität und 8.) das Bedürfnis nach Selbstwirksamkeit. Hier wird deutlich, wie stark all diese Bedürfnisse miteinander in Beziehung stehen. Eine exzellente Zusammenstellung des aktuellen Wissensstandes zu den Motivationssystemen, findet sich in der OPD-3 (Arbeitskreis OPD-3, 2023, S. 109 ff.). Analog begegnen wir dieser Vorstellung auch in der Analytischen Psychologie. Dies bedeutet das Verlassen des ehemals biologistisch enggeführten Archetypenkonzepts als eines strukturgebenden Movens. Dem entspricht die Theorie von Jean Knox, wonach verinnerlichten Interaktionserfahrungen als »Selbst-mit-anderen-Schemata« (Knox, 2011, S. 11) maßgeblich zur psychischen Entwicklung beitragen. Damit ist sie nahe bei Daniel Stern, der psychische Muster als »Selbst im Bezug zu Anderen« konzipiert (Stern, 1992 in Arbeitskreis OPD-3, 2023, S. 109).

In der Analytischen Psychologie gibt es eine verbreitete (klassische) Position zum Wesen des Archetypischen, die ich in meinem Text beispielhaft auswähle, welche zugleich das kollektive Unbewusste und damit jeden Menschen sowohl individuell als auch kollektiv präge. Ich beziehe mich auf den von mir geschätzten Jungianer Murray Stein. Er beschreibt das Urbild oder das Archetypische als »die primäre Quelle psychischer Energie und Formgebung« (Stein, 2013, S. 106). Sie »bildet den letzten Ursprung psychischer Symbole« (ebenda). Diese schaffen schließlich »Zivilisation und Kultur« (ebenda). Jung gebe, so Stein, der »Karte der Seele eine platonische Färbung«. Im Unterschied zu Plato verstehe Jung die Ideen nicht als ewige Formen oder Abstraktionen, sondern »als psychologische Faktoren« (ebenda, S. 107). Diese Position teile ich deshalb nicht, weil in meinem Verständnis hierdurch eine mythische, auch mythopoetische Beschreibung verwendet wird, die der Komplexität von vielfältigen verinnerlichten Interaktionserfahrungen mit all ihren biologischen, sozialen und kulturellen Verankerungen, die zu den oben dargestellten Motivationssystemen führen, nicht gerecht wird.[21] Roesler stellt in seinem

---

21 Martin Liebscher beschäftigt sich mit den philosophischen Bezügen C. G. Jungs im Zusammenhang mit dem Konzept der Archetypen und dem Unbewussten, dem persönlichen und kollektiven (Liebscher, 2011, S. 383 ff.). Dabei stellt er Grundlagen von Platon, Kant und Schopenhauer für Jung so dar, dass ich folgende Kurzfassung wage: Archetypen wurden von C.G. Jung als platonische Ideen gedacht, ohne transzendent zu sein, was sich für ihn »im Ding an sich« von

2.2 Gruppenpsychotherapie – eine Begriffsbestimmung

Bericht an die IAAP begründet dar, weshalb Archetypen kulturelle Muster sind.[22] Meine Beschäftigung – allerdings – mit dem Konzept des traumatischen Wiederholungszwangs als schöpferischer Kraft für Sprache und Kulturentwicklung des Philosophen Christoph Türcke brachte mich zu der Überzeugung, eine weitere Quelle und ein weiteres motivierendes Erfahrungsfeld für menschliche, kulturelle und psychische, also psychosoziale Entwicklung in Betracht zu ziehen. Türcke versteht den traumatischen Zwang zur Wiederholung als Bewältigungsversuch zur Verminderung von Traumafolgestörungen und verbindet auf diese Weise den genius loci als »Archetypus« (Türcke, 2008, S. 76) mit dem traumatischen Wiederholungzwang.[23]

2.2.7 Traumatischer Wiederholungszwang als Motivationssystem und Gruppentherapie

Zusammenfassung

Der traumatische Wiederholungszwang ist sowohl Ursache von psychischem Leiden, als auch Zweck, diese Leiden zu lindern.

Kant logisch fortsetzt und die Energie, die Libido, sich als Wille in den Vorstellungen im Sinne Schopenhauers realisiert.

22 The difference to classical archetype theory is that we no longer argue that behind these stories, images and cultural products are some innate patterns; the viewpoint that in these mythological stories, images etc. there is some psychological insight condensed into metaphors is just an idea, an interpretation scheme, which we make use of in psychotherapy – but we should never forget about its hypothetical and interpretive character. In this sense, archetype theory could be reformulated as being a theory of cultural symbolization processes of psychological transformations» (Roesler, 2022, S. 258).

23 »Es spricht nichts dagegen, den Genius als Archetypus – etwa der Zweckursache, des Grundes oder der Gottheit – zu bezeichnen, wenn dabei keinen Augenblick vergessen wird, dass er durch eine Elementarleistung der Einbildungskraft, ein denkwürdiges Ineinandergreifen von Umkehrung, Verdichtung und Verschiebung entstanden ist – und nicht ungeworden von jeher in der trüben Tiefe eines «kollektiven Unbewussten» ruht, wie Jung behauptete (Türcke, 2008, S. 76).

Gedanklich unter oder neben den Motivationssystemen stelle ich mir Szenen und Situationen vor, in denen Menschen freundlich, liebevoll und zugewandt miteinander umgehen. Sie fördern dabei sichere Bindungserfahrungen. Gleichwohl waren und sind dieselben Menschen und Gruppen mit dem Gegenteil konfrontiert, mit unfassbarem Schrecken, Katastrophischem und Traumatischem. Diese traumatischen Erfahrungen und nicht psychisch integrierbaren Interaktionen werden vom Individuum, wie auch der relevanten Gruppe verdrängt, abgespalten (dissoziiert), eingekapselt, um ein psychisches Funktionsniveau und psychosoziales Gleichgewicht so gut wie möglich zu erhalten. Das gilt sowohl für Säuglinge, wenn sie plötzlich allein sind, verlassen, im Dunkeln ohne Schutz oder für Kinder und Erwachsene in existenziell bedrohlichen Situationen, die durch die vorhandenen Abwehrmechanismen und Bewältigungsstrategien nicht zu meistern sind. Eltern und Pflegepersonen versuchen solche Situationen nach bestem Wissen und Gewissen zu vermeiden oder zu limitieren.[24] Um diese Schrecken zu bewältigen, entstehen subsidiäre archetypische Kommunikationsmuster (▶ Kap. 2.1.4 Drittens Hobson), die durch Hinwendung zur Schreckensszene (flashbacks, Intrusionen), durch Verdichtung (Alpträume) und Verschiebung (Phobien, psychosomatische Störungen) als »traumatischer Wiederholungszwang« (Türcke, 2008, S. 76) wirken. Wenn dann Patienten in einer therapeutischen Gruppe sitzen, wirken solche Begegnungen sowohl faszinierend als auch ängstigend oder lösen Aversives aus. Unbeteiligtes Schweigen des Gruppentherapeuten in Situationen der Angst verstärkt die Angst und steigert die Irritation der Gruppenpatienten. Der Verweis auf das Archetypische als das Erfahrungsmuster, das zuerst das Katastrophische, das Traumatische zu überleben half, kann die psychische Kapazität für das Katastrophale und den

---

24 Das »Still-Face-Experiment« von Edward Tronick ist inzwischen allen Absolventen der Studiengänge Psychologie und Psychotherapie bekannt. Edward Tronick: Still-face-experiment; (638) Still Face Experiment Dr Edward Tronick – YouTube, Zugriff am 25.06.2023; *Still-face-Experiment*. […] Diese Situation simuliert Interaktionen depressiver Mütter oder aus anderen Gründen unsicher gebundener, nicht ausreichend feinfühliger Mütter. Langfristig können derartige Abbrüche, Vernachlässigungen und Misshandlungen zu Kontaktstörungen und tieferen psychischen Störungen führen. (Wikipedia: Edward Tronick – Wikipedia, Zugriff: 25.06.2023)

Schrecken, den Grund –»den menschenfressenden Schlund« – verbunden mit der heilenden Idee, dem »genius loci« (Türcke, 2008, S. 75) erweitern helfen. Diese traumaassoziierten, psychisch nicht mentalisierten und damit nicht integrierten Erfahrungen bilden den Hintergrund für Faszination und Schrecken, weil diese Erlebnisse entweder verdrängt, abgespalten oder auch gut durch Aversion, Angst und Scham, durch psychische Einkapselung oder Dissoziation geschützt sind. Diese psychischen Zustände drängen immer wieder im Sinne eines meist unbewusst zwingenden Wiederholens (Wiederholungszwang) zur szenischen Quelle des Traumas oder Konflikts in verdichteter und verschobener Form, wie es Sigmund Freud, Siegmund H. Foulkes (Wiederholungszwang) und Christoph Türcke in einer Weiterentwicklung als traumatischen Wiederholungszwang (Türcke, 2011, S. 15) beschreiben. Zugleich nehmen diese existenziellen und traumatischen Erfahrungen allgemein menschliche Erlebnisqualitäten in den Blick, die mitmenschliche und therapeutische Anerkennung sowie empathische Beglaubigung erfordern. Praktisch bedeutsam ist das szenische, mehrpersonal-intersubjektive Vorstellungsvermögen von Gruppenpsychotherapeuten, um dieser Dynamik einen interpersonalen Raum zu geben.

2.2.8 Selbstbestimmung oder Teil eines Gruppenprozesses sein

Zusammenfassung

Wir sind weder Herr im eigenen Haus (Freud und Jung), noch verfügen wir über unsere (sozialen) Beziehungen zu Nachbarn und wichtigen Bezugspersonen (Stern). Das betrifft unser Teilnehmen in Gruppen, einschließlich der Leitungsfunktion. Vertrauen ist wichtig.

Von Sigmund Freud ist uns der Gedanke vertraut, dass wir nicht Herr im eigenen Haus sind, eine Überzeugung, die von C. G. Jung uneingeschränkt geteilt wurde. Daniel Stern mutet uns circa 100 Jahre später eine weitere Verunsicherung zu. Danach geht es nicht nur um den Einfluss des Unbe-

2 Theorie

wussten auf unser individuelles Leben, sondern auch um die uns meist ebenso unbewussten Wechselwirkungen zwischen uns und uns wichtigen Mitmenschen. Stern drückt es so aus:

> Wir sind nicht mehr die einzigen Inhaber, Herren und Wächter unserer Subjektivität. Die Grenzen zwischen Selbst und anderen Menschen bleiben erhalten, werden aber durchlässig [...] unser mentales Leben ist ein gemeinsames Produkt unserer selbst und anderer Psychen. Ebendiesen stetigen Dialog bezeichne ich als intersubjektive Matrix. (Stern, 2014, S. 90)

Die psychische Einheit eines Individuums entsteht durch die intersubjektive Matrix bzw. durch das Ineinanderwirken der verschiedenen intersubjektiven Matrizen. Das kann in der Zweierbeziehung sein, in der Klein-, Mittel- oder in der Großgruppe. Die sichtbaren Körpergrenzen markieren nicht die Grenzen des Subjekts, sondern diese werden stets überschritten. Zugleich lasen wir im Abschnitt zur Neurobiologie, dass bewusste Entscheidungen sowohl durch unbewusste Wünsche als auch unbestimmte Handlungsentscheidungen bestimmt werden. Mit diesem Zugang zum Individuum, das als Subjekt im Möglichkeitsraum der biologischen und soziokulturellen Gegebenheiten und in seinen resonanten Bezogenheiten verstanden wird, vollzieht sich Psychisches ganz individuell in unbewusster Verschränkung der sich komplementär ergänzenden Ebenen, gefasst als bio-psycho-soziales Wechselwirken. Dem können wir vertrauen und zugleich mit wachen Sinnen und Verstand im Gruppenprozess folgen.

2.3 Das Unbewusste

Zusammenfassung

Unbewusst ist ein Bereich des Bio-Psycho-Sozialen, über den die befragten Personen den Fragenden weder verbal noch nonverbal etwas Klares mitteilen können. Was unbekannt, unbenannt, weder gefühlt noch sinnlich oder intuitiv wahrgenommen wird, jedoch bio-psycho-

2.3 Das Unbewusste

> sozial wirkt, kann psychisch dem unbewussten Bereich zugeordnet werden. Somit ist das Unbewusste eine Antizipation und ein im Nachhinein Angenommenes. Unbewusst ist ebenso, wenn kaum jemand Ideen oder Fragen formulieren kann, die jedoch im Sinne von Schmerzen, Ängsten, Scham und Amnesien vorhanden sind, von denen geträumt wird, sprachliche Fehlleistungen zeugen oder worüber und womit Witze erzählt werden.

Zu den Grundsätzen und Leitgedanken der psychodynamischen/analytischen Psychotherapie gehört in Differenz zum Bewussten des Menschen das Konzept vom Unbewussten. Es ist »das Zentralmassiv der Psychoanalyse« (Buchholz und Gödde, 2011, Bd. 1, S. 11) und ebenso in der Analytischen Psychologie das »Zentrum der Aufmerksamkeit« (Vogel, 2008, S. 25). Für Psychotherapeutinnen und -therapeuten, denen das intersubjektive und interpersonale Paradigma wichtig ist, steht das Dazwischen in seiner Dynamik zwischen zwei oder mehr Individuen als Personen oder als (werdende) Subjekte im Mittelpunkt der Betrachtung (Gödde, 2011, S. 73 ff.; Stern, 2014, S. 90, S. 114 ff.; Knox, 2011, S. 14).

Für Gruppenanalytiker steht das Unbewusste, was besser nicht verdinglicht gedacht werden sollte (Weimer, 2022, S. 288), in seiner sozialen und wechselseitig relationalen Verfasstheit für die Individuen als vernetzte Interaktionserfahrung in Gruppen unterschiedlicher Größen mit dem Konzept der Beziehungs-Matrix im Aufmerksamkeitsfeld (Foulkes, 1992, S. 170 f.).

Immer geht es, wenn etwas unbewusst ist oder als solches verstanden wird, um Wahrnehmungen, um Gefühle, Motive als Teile von Motivationssystemen und Gedanken, die in Gruppen und in den Individuen in ihrer jeweiligen komplexen und kontingenten Dynamik wirken, über die nicht nachgedacht wird und die nicht kommuniziert werden – bis auf die eine Person oder die eine Gruppe von Individuen, die über sich selbst oder die anderen in diesem Sinne bewusst nachdenken können. Sie können vom Unbewussten der anderen sprechen, dem sie selbst durch Projektion und Introjektion ihrem eigenen Unbewussten begegnen. Dieses Nachdenken geschieht auf verschiedenen Ebenen: introspektiv, im Dialog, der sprachlich und metaphorisch trianguliert werden kann, im Trialog, der neben der metaphorischen Triangulierung gegenseitige Anerkennung und beglaubigende Bezeugung des Dialoges durch eine dritte Person ermöglicht, und schließlich durch den Prozess in einer Gruppe. Gruppenerfahrungen beginnen mit drei Personen. Nimmt die Zahl der Teilnehmenden zu, gewinnt die Dynamik und potenzielle Erkenntnis in der Gruppe an Komplexität und Kontingenz. Ohne diese Aktivitäten gäbe es niemanden, der von etwas Unbewusstem spräche.

2.3.1 Sigmund Freud (1856–1939)

Von Freud kennen wir die Einteilung in Unbewusst, Vorbewusst und Bewusst, was auch als erste Topik bezeichnet wird (Gödde & Buchholz, 2011, S. 58). Für Freud ist das Unbewusste zu einem großen Teil das Verdrängte; gleichwohl geht er von einem Bereich angeborener und vererbter Fähigkeiten aus (Freud, 1939/1999, GW, Bd.16, S. 240 f.). Wenn das Vorbewusste bewusstwird, ist der verbale Zugriff leicht möglich. Unbewusstes verrät sich durch Fehlleistungen, durch Träume und psychische Symptome. Verbale Fehlleistungen bzw. Versprecher, sogenannte freudsche Versprecher, sind zu einer Art kulturellem Allgemeingut geworden. Wenn sich der Versprecher – um ein Beispiel zu nennen – verbal als ein »Verbrecher« anhört, dann ist ein Schuldgefühl mit kriminellen Motiven zu vermuten.

Freud entwickelte in seiner zweiten Topik 1923 das System Es, Ich und Über-Ich. (Freud, 1923/1999, Bd. 13, S. 246 ff.) Das Ich bezeichnet die Fähigkeit, zwischen den Trieben (Libido und Aggression) des Es, den Anforderungen des Gewissens (Über-Ich) und denen der Außenwelt zu vermitteln. Bereits 1920 in »Jenseits des Lustprinzips« begann Freud seine Metapsychologie durch ein übergreifendes Konzept von Kräften, die das Leben fördern (Eros) und denen, die zu Zerfall und zum Tod führen (Thanatos) zu erweitern: Lebenstrieb und Todestrieb (Freud, 1920/1999, Bd.13, S. 46).

In den Jahren nach dem Ersten Weltkrieg und der Spanischen Grippe, das war 1921, beschäftigte sich Freud ebenso mit großen Gruppen wie dem Militär und den großen Kirchen. In »Massenpsychologie und Ich-Analyse« verfolgt Freud den Gedanken, dass die Individuen in einer Masse zu »Massen-Individuen« (Freud, 1921/1999, Bd. 13, S. 109) werden, die von

»zweierlei Gefühlsbindungen« beherrscht sind (ebenda). Dies ist die von Liebe bzw. Libido getragene Verbindung untereinander im Sinne einer Identifizierung und zugleich zu einem Führer. In der Armee ist dies der Hauptmann oder der Feldherr. In der katholischen Kirche steht dafür Christus, der alle auf gleiche Weise liebe, so Freud. Es sei das Ich-Ideal, welches die eine Masse bildenden Teilnehmenden auf den oder die Führer projizierten.

Durch diese idealisierende Projektion des Ichideals auf die jeweilige Führungsperson werde zugleich die Verantwortung des Einzelnen auf den Führenden übertragen und gehe dem Einzelnen verloren, bleibe jedoch in der Identifikation erhalten. So sei verständlich, dass die Gefühle sich in Massen oder großen Gruppen verstärkten und das Denken leide. Freud nennt das »Affektsteigerung« und »Denkhemmung« (Freud, 1921/1999, Bd. 13, S. 95). Das ist eine Dynamik, die 1895 LeBon – bekannt durch sein Buch »Psychologie der Massen« – ebenso beschreibt (vgl. LeBon, 2016) und die Jung ganz ähnlich immer wieder hervorhob. In Gruppen, und hier wurde von den Genannten nicht zwischen kleinen, Mittel- oder Großgruppen und Massen oder anderen Kollektiven unterschieden. Typischerweise seien für die Teilnehmenden auf unbewusste Weise die Gefühle überwältigend oder ansteckend, und das eigenständige Denken vermindere sich. Diese Bewertung und diese Angst vor Gruppen sind einer der Gründe, weshalb von Seiten der Psychoanalytiker und Psychotherapeuten über Jahre eine starke Skepsis gegenüber Gruppentherapie ausging. Eine unkritische Gleichsetzung von Masse und therapeutischer Gruppe ist ebenso irreführend, wie auch die Vorstellung Freuds, dass der »Vater« das »Oberhaupt« einer Gemeinschaft oder ein »Führer« einer Masse »frei« sei und dabei »unabhängig, sein Wille bedurfte nicht der Bekräftigung durch den anderer« (Freud, 1921/1999, GW Bd. 13, S. 138). Bei dieser gedanklichen Setzung wird leider nicht bedacht, dass jeder Führende von der jeweiligen Gruppe anerkannt und von den Gruppenmitgliedern dazu gemacht wird.

2.3.2 C. G. Jung (1875–1961)

C. G. Jung ist sowohl als eigenständiger (Psycho-)Analytiker und Tiefenpsychologe, der sein Denksystem Analytische Psychologie nannte, als auch in Auseinandersetzung mit Freud zu verstehen. Für Jung ist klar, dass grundsätzlich die äußeren Beziehungen im Prozess der Introjektion und Identifikation nach innen, ins Innere der Psyche aller Menschen gelangen. Mit anderen Worten:
Jung hatte die Genese des Intrapsychischen aus der Hereinnahme des Äußeren in die Innenwelt des Psychischen beschrieben (Jung, 1995, GW 7 § 278). Dabei betont er das eigenständige Wirken des Unbewussten (Jung GW 9/II, § 2), das gelegentlich im Laufe des Lebens bewusst werden kann. Verdrängte und dissoziierte Erlebnisinhalte der Individuen, so auch »Vergessenes, unterschwellig Wahrgenommenes« bezeichnet Jung als das »persönliche Unbewusste« (Jung, 1995, Bd. 6, S. 519, § 842). Dies setzt er in Kontrast zum »kollektiven Unbewussten«, das sich auf die Funktionen der »ererbten« Hirnstruktur, auf »latente Dispositionen« und auf mythologische Motive und Bilder beziehe (ebenda). Einige Jahre später entwirft Jung eine geologische Metapher, um die Schichten des kollektiven Unbewussten zu verdeutlichen. Darin benennt er in vertikaler Richtung – in diesem Sinne unter dem persönlichen Unbewussten – die Schichten des kollektiven: die Familien, die Clans, die Nationen, Großgruppen wie die Europäer, die Primaten, die Tiere und schließlich das zentrale Feuer (Jung, 1925/1987, S. 133).

Exkurs: Das Unbewusste als geologische Metapher

1925 fuhr Jung nach London. Dort gab er mehrere Seminare zum kollektiven Unbewussten und zu seiner Analytischen Psychologie. Er entwarf zur Illustration eine Übersicht zu den – metaphorisch gedachten – geologischen Schichten des Unbewussten, die ich mit Modifikation des Originals zeigen möchte (▶ Abb. 2.1).

Jung kommentiert seine Handskizze, in dem er acht Ebenen des Psychischen (A-H) metaphorisch zu unterscheiden suchte. In der Abbildung sind es drei Individuen (A). Das Individuelle verdeutlichen die Gipfel von

2.3 Das Unbewusste

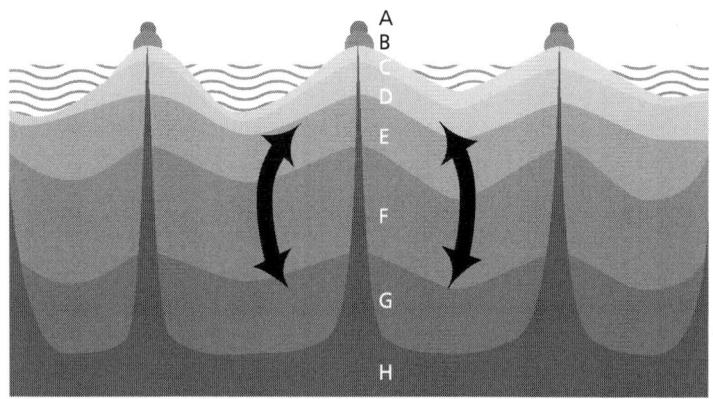

Abb. 2.1: Das Unbewusste als geologische Metapher. Die Modifikationen zur Darstellung von C.G. Jung bestehen in einem neuen Design der acht geologischen Schichten als Metapher des persönlichen und kollektiven als sozialem und kulturellen Unbewussten. Pfeile wurden von mir ergänzt, um die Wechselwirkungen zwischen den Individuen und den hypothetischen sozial-kulturellen »Schichten« des Unbewussten zu betonen (modifiziert nach Jung, 1925/1987, S. 133).

Bergen. In diesem Sinn sind Individuen »wie Gipfel von Bergen«, die »aus einem Meer« (Jung, 1925/1987, S. 133) ragen. Mit (B) wird die Verbindung zwischen den Individuen und ihren Familien gezeigt und mit (C) »kommt der Clan, der eine Reihe von Familien vereint«, in den Blick (ebenda). (D) weist auf die jeweils nationale Zugehörigkeit hin, »die eine noch größere Gruppe vereinigt« (ebenda). Als nächste Ebene (E) hebt Jung die »miteinander verbundenen Nationen« hervor, verwendet den Begriff »Large Group« dafür und benennt sie als zum Beispiel »Europäischer Mensch« (ebenda). Wir könnten ebenso an die afrikanischen, asiatischen, australischen oder amerikanischen Menschen denken. Die kulturellen Klischees, wie sie in unseren Köpfen existieren und sich ebenso wandeln, werden, wie ich meine, spätestens auf dieser Ebene sichtbar. Mit (F) denkt Jung an die Primatenvorfahren, weil er die Evolutionstheorie von Charles Darwin mitdenkt. Weiter im Unbewussten gedacht, bezieht Jung auf Ebene (G) die

2 Theorie

Vorfahren aller Tiere mit ein, die als Tiere der Gegenwart meist bekannt sind. Das zeigt sich zum Beispiel in Träumen, in denen Tiere, seien es Fische, Frösche, Schlangen, Schildkröten, Vögel, Mäuse, Ratten, Hunde, Katzen, Großkatzen und Pferde mehrfach eine große Bedeutung für uns Menschen einnehmen. Schließlich mit (H) weist Jung auf das »Central Fire« (ebenda), das zentrale Feuer, was mythologisch, wie der sich auch mit C.G. Jung beschäftigende Psychologe und Systemtheoretiker Norbert Bischof (1930) kenntnisreich darlegt, mit Lebendigkeit, Licht und Göttern (Hephaistos) oder Gott im Prozess der Weltentstehung einschließlich der entwicklungspsychologischen Aspekte zu tun hat (Bischof, 1998, S. 289 ff.).

Diese Schichten des Unbewussten (A bis H) sind bis auf das Unbewusste der Person, verstanden als das persönliche Unbewusste, alles Anteile des kollektiven Unbewussten. Zum kollektiven Unbewussten gehören für Jung folgende Gruppen: die Großfamilien, die Clans, die dazugehörenden Nationen, die Sprachgruppen, Religionsgruppen und so weiter.[25]

In dem »geologischen Modell« zeigt sich, dass für C. G. Jung das Unbewusste ein mit anderen Menschen geteiltes Unbewusstes ist. Dieses die Menschen verbindende Unbewusste nennt er kollektives Unbewusstes, was in diesem gedanklichen Kontext dem Begriff des sozialen Unbewussten vergleichbar oder sinngemäß gleichzustellen ist. Das ist für die gegenwärtige Diskussion von Bedeutung, wonach es so revolutionär ist, dass das Unbewusste intersubjektiv geteilt wird und intersubjektiv entsteht, wie es Martin Weimer auf Guiseppe Civitarese und Antonio Ferro verweisend herausstellt (2022, S. 288).[26]

In meiner Lesart kann das kollektive Unbewusste die ins psychische Innere transformierte Repräsentation sein, die sich in Interaktionserfah-

---

25 Als Autor distanziere ich mich ausdrücklich von hier nicht wiedergegebenen Formulierungen C. G. Jungs, die nicht anders als rassistisch und antisemitisch im Kontext der Beschreibung des kollektiven Unbewussten zu verstehen sind. Die begonnene historisch-kritische Auseinandersetzung ist unbedingt fortzuführen (vgl. Spillmann & Strubel, 2010; Samuels, 2019, S. 317 ff.; Roesler, 2022).
26 Es war wohl zu früh, als Jung seine Auffassung des Unbewussten verfasste. In einem Brief schreibt er wie selbstverständlich von einem Zwischen zwei Personen. Jung schrieb 1960 in einem Brief: »Das lebendige Geheimnis des Lebens ist immer zwischen Zweien verborgen, und es ist das wahre Mysterium, das Worte nicht verraten und Argumente nicht erschöpfen können.« (Jung, 1973, S. 328).

rungen gründen – mit Kleingruppen (wie die Familie, Freundesgruppe, Gruppe der Gleichaltrigen), mit Mittelgruppen, (zu denen Schulklassen und Arbeitsgruppen oder Großfamilien gehören) und Großgruppen (bestehend aus Personen verschiedener Großgruppen wie Berufe, Institutionen, Staaten, Ethnien, Sprachen, Religionen). Zugleich stellen sich diese verinnerlichten Muster für jede Person kommunikativ in neuen gruppalen Zusammenhängen miteinander her.

2.3.3 Interaktionserfahrungen als hypothetische Muster des Unbewussten

Zusammenfassung

Selbst-mit-anderen-Muster sind Arbeitsmodelle und Repräsentanzen im Sinne der Bindungstheorie, die hypothetisch Eigenschaften unbewusster Motivationen und somit auch Willensbildung von Individuen verständlich machen.

Es wird vielleicht deutlich, dass die jeweiligen theoretischen Modelle stets zu Anteilen jener Annahmen werden, die dann das Unbewusste ausmachen. So verwundert es nicht, dass insbesondere für analytische Gruppentherapeuten Interaktionserfahrungen, weil sie Erfahrung vermitteln und psychische Repräsentanzen organisieren, zu hypothetischen Bestandteilen oder besser zu Eigenschaften des Unbewussten werden. »Kommunikativ vermittelte Interaktion« (Streeck, 2015, S. 60) nennt das der Gruppenanalytiker Ulrich Streeck, der sich besonders um konversationsanalytische Untersuchungen verdient machte. Interaktionserfahrungen selbst werden zu Organisatoren von Erfahrung und psychischer Repräsentation (Buchholz, 2010, S. 643). »Interaktion als Erfahrungsorganisator« (ebenda) hebt die Bedeutung dieser Vorgänge sowohl in der Dyade als auch in therapeutischen Gruppen hervor. Diese erlebten und verinnerlichten Interaktionserfahrungen bilden eine anzunehmende Grundmatrix heraus, die alle Menschen teilen, wenn auch beispielsweise die einen jahrelang in der Schule gemobbt wurden, während andere sich an den Schikanen beteiligten oder diese gar anführten. Ob, um den Bogen weiter zu spannen, wirklich alle Menschen der Menschheit gemeint sind, weil sie Menschen sind, mag bezweifelt werden. Im Bereich des Kulturellen sind Unterschiede und Grenzen zwischen Menschengruppen, großen Kulturen und Kontinenten anzuerkennen. Ich halte es mit den Kulturwissenschaftlern Aleida und Jan Assmann, die davon ausgehen, dass es die Menschheit im Singular gibt, aber »Kulturen, Sprachen Religionen nur im Plural« (Assmann & Assmann, 2018, S. 59). Sie betonen zum kulturellen Gedächtnis, dass dieses nach unablässiger kultureller Arbeit, einem Dialog von Menschen untereinander durch ein »vielstimmiges Gespräch über Generationen hinweg, dass Vergangenheit, Gegenwart und Zukunft durch widerstreitende Erzählungen verbindet«, gepflegt und lebendig gehalten wird (ebenda).

Zum Abschluss dieser Ausführungen komme ich zu der Überzeugung, dass die qualitative Trennung von persönlichem und kollektivem bzw. sozialem Unbewussten aufgegeben und durch verschiedene Perspektiven ersetzt werden sollte, um den Blick für das multipersonale und soziale/gruppale Verwobensein aller Menschen zu schärfen.

2.4 Theoretische Grundlagen der psychodynamischen und gruppenanalytischen Theorie mit Bezug zur OPD (Beziehung, Konflikt, Struktur und Gruppe)

2.4.1 Eine psychodynamische Theorie

Eine psychodynamische Theorie ist eine Grundannahme und eine Arbeitshypothese zugleich, um innere und äußere psychosoziale Realität zu benennen und zu erkennen (Wellert, 2001, S. 15). Als Grundannahme gilt sie, weil es einen breiten Konsens innerhalb der psycho- und gruppentherapeutischen Gemeinschaft sowie im sozialrechtlichen Rahmen wie dem Heilberufegesetz gibt. Eine Arbeitshypothese ist die Theorie auch, weil sie den (Gruppen-)Therapeuten leitende Gedanken und ein Gefühl der vertrauenden Sicherheit für ihre Arbeit mit Patienten und Klienten vermittelt. Wenn Theorie ein Psychotherapieverfahren begründet, so werden Aussagen zur Krankheitsentstehung, zu den die Krankheit oder psychischen Störungen aufrechterhaltenden Bedingungen sowie zur Heilung, also Methoden und Techniken der Behandlung, inklusive Prävention erwartet.

2.4.2 Krankheitsentstehung als Störung des kommunikativen Netzwerks

Zusammenfassung

Dysfunktionale Beziehungsmuster führen unter bestimmten Bedingungen bei einzelnen Personen oder mehreren zu krankheitswertigen psychischen Störungen.

Menschen stellen – und das ist eine Idee von Foulkes – als (Groß-)Gruppe Normen auf, von denen sie individuell abweichen und zugleich konflikthaft mit ihnen verbunden sind. Das kann zu krankheitswertigen Störungen führen, die sowohl auf das Bezogenheitssystem verweisen, auf die unmittelbaren dyadischen Beziehungen als auch auf das Individuum mit seiner bio-psycho-sozialen Bedingtheit. Mit den Worten von Foulkes: »Sie (die Patienten) stellen kollektiv eben die Norm auf, von der sie individuell abweichen« (Foulkes, 1948/1992, S. 177).

Grundsätzlich verstehen psychodynamisch denkende Gruppentherapeuten die Ätiologie psychischer Störungen vor dem Hintergrund des bio-psycho-sozialen Paradigmas. Wenn die verschiedenen Zugänge zum Menschen als Individuum, als Beziehungswesen zu einer, zwei oder mehreren Personen bzw. als Teil der Gruppe beachtet werden, können theoretische Konzepte zur Störungs- bzw. Krankheitsentstehung und Aufrechterhaltung derselben eine Vielfalt an Perspektiven ermöglichen. Das psychosoziale gruppale Paradigma, wie psychische Störungen entstehen, fokussiert auf dysfunktionaler Kommunikation im gegebenen Netzwerk interpersonaler und gruppaler Beziehungen, an dessen vulnerabler Stelle ein Individuum als Indexpatient oder als Sündenbock steht. Diese Person wird zum Träger der Konflikte oder der Traumafolgestörungen, mit anderen Worten lokalisiert sich in einer Person die Dysfunktionalität eines sozialen Systems derart, dass die kompensierenden Fähigkeiten der (systemischen bzw. gruppendynamischen) Regulation des gruppalen Systems und im Individuum versagen; eine krankheitswertige Störung entsteht für und in dieser Person. Diese psychische Störung einer Person kann dann mit einer Symptomatik, einer typischen Beziehungsgestaltung zu anderen Menschen und Gruppen, mit einem charakteristischen Konflikt und einer diesen Konflikt ermöglichenden psychischen Struktur beschrieben werden.

Dieses psychosoziale Modell passt zum psychosozialen Paradigma. Natürlich können auch biologische Faktoren und intrapsychische, dual-interpersonale Konstellationen den Vorgang unterstützen oder gar stark bestimmen.

Für das gruppale psychosoziale Paradigma drückt das Siegmund H. Foulkes so aus:

> Die soziale Natur des Menschen ist eine nicht mehr reduzierbare Grundtatsache. Die Gruppe entsteht nicht erst als Ergebnis der Interaktionen der Individuen. Wir fassen jede Krankheit als einen Vorgang innerhalb des komplexen Netzwerkes von interpersonellen Beziehungen auf. Gruppenpsychotherapie ist ein Versuch, das gesamte Netzwerk von Störungen am Ursprung in der Keim- oder Primärgruppe oder, indem man das gestörte Individuum unter Übertragungsbedingungen in eine Gruppe von Fremden, in eine Stellvertretergruppe versetzt, zu behandeln. (Foulkes, 1992, S. 164)

Diese Aussage von Foulkes ist ein dreifacher Paukenschlag. Zuerst wird die soziale Natur des Menschen als nicht mehr reduzierbar zur Diskussion gestellt. Das steht entgegen der Vorstellung, wonach allein das Individuum eine nicht mehr zu reduzierende Tatsache sei. Der zweite Paukenschlag stellt die Auffassung klar, dass wir Menschen nicht erst Gruppen ausbilden, wenn mehrere Personen zusammenkommen, wie das Wilfred R. Bion vertritt, sondern dass wir als Individuen bereits Gruppenwesen sind. Das hat natürlich Konsequenzen. Hier kommt der dritte Paukenschlag als Beschreibung, wie Psychotherapeuten Menschen mit psychischen Stö-

2.4 Theoretische Grundlagen mit Bezug zur OPD

rungen in ihrer Herkunft, der Psycho-, Gruppendynamik und -pathogenese verstehen. Die psychische Störung resultiert aus den dysfunktionalen gelebten und verinnerlichten Netzwerkstörungen. Was sind Störungen der Kommunikation in den wirksamen Netzwerken? Wirksame Netzwerke sind mit Bezug auf die Konzeption der Selbst-Wirksamkeit (Knox, 2011) so zu verstehen, dass der betrachtete Mensch in seinen Vernetzungen derart in Konflikt gerät, dass er die Fähigkeit verliert, Bedrohungen, Entwertungen oder das Erleben von Ausschluss ausreichend durch das Wirken anderer sozialer Netzwerke (Matrizen) zu regulieren.

Wenn wir das bio-psycho-soziale Paradigma der Krankheitsentstehung zugrunde legen, so wird der Begriff der Kommunikation sehr weit ausgedehnt, wenn er alle biologischen Systeme neben den psychischen und sozialen umfasst; das gilt nur im Sinne einer Verschränkung oder Verzahnung der verschiedenen Systeme, ohne das eine durch das andere Theoriesystem zu ersetzen.

Wir verwenden hier den Kommunikationsbegriff, der allen verbalen und non-verbalen Austausch zwischen den beteiligten Menschen umfasst. Mit den Worten von Siegmund H. Foulkes klingt das wie folgt:

> In der Gruppenpsychotherapie wird die Gruppe als beispielhafte Repräsentation der umgebenden Gemeinschaft und ihrer Kultur zum ersten Mal selbst ins Sprechzimmer zu aktiver Mitarbeit in der Behandlung gebeten. Die Gruppe scheint daher das ideale Objekt zum Studium menschlicher Grundkonflikte, besonders aber auch für ein therapeutisches Wirken zu sein. Dies könnte zum Lehrsatz werden, sollte sich der Schluss – welchen mir meine Beobachtungen und Erfahrungen unwiderruflich eingeprägt haben – als feststehende Wahrheit erweisen, nämlich: dass menschliche Psychologie niemals auf das isolierte Individuum beschränkt bleiben darf. Seit vielen Jahren betrachte ich den Patienten vor mir nur als ein Glied in einer langen Kette, in einem Netzwerk von Interaktionen, welches der eigentliche Ursprungsort sowohl der Krankheit wie auch der Heilung ist. (Foulkes, 1992, S. 185)

Foulkes schrieb 1974 zu der Kraft der Regulation von dysfunktionalem Erleben und Verhalten folgendes:

> 1948 habe ich in meinem Einführungsbuch einen Satz geschrieben, der oft zitiert, oft gebilligt und missbilligt wurde: »Sie (die Patienten) stellen kollektiv eben die Norm auf, von der sie individuell abweichen«. Seelisch gestörte Menschen haben, unter anderem, ein gemeinsames Kennzeichen: sie weichen von der »Norm« ab. Was ist diese Norm? Biologisch ist sie ein abstraktes Ideal (etwa

anatomische Norm). Kulturmäßig hängt sie von den Wertvorstellungen der speziellen Gemeinschaft ab (des Stammes, des Volkes, der Geschichtsperiode). Als Mitglieder der Gemeinschaft bekennen sich die Patienten zu diesen Wertvorstellungen (Ich, Über-Ich) und implizit stimmen sie ihnen damit zu. Die individuelle Abweichung kontrastiert mit diesen Werten und verursacht psychoneurotische Erkrankung und neurotische innere Konflikte. In unseren Gruppen werden diese Konflikte wieder belebt und daher der Revision zugänglich. (Foulkes, 1992, S. 177f.)

Mit diesen Annahmen zur Krankheitsentstehung psychischer Störungen gehen wir den nächsten Schritt hin zu einer Diagnostik, die in vielen Bereichen wissenschaftlich untermauert und durch viele Studien ihre Aussagekraft und Gültigkeit belegen konnte, die Operationalisierte Psychodynamische Diagnostik (OPD) in ihrer dritten Fassung.

2.4.3 Fünf Achsen der Diagnostik

Der Arbeitskreis OPD, der die operationalisierte psychodynamische Diagnostik entwickelte (Arbeitskreis OPD, 1996, 2006, 2023), hat mit seinen integrativen Konzepten eine wissenschaftliche Basis vorgelegt, auf die ich mich aufgrund der hohen Qualität beziehe.[27]

Mit den fünf Achsen der OPD-2 und 3 (Arbeitskreis OPD-3, 2023, S. 16; 2006, S. 35) wird die Komplexität des Gegenstandes deutlich: 1.) Krankheitserleben und Behandlungsvoraussetzungen, 2.) Beziehung, 3.) Konflikt, 4.) Struktur und 5.) psychische und psychosomatische Störungen. Diese werden einzeln erläutert, wobei zuerst die Darstellung nach der OPD erfolgt und eigene Ergänzungen und Überlegungen aus gruppentherapeutischer Sicht und der Analytischen Psychologie eingefügt folgen.

---

27 An dieser Stelle sei vermerkt, dass in dem Wissenschafts- und Forschungsprojekt – OPD-3 – auch Kolleginnen und Kollegen, die mit der Analytischen Psychologie vertraut und identifiziert sind, wie Marianne Junghan und Wolfram Keller aktiv mitarbeiteten (Rudolf, Grande & Henningsen, 2008), ebenso Matthias von der Tann (Arbeitskreis OPD-3, 2023, S. 13; 2006, S. 382).

Achse I: Krankheitserleben und Behandlungsvoraussetzungen

Für die Diagnostik und Indikation sind das Erfassen des Krankheitserlebens der Patienten und die damit verbundenen Behandlungsvoraussetzungen zu erfassen. Diese sind die »Beschwerdesymptomatik und die Therapieerwartung« (OPD-3, 2023, S. 21) der zu Untersuchenden. Das schließt die Motivation, die für die Patienten verfügbaren Ressourcen und die Lebenssituation, in der die Betroffenen sich befinden, ein.

Achse II: Beziehung

Die psychoanalytische Diagnostik ist immer auch Beziehungsdiagnostik als ein »Wechselspiel von Übertragung und Gegenübertragung« (ebenda, S. 22). Das intersubjektive Paradigma ist hier bereits realisiert worden, weil sowohl die Perspektive des Patienten, als auch die des Therapeuten, in wechselseitiger Bezogenheit reflektiert werden. Es werden »4 interpersonelle Perspektiven« unterschieden (Arbeitskreis OPD-3, 2023, S. 92f.). Diese sind in zwei Perspektiven unterteilt. Die eine geht vom Patienten aus, die zweite hat ihren Ausgangspunkt in der Person des anderen, welcher auch der Therapeut sein kann. Es beginnt also damit, wie der Patient sich selbst erlebt (P:P), wie er bzw. sie andere erlebt (P:A). Die zweite Perspektive: Wie erleben andere, auch die Therapeuten, den Patienten (A:P) und wie andere, auch die Therapierenden, sich selbst in Gegenwart der Patienten erleben (A:A) (ebenda).

Beziehungsdiagnostik nach OPD-3: »4 interpersonelle Perspektiven « (Arbeitskreis OPD-3, 2023, S. 91f.):

- Patient (P:P): Patient erlebt sich selbst
- (P:A): Patient erlebt andere
- Andere: (A:P): Andere (Therapeut) erleben den Patienten
- (A:A): Andere (Therapeut) erleben sich

Diese Beziehungsachse beschreibt das vielleicht wirklich fundamentale Bedürfnis nach interpersonaler Orientierung in der Beziehung, wie funktional oder dysfunktional auch immer. Grundsätzlich ist es Konsens, dass jedes dysfunktionale Verhalten eines Menschen in einem bestimmten, meist früheren Kontext sinnvoll und entlastend war. Weil sich oft aufgrund des Erwachsenwerdens und geänderter Lebensumstände die Rahmenbedingungen ändern, wird aus einem funktionalen ein dysfunktionales bis krankheitswertiges Erleben und Verhalten. Die Beziehungsdiagnostik umfasst sehr vereinfacht gesagt vier Dimensionen:

1. Macht – einengende, begrenzende Regeln oder Freiraum geben – Ohnmacht – Gegenwehr/Rebellion – Widerspruch
2. Idealisierung-Entwertung (sich viel zur Geltung bringen oder sich selbst entwerten bzw. klein machen)
3. Zuneigung, Liebe, Intimität (sich dem anderen liebend öffnen oder sich bei Zuneigung an andere verlieren)
4. Sich um andere und sich selbst kümmern (eigene Bedürfnisse viel oder wenig zeigen und anderen helfen oder ihnen Hilfe versagen)

Diese je vier Dimensionen werden nun einmal aus der Perspektive der Patienten und aus der Perspektive der Therapeuten ausdifferenziert.

Wie kann nun die Anwendung für tiefenpsychologische und analytische Gruppentherapie möglich werden? In dieser Übersicht fehlt die Beziehung der Patienten zur Gruppe als Ganzer und die Gegenübertragungsreaktionen der Therapeuten zur Gruppe.

Die Erweiterung für die Gruppentherapie kann in einem ersten Schritt ganz einfach sein: Das interpersonelle Verhalten, bezogen auf ein Gegenüber, ist nicht mehr nur dyadisch interpersonell gedacht, sondern die anderen sind die Gruppenmitglieder und in einer zweiten dyadischen Perspektive ist es die Gruppe als ganze bzw. als Muster, zu der sich jeder verhält. Die Gruppe kann vom Patienten so erlebt werden, dass sie viel Freiraum lässt oder ihn bzw. sie ständig bevormundet oder widerspricht (Macht-Ohnmacht-Widerspruch). Die Gruppe kann vom Patienten als Hilfe versagend oder sich kümmernd erlebt werden (Versorgen-Versagen), sie kann idealisiert oder entwertet werden (narzisstische Selbstwertregulation) und als viertes: Die Gruppe kann geliebt oder gehasst werden (Zuneigung).

2.4 Theoretische Grundlagen mit Bezug zur OPD

Wenn wir das Konzept der »fundamentale interpersonale Beziehungsorientierung« mit den drei Dimensionen von Schutz (1958), Dazugehören (inclusion), Macht (control) und Zuneigung (affection) vergleichen, so fällt auf, dass der Erlebensbereich, ob jemand zu einer Gruppe gehört oder nicht, im OPD-System nicht berücksichtigt ist. Allerdings fehlen dafür bei William Schutz die Dimensionen der Selbstwertregulation und des um sich und um andere Menschen Kümmerns. Letztere sind vermutlich im Bereich der Zuneigung (Intimität) mitzudenken. Mit der Dimension »Zugehörigkeit« zu einer Gruppe erfährt die interpersonale Betrachtung von dys-/funktionaler Beziehungsdiagnostik in der OPD eine meines Erachtens wichtige Erweiterung.

Aus gruppentherapeutischer (gruppenanalytischer) Sicht wünsche ich mir in der OPD Beziehungsachse eine Ergänzung um die Gruppenebene. Hier mein Vorschlag, der neben den Perspektiven Patient-Patient (P:P), Patient und Therapeut bzw. Anderer (P:T bzw. P:A) die Gruppenperspektive einschließt (P:G und Andere:Gruppe). Das kann so aussehen:

- Patient zu sich (P:P): Patient erlebt sich selbst
- Patient zu Anderen (P:A): Patient erlebt die anderen Mitpatienten
- Patient zu Gruppe (P:G): Patient erlebt die Gruppe, bzw. Patient erlebt die Gruppe, deren Mitglieder einschließlich der Therapeuten
- Andere zum Patienten (A:P): Andere Personen (Therapeutin) und konkrete Mitpatienten aus der Gruppe erleben den Patienten häufig (Gegenübertragung in Bezug zum Patienten)
- Andere zur Gruppe (A:G): Die Mitpatienten (einschließlich Therapeut) erleben die Gruppe häufig (Gegenübertragung in Bezug zur Gruppe als Ganzer)
- Andere zu sich selbst (A:A): Die Mitpatienten (inklusive Therapierende) erleben (erlebt) sich selbst in Bezug zur Gruppe bzw. zu den Gruppenmitgliedern häufig (Gegenübertragung in Bezug zu den Anderen als Teil der Gruppe)

Ein Beispiel zu dieser Beziehungsdiagnostik, die die Gruppe einbezieht. Dazu gehören ein Patient (P), eine Therapeutin in einer Therapiegruppe (G) mit acht anderen (A):

- Perspektive des Patienten:

(P:P): Ein Patient erlebt sich selbst voller Angst, Unsicherheit und Misstrauen.

(P:A): Der Patient erlebt die anderen *tatsächlich* als bedrohlich, weshalb er ihnen misstraut, oder er fantasiert sie weit weg, was die Angst reduziert. (P:G): Vor der Gruppe hat er ebenfalls Angst, weshalb er sich zum Beispiel abschottet oder immer überpünktlich kommt. Oder dieser Patient erlebt andere in der Gruppe als *irgendwie* bedrohlich bzw. überlegen, in der Art, dass sie ihn ignoriert oder verachtet.

(P:G): Die Gruppe selbst stellt der Patient sich als Raum voller Menschen vor, denen man meist nicht trauen kann, manchmal aber doch.

- Perspektive der Anderen:

(A:P): Andere Patienten in der Gruppe, auch die Therapeutin, erleben den Patienten selbstunsicher und schwer zugänglich, manchmal fehlt sogar der Blickkontakt. Dann wirkt er so, als ob sie ihn bestätigen und beschützen müssten.

(G/A:G/A): Die Gruppe in ihrer Gesamtwirkung erleben die Mitpatienten und die Gruppentherapeutin dabei oft als fürsorglich und aggressionsgehemmt.

(A:A): Andere Personen, auch die Therapeutin, erleben sich gegenüber dem Patienten zum Beispiel in der Weise, dass sie sich selbst öffnen, dabei aber verunsichert sind, weil sie eigentlich auf ihn wütend sind, ihn aber nicht verletzen wollen.

Das ist ein Beispiel für eine repetitive dysfunktionale Beziehungsdynamik, die die Gruppendimension einbezieht.[28]

---

28 Im Übergang von den Beziehungsstörungen zum Konflikt ist ein deskriptives Konzept des Beziehungskonflikts von dem israelischen Gruppenanalytiker Robi Friedman (2018) angesiedelt. Er unterscheidet fünf Beziehungskonflikte: 1) Defizitäre Beziehungsstörung (Deficiency relation disorder als strong-weak, distance and depend), 2) zurückweisende, ausschließende Beziehungsstörung (Rejection disorder, Scapegoating position), 3) Selbstlose Beziehungsstörung (Selfless relation disorder), 4) ausgrenzende, marginalisierende Beziehungsstö-

2.4 Theoretische Grundlagen mit Bezug zur OPD

Zur Beziehungsdiagnostik gehören die sozialpsychologischen Untersuchungen von William C. Schutz (1958). Er beschreibt drei Prinzipien, die er »Fundamental Interpersonal Relations Orientation«, (fundamentale interpersonale Beziehungsorientierung, als Kürzel: FIRO, übersetzt von S. Alder) als (gruppale und psychische) Organisation nennt (Schutz, 1958, S. vii). Diese fundamentale interpersonale Beziehungsorientierung beinhaltet drei Ebenen. Diese sind durch Fragen markiert: Zu wem und zu welcher Gruppe gehöre ich (inclusion), wer hat in der Beziehung und in der Zugehörigkeitsgruppe welche Wirkmacht (control) und wer ist wem wie zugeneigt (affection) (Schutz, 1958, S. 13 ff.)? Daraus leitet sich eine Übersicht ab, die durch verschiedene Autoren verwendet wird.

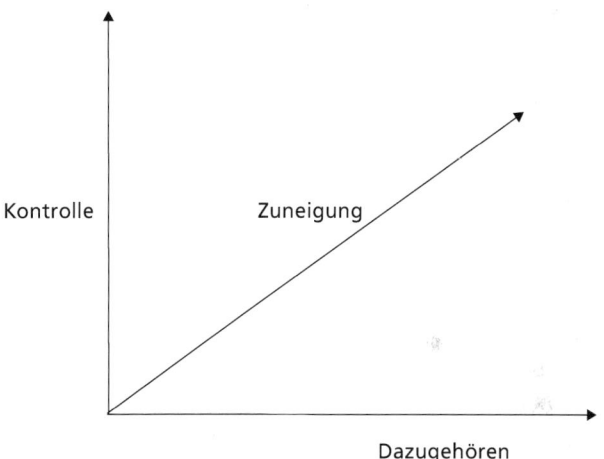

Abb. 2.2: Drei Dimensionen (nach Schutz 1958 und Dorst 2016, S. 59) Dazugehören, Kontrolle und Zuneigung können in einem Diagramm mit einer dritten Achse dargestellt werden

---

rung (Exclusion relation disorder) (ebenda, S. 54 ff.) und 5) psychotraumatische Beziehungsstörung (Friedman & Seidler, 2022, S. 330). Darauf möchte ich an dieser Stelle hinweisen, weil sich eine Beschäftigung mit diesem Zugang im Vergleich mit der OPD–Beziehungs- und Konfliktachse lohnen wird. Im Aufsatz von Robi Friedman und Christoph Seidler wird eine weitere Beziehungsstörung die »autoritätsbezogene Beziehungsstörung vorgestellt (ebenda, S.331 f.).

Diese Dimensionen mit einigen Weiterentwicklungen nimmt die Operationalisierte Psychodynamische Diagnostik auf. In der OPD-3 wird die Beziehungsachse zur Diagnostik und therapeutisch genutzt. Ähnlichkeiten zwischen der OPD-3 Beziehungsachse und den drei Dimensionen von Schutz sind unübersehbar. Die in vier Dimensionen mit insgesamt 32 ausformulierten Items im System des Kreismodells bzw. des Zirkumplexmodells interpersonellen Verhaltens (Arbeitskreis OPD-3 2023, S. 89f.) ermöglichen eine anspruchsvolle Beziehungsdiagnostik. Die drei Dimensionen der interpersonalen Beziehungsorientierung nach Schutz (1958) stellen auf den ersten Blick eine eher einfache Übersicht dar. Mit der noch zu integrierenden fünften Dimension »Dazugehören« wird unsere Vorstellungskraft herausgefordert.

1. Dazugehören
2. Macht, Ohnmacht, Rebellion, Vollmacht
3. Zuneigung, Intimität
4. Fürsorge, Geborgensein
5. Selbstwert-Objektwert als Idealisierung oder als Entwertung.

Bei all diesen verschieden qualifizierten Bezogenheiten ist der Gedanke wichtig, dass »Interaktion als Erfahrungsorganisator« (Buchholz, 2010, S. 642f.) verstanden werden kann. Die Interaktion, und das ist die konzeptionelle Idee, »dass die Interaktion mit einem Analytiker Elemente der Erfahrung hervorbringt, deren Bedeutung nicht ein für alle Mal festliegt, sondern die in und durch diese Relationalität ihre Bedeutung erlangen« (ebenda, S. 643). Dieses Modell »Interaktion als Erfahrungsorganisator« ist unkompliziert auf das Setting in der Gruppe übertragbar.

Exkurs zur Typologie von Persönlichkeitseigenschaften

C. G. Jung entwickelte eine Systematik verschiedener typologischer Charaktereigenschaften von Menschen. Diese zu kennen, erweitert die Sensibilität für Möglichkeiten des Verstehens und Missverstehens von Beziehungsangeboten in Gruppen und Zweierbeziehungen. Danach ist es ein Zugewinn an Klarheit denken zu können, dass Menschen als Denktypen von Fühltypen unterschieden werden sollten. Damit ist gesagt, dass eine Person sich durch eine Dominanz einer »psychologischen Grundfunktion« (Denken oder Fühlen sowie Empfinden oder Intuieren) beschreiben lässt (Jung 1921/1995, Bd. 6, S. 5, § 7). So sagt zum Beispiel jemand, dass er sich das Problem mit seinem Partner oder seiner Firma denkend, biografisch/historisch und faktengestützt erklären kann (Denktyp). Eine andere Person fühlt sich von diesen Personen unangenehm berührt und kann sich trotzdem über Erfolge von ihnen freuen (Fühltyp). Ein zweites Eigenschaftspaar psychologischer Funktionen ist wichtig: Menschen, die eher ihr Gegenüber empfinden (alle Sinneskanäle wie Tasten, Riechen, Schmecken, Hören und Sehen) und solche, die intuitiv (Ahnungswissen) Zustände erfassen. In den Gesprächen mit diesen Personen oder in diesen Firmen gibt es Räume mit verschiedenen Stoffen (Schränke, Tische und Stühle aus Holz oder Plastik), die sehr verschieden aussehen und riechen, wogegen eine andere Person ahnt, dass zum Beispiel die Atmosphäre von Misstrauen durchsetzt ist. Ein drittes Eigenschaftspaar ist weiter relevant für den Zugang zur Welt und zu sich selbst: Introversion und Extraversion. Alle drei Eigenschaftspaare sind bei Menschen verschieden ausgeprägt und verteilt. Dass daraus sich ergänzende oder Verständigung ausschließende Beziehungsangebote auch in Gruppen- und Einzelpsychotherapien resultieren, muss nicht weiter an dieser Stelle ausgeführt werden. Ausführliche Darstellungen finden sich bei C. G. Jung (Jung, 1921/1995, Bd. 6, S. 5, § 7; Müller & Müller, 2018, S. 128 f.; Rafalski, 2018, S. 21 ff.).

Achse III: Konflikt

Als Konflikt gilt nach OPD-3 zuerst der intrapsychische Konflikt auf der Basis von einem oder mehreren »universellen Motivationssystemen« (Arbeitskreis OPD-3, 2023, S. 22). Konflikte im Individuum entstehen durch anteilige oder starke Unvereinbarkeiten zwischen Motivationssystemen. So kann das Bedürfnis nach Versorgung dem Bedürfnis nach Autarkie so stark entgegenstehen, dass krankheitswertige Symptome auftreten. Diese sind mit einem typischen Affekt (Leitaffekt) verknüpft und einem Thema mit vielfältigen Vorstellungen. Das Gefühl der Depressivität aufgrund eines Verlustes eines wichtigen Menschen kann in einem aktiven oder passiven

Modus abgewehrt oder bewältigt werden. Die nachfolgend erläuterten Konflikte stellen »ein Stück klassischer psychoanalytischer Diagnostik« (ebenda) zur Verfügung. Vor dem Hintergrund einer analytisch-psychodynamischen Gruppe ist es relevant, diese Konflikte in den Interaktionen in der jeweiligen Gruppensituation wahrzunehmen und therapeutisch zu nutzen. In operationalisierter Form unterscheiden die Autoren der OPD durchgehend acht Konflikte, die sie ebenso als Dilemmata, wenn sie als nicht lösbare Konflikte erscheinen, beschreiben. Hier gehe ich nicht auf die Komplexität der Dilemmata ein (Arbeitskreis OPD-3, 2023, S. 174).

Die folgenden acht Konflikte (K1 – K7 + K0) sind eine gut validierte Zusammenfassung vieler psychodynamischer Theorien mit hoher praktisch diagnostischer und therapeutischer Relevanz:

K1 Abhängigkeit versus Individuation, K2 Unterwerfung versus Kontrolle, K3 Versorgung versus Autarkie, K4 Selbstwertkonflikt, K5 Schuldkonflikt, K6 Ödipaler Konflikt, K7 Identitätskonflikt, K0 Abgewehrte Konflikt- und Gefühlswahrnehmung (Arbeitskreis OPD-3, 2023, S. 325 ff.).

Zugleich verstehen die Autoren des OPD-Arbeitskreises Konflikte interpersonal bzw. intersubjektiv. Sie verwenden das konflikthafte »interpersonelle Verhalten« zentriert auf ein Gegenüber und auf die eigene Person mit Referenz auf Jessica Benjamin (1974, zitiert nach Arbeitskreis OPD-2, 2006, S. 94). Sie gehen von unbewusst maladaptiven kognitiv-emotionalen Schemata aus. Auf dieser Ebene sind ebenfalls Konflikte mitzudenken, wie beispielsweise Marginalisieren (Mobbing), Ausschließen (Sündenbockfunktion) (Friedman, 2018, S. 54 ff.) oder Fixierungen in einer bestimmte Gruppenrolle (Schindler, 2016, S. 113 ff.). Hier liegt eine erste gemeinsame Betrachtung dieser Theorien vor, die auf diese Weise besser zu diskutieren sind.

Den Hintergrund der Konflikte der OPD-2, die in der OPD-3 weiterentwickelt wurden, bilden sieben wissenschaftlich gut begründete Motivationssysteme:

1. »Bedürfnis nach Bindung: als eine primäre objektsuchende Motivation, Suche nach Bezogenheit durch Liebe und Bindung
2. Das Bedürfnis nach Sicherheit: das Sicherheitsprinzip steht möglicherweise über dem Lustprinzip, weshalb gefährlich erachtete Triebimpulse unter Kontrolle gebracht werden

3. Das Bedürfnis nach Autonomie bzw. Individuation
4. Das Bedürfnis nach Selbstbehauptung und Exploration
5. Das Bedürfnis nach sinnlichem Vergnügen oder sexueller Erregung,
6. Streben nach Selbstwerterhöhung/-schutz
7. Streben nach Bildung einer Identität, dem eine starke spezifisch menschliche motivationale Komponente zugesprochen wird« (Benecke & Brauner, 2017; zitiert aus: Arbeitskreis OPD, 2023, S. 111).

Diese Motivationssysteme ähneln denen, die in ▶ Kap. 2.2.6 bereits vorgestellt wurden.

Mit den Psychoanalytikern Holger Kirsch und Josef Brockmann sowie der Psychoanalytikerin Svenja Taubner, drei mentalisierungsbasiert Arbeitenden, können wir ein weiteres Bedürfnis formulieren:

8. Epistemisches Vertrauen (Kirsch, Brockmann, Taubner, 2016, S. 47f.).

Damit wird eine Qualität von Beziehung und Bezogenheit in einer Zweierbeziehung und in Gruppen sowie Institutionen ausgedrückt, die ebenso konstituierend für das intrapsychische Selbst ist, wie das intersubjektive der Dyade, der Triade, der Kleingruppe und der Großgruppe. Mit »epistemisch« wird das Wissen um den Grad an Sicherheit der Informationen und der Grad an Glaubwürdigkeit der anderen Personen ausgedrückt. Die Autorengruppe bezieht sich auf folgende Definition: »Epistemisches Vertrauen ist das basale Vertrauen in eine Bezugsperson als sicherer Informationsquelle« (Kirsch, Brockmann und Taubner, 2016, S. 49). Hier sollte das epistemische Vertrauen in eine Gruppe hinzugefügt werden. So gibt es manchmal Vertrauen in eine Person, vielleicht noch in eine Kleingruppe, jedoch ein ausgeprägtes Misstrauen gegenüber einer Großgruppe oder einer Institution. Es kann auch andersherum sein, dass eine Institution oder Großgruppe Vertrauen genießt, einer Kleingruppe oder einer Bezugsperson hingegen anhaltend misstrauisch begegnet wird.

Diese Motivationssysteme als Ausdruck menschlicher Wünsche und Bedürftigkeiten lassen sich den drei fundamentalen Beziehungsorientierungen Zugehörigkeit-Nichtzugehörigkeit, kontrollierende Macht-Ohnmacht, Zuneigung-Abneigung, wie sie Schutz (1958) herausgearbeitet hat, zuordnen.

Zur Dimension des Dazugehörens gehören die Motivationssysteme Bindung, Bedürfnis nach Intersubjektivität, epistemisches Vertrauen. Zur Dimension der Kontrolle mit dem Erleben von Ohnmacht und Macht bis zur Ermächtigung gehören das Bedürfnis nach Selbstbehauptung und Exploration sowie das Bedürfnis nach Widerspruch oder Rückzug. Zur Dimension der Zuneigung lassen sich das Bedürfnis nach sinnlichem Vergnügen oder sexueller Erregung, ebenso die Befriedigung physiologischer Bedürfnisse zuordnen.

Achse IV: Struktur

Die psychische Struktur eines Menschen umschließt basale Fähigkeiten einer Person als Persönlichkeit in der Beziehung zu anderen, zu sich, wie auch mit sich selbst und zur Welt. Doch was bedeutet das? Psychotherapeuten lernen Patientinnen und Patienten als Menschen kennen, denen es schwerfällt, zu sich, mit sich selbst oder zu einer anderen Person eine Verbindung herzustellen. Und wenn das gelingt, wird diese Verbindung schnell abgebrochen, weil der andere als zu nah erlebt wird und das Eigene im Erleben zu verschwinden scheint. Anhand der noch zu nennenden Strukturmerkmale können vier verschiedene psychische Strukturniveaus unterschieden werden: gut integriert, mäßig integriert, gering integriert, desintegriert. So beschrieb ein Patient (desintegriertes Strukturniveau), wie er auf einer Wiese stehe und den Wind so spüre, als ob er ein Teil davon sei, sich selbst darin verlor, extrem wütend wurde und schrie, als es windstill wurde. Er war der Wind, der in der Windstille verschwand. Durch sein Schreien spürte er sich wieder, war dabei stark verwirrt. Andere Patienten fallen dadurch auf, dass sie wie eingekapselt nur in einer Zweierbeziehung leben (gering integriert). Für diese Menschen wird eine dritte Person und damit eine andere Perspektive als diejenige, die zwischen zwei Menschen scheinbar wirkt, unvorstellbar und muss vernichtet werden; ja, sie kann nicht gedacht, gefühlt oder fantasiert werden. Wenn die dritte Perspektive auftaucht, wird sie gehasst, vernichtet und weiter im Außen bekämpft, sodass die Zweierbeziehung, wobei der Andere als ein Teil von einem selbst empfunden wird, geschützt bleibt. Wieder andere Menschen (mäßig integriertes Strukturniveau) können negative Affekte schlecht ertragen und reagieren dann wie übersteuert. Die meisten Menschen (gut integrierte Struktur) sind in der Lage, zwischen sich und anderen Menschen zu unterscheiden. Sie können sich neben der Bezogenheit zu einem anderen Menschen immer auch dessen Perspektive vorstellen und dazu noch die Sichtweise einer dritten und vierten Person. Gefühle, Vorstellungen, Beziehungen und Gruppen können wahrgenommen, diese ausreichend reguliert und kommuniziert werden. Unangenehmes kann benannt, aber ebenso ignoriert, verdrängt oder bei anderen bemerkt werden. Das Wissen um den Balken im eigenen Auge, während man im fremden den störenden Splitter sieht, gehört zum wertvollen Alltagswissen (gut integriertes Strukturniveau).

Unter wissenschaftlichen Aspekten und damit in der OPD-3 stellen sich die Bereiche der psychischen Struktur wie folgt dar (Arbeitskreis OPD-3, 2023, S. 183 ff.): 1.) Bindung, 2.) Affektwahrnehmung und -regulation, 3.) Kommunikation nach innen, 4.) Kommunikation nach außen und 5.) Unterscheidung zwischen Selbst und anderen. Zur weiteren Differenzierung finden sich ausführliche Beschreibungen in der OPD-3 zur Selbst- und Objektwahrnehmung im Sinne einer Selbst-Objekt-Differenzierung, als Fähigkeit zur Selbstregulation von Impulsen, von Affekten und des Selbstwertes. Hinzu kommt die Fähigkeit zur Beziehungsregulation, wobei es wichtig ist, diese zu schützen, zu antizipieren und etwas für einen Interessenausgleich zu tun. Wenn es um die Kommunikation geht, finden sich die Begriffe der emotionalen Kontaktaufnahme, der Intimität und Empathie. Schließlich ist die Fähigkeit zur Bindung an innere und äußere Objekte, die Vertrauen und die Lösung einer Bindung ermöglichen, grundlegend wichtig (Arbeitskreis OPD-3, 2023, S. 193 f.).

Achse V: Psychische und psychosomatische Störungen

Diese fünfte Achse, mit deren Hilfe die aktuell gültige »etablierte deskriptiv-phänomenologische Diagnostik (ICD-10, DSM-IV)« in das Gesamtbild einbezogen wird (ebenda, S. 36), rundet die OPD-Diagnostik ab.

Diese multiaxiale Herangehensweise ist nötig, um die Komplexität der Einflüsse auf Menschen, mit ihren Krankheitssymptomen bzw. Störungsmustern für qualifizierte Diagnostiker und Therapeuten zu erfassen. Diese fünf Achsen bleiben nicht die einzigen, sondern jede Achse wird weiter in kategoriale Denksysteme untergliedert.

2.5 Kleinste psychische Einheiten – Emotionen, Gefühle, Motivationen, Szenen, Feld (Gefäß), Körper, Gruppen, szenischer Komplex

Zusammenfassung

Die zentralen psychodynamischen Konzepte, wie beispielsweise Emotionen, Motivationen, Gruppen, Szenen oder Gruppenmuster von teilnehmenden Personen in einem therapeutischen Feld verstehe ich zugleich als kleinste psychische Einheiten. Sie dienen dem Verständnis von psychischen, psychosozialen und therapeutischen Prozessen der Veränderung von Symptomatik und Persönlichkeitseigenschaften von Personen als Patienten oder Teilnehmende zur Selbsterfahrung in Gruppen.

2.5.1 Emotionen, Affekte, Gefühle

Affekte bzw. Emotionen werden in der Regel als unbewusste Reaktionen einer Person auf eine innere oder äußere Einwirkung verstanden. Dagegen spricht man von Gefühlen als »bewusste Wahrnehmung« (Arbeitskreis OPD-3, 2023, S. 112). Affekte werten für die wahrnehmende Person Reize als angenehm oder unangenehm. Dabei hat sich die Vorstellung von Basisaffekten durchgesetzt. Zu ihnen zählen Freude, Trauer, Furcht, Wut, Ekel (Ekman, 1992) und Überraschung (Krause, 2012) (OPD-3, S. 112). Der Arbeitskreis OPD beschreibt Emotionen in präziser Form als »umfassende, evolutionär-biologisch verankerte, körperlich-seelische Ge-

2.5 Kleinste psychische Einheiten

stimmtheiten von unterschiedlicher Dauer, Intensität und Bewusstseinsnähe, die mit einem grundlegenden Handlungsimpulse eines »weg von« (bis zur Flucht) oder »hin zu« (Suche nach Nähe) gekoppelt sind« (ebenda).

2.5.2 Körper

Der menschliche individuelle Körper stellt mit seinen Körpergrenzen eine für jeden nachvollziehbare Einheit dar. Von Freud ist der Gedanke bekannt, dass das frühe Ich ein körperliches sei. Doch wo sind die Grenzen des Individuums? Sind es die Hautgrenzen? Ist es der Raum um eine Person herum, wenn er oder sie die Arme ausstreckt und sich einmal um sich selbst dreht? Ist es die Gruppengrenze, besser: sind es die verschiedenen Gruppengrenzen, zu denen die Individuen gehören? So wie der Körper eine Grenze, die Haut, hat und Menschen biopsychosozial offene Systeme sind, die wiederum Grenzen mit Öffnungen zu anderen Menschen und Gruppen unterhalten, so verhält es sich mit der Psyche. Das Wort »unterhalten« ist hier in seiner Doppeldeutigkeit verwendet: in resonant bezogener Verbindung und dabei im Gespräch sein. Wenn betont werden soll, dass der Körper belebt und damit beseelt ist, wird gern von dem Leib gesprochen.[29]

2.5.3 Szenischer Komplex und gruppales Feld

Zusammenfassung

Ein szenischer Komplex ist als komplexe und vernetzte Interaktionsstruktur zwischen Personen und in Gruppen vorzustellen. Dadurch bildet sich ein gemeinsames intentionales Beziehungsfeld aus, welches

---

29 Der Historiker und Publizist Timophy Snyder vertritt die These: »Wenn wir eine andere Person als Leib und nicht als Körper begreifen, sehen wir die ganze Welt anders. Die andere Person hat einen Nullpunkt, genau wie wir; diese Nullpunkte gehen Verbindungen ein und schaffen ein neues Netz des Verständnisses« (Snyder, 2024, S. 44).

> durch das Erleben von Bezogenheit, von Zusammengehörigkeit und einem Wir-Gefühl mit all den Gegenkräften erlebt wird.

Zwischen den im Stuhlkreis sitzenden Patienten und Therapeuten bildet sich ein dynamisches gruppal-intersubjektives Feld aus, in dem sich intersubjektive Szenen als wechselseitige Fantasien und Erwartungszuschreibungen kommunikativ ereignen (Potthoff, 2022, S. 65 ff.; Potthoff, 2014, S.151; Baranger, 2018, S. 739 ff.; Stern, 2014, S. 89 f.; Niedecken, 2016, S. 212). Solche gruppal-intersubjektiven Felder mit ihren interaktiven Szenen, die zugleich intrapsychisch präsent sind, verstehe ich komplementär zu Emotionen, Motivationssystemen, Gruppen und dem, was sich im Rahmen beseelter menschlicher Körper bzw. Leiber (▶ Kapitel 2.5.2) vollzieht, als kleinste psychosoziale Einheiten. Diese Konzepte werden im Abschnitt zur Gruppe – Übertragung – Matrix (▶ Kapitel 2.5.) ausgeführt. Dieses psychische Erleben in benannten Wirkfeldern ist untrennbar mit dem intersubjektiven und gruppalen Beziehungsgeschehen verknüpft, welches von Resonanz durchwirkt ist (Foulkes, 1992, S. 199, 246 f.; Rosa, 2018, S. 38 ff.; Bauer, 2022, S.135).

Nach dem Arbeitskreis OPD-2 ist das Selbst dadurch entstanden, dass das Ich sich selbst zum Objekt des Nachdenkens nimmt (Arbeitskreis OPD-2, 2006, S. 117). Wenn es aber kein isoliertes autonomes »ummauertes« Ich allein gibt, sondern ein Ich in Bezogenheiten zu anderen (zur verinnerlichten Interaktionspersonen, zu verinnerlichten Gruppen), dann verschieben sich die Perspektiven. Diese interpersonalen, intersubjektiven und relationalen Beziehungsmuster, die Selbst-mit-anderen-Schemata (Knox, 2011, S.14), Selbst-Objekt-Affekt-Muster (Clarkin, Kernberg und Yeoman (2008), Subjekt-in-Szene« (Niedecken, 2016, S. 234) und »Subjekt-im-Feld« (ebenda) öffnen den inneren Denkraum. So fokussiere ich hier auf das Subjekt in Bezug zu anderen, wobei sich durch die Intension der Beteiligten eine interaktionelle Szene mindestens zweier oder dreier Subjekte herstellt. Die beteiligten Subjekte stellen ein interpersonales Feld her, innerhalb dessen sich interpersonal-intersubjektive Szenen als Begegnungen ereignen. Diese interpersonal-intersubjektiven Begegnungsszenen verstehe ich als eine weitere Art kleinster psychischer bzw. psychosozialer Einheiten.

2.5 Kleinste psychische Einheiten

Spontane Einfälle von Patientinnen und Patienten, ihr kommunikatives Verhalten in einer minimal strukturierten Gruppe und natürlich Träume können verinnerlichten Interaktionserfahrungen, die als szenische Komplexe gedacht sind, zugeordnet werden. Im Gruppengeschehen entstehen Szenen zwischen dem Subjekt im Kontakt mit anderen im umschriebenen Feld der Gruppe.

Wenn das Selbst als Gesamtheit aller psychischen Erfahrungswelten einer Person, in Vielheit und Einheit verstanden wird (Jung, 1972, S. 130 f.), so sind Träume Informationsangebote des Selbst in seiner Vielheit und Einheit für das Ich der Person. Die Person bzw. das Selbst im Subjekt verstehe ich intersubjektiv konstituiert (vgl. Otscheret & Braun, 2005). Im Zentrum stehen dabei szenische Interaktionserfahrungen zwischen zwei und mehreren Subjekten in einem umschriebenen, also umgrenzten intensionalen Wirkfeld. Mit Bezug zur Analytischen Psychologin und Forscherin Knox (2003; 2009; 2011) im Rahmen der mentalisierungsbasierten Therapie besteht das Selbst einer Person aus »Selbst-mit-Anderen-Mustern«, in szenischen Bezogenheiten (self-with-other-schemas, Knox, 2011, S.11) zu anderen Personen in der Welt in jeweils umschriebenen Feldern (Niedecken, 2016). Was bedeutet das für das Traumverständnis? Neurobiologisch ist inzwischen gut geklärt, dass Träume während des Schlafes aus dem Unbewussten durch eine Aktivierung »der Grundmechanismen des Kernbewusstseins« der Hirntätigkeit (Solms & Turnbull, 2007, S. 224 f.) gebildet und wahrgenommen werden können. Grundmechanismen des Kernbewusstseins umfassen vor allem das limbische System und den frontalen Cortex. Wenn Träume erzählt werden, dann gehören sie sowohl dieser individuellen biologisch verankerten, überwiegend unbewussten Erfahrungswelt an, als auch der intersubjektiven Welt, dem intersubjektiven Bezogenheitsnetzwerk zwischen zwei oder mehreren Personen in der intrapsychisch »gegebenen« und in den emergierenden gruppalen Repräsentanzen der Gruppe.

Ein intersubjektives Feld entfaltet sich, wenn der Traum einer anderen Person oder mehreren Personen in einer Gruppe erzählt wird. Jung schreibt in einem Brief an James Kirsch am 29. September 1934:
»Sobald gewisse Patienten zu mir in Behandlung treten, ändert (sich) der Typus der Träume. Im tiefsten Sinne träumen wir alle nicht aus uns,

sondern aus dem, was zwischen mir und dem Andern liegt. (Jung zitiert nach Lammers, 2014, S. 122, in Klammern eingefügt von S. Alder).

Hier wird also der *Zwischenraum*, das Feld zwischen zwei aufeinander bezogenen Personen als etwas Drittes in den Blick genommen. Für Jung steht dieses Dritte für »die ursprüngliche Einheit der Welt«, die zuvor zweigeteilt wurde (Jung, 1995, Bd. 14/2, § 324, S. 233). Um das (analytische) Dritte »als Feld und Szene« zu verstehen, dienen die Überlegungen von Dietmut Niedecken, ebenso Jungianerin wie Knox. Sie macht klar, dass das subjektive Erleben nicht in Selbstreflexion gründet, sondern mit Bezug auf Alfred Lorenzer in Form verschiedener Szenen der Begegnung in einem intersubjektiven Feld vom Individuum verinnerlicht wird[30]. Der Andere ist am Werden des Selbst »konstitutiv beteiligt« (Niedecken, 2016, S. 212). Mit Niedeckens Ansatz, der hier nur skizziert ist, wird die Subjekt-Objekt-Spaltung aufgehoben hin zu einer Subjekt-Subjekt-Beziehung und das Selbst, somit auch das Unbewusste, als intrapsychische Szene in einem gegebenen Feld gedacht:

> Der Begriff des Feldes bezieht sich auf das je aktuelle Gesamt der Verwobenheit des Individuums mit seiner Welt. Der Begriff der Szene ist demgegenüber auf die sinnliche Konkretion eines Geschehens bezogen. Indem Szenen aber sowohl im actualis als auch im potentialis stehen, als Realisierungen und als Vorstellungen erlebt werden können, ist es möglich, dass sie sich vermittels Verschiebung in unterschiedlichen Feldern zur Geltung bringen [...]. Szenen werden auf diese Weise zu Metaphern, werden als Metaphern im Feld virulent. Als solche sorgen sie dafür, dass die Felder, in denen sie eine Aktualisierung erfahren, durch intentionale Bögen – die den Szenen jeweils inhärente perzeptive und affektive Ausrichtung, die ›Intention der Szene‹ – strukturiert werden. (Niedecken, 2016, S. 225f.)

Exkurs zum Verständnis von Rollen in Gruppen

Soziale Rollen und die Übernahme von Rollen in einer Gruppe wurden als rangdynamisches Modell von Raoul Schindler (1957) eingeführt. Die Intendiert dynamische Gruppenpsychotherapie hat darauf aufbauend und modifizierend mithilfe eines Soziogramms nach Höck und Hess Grup-

---

30 Nachzulesen bei Alfred Lorenzer (1984).

penprozesse untersucht (Höck, 1981, S. 86f.). Es werden folgende Rollen in Gruppen unterschieden:

1. Alpha-Position – die Person, die den größten Einfluss auf den Verlauf der Gruppe hat.
2. Beta-Position – die Person, die die Aktiven oder die aktive Person unterstützt und oft beliebt ist (ebenda).
3. Gamma-Position – die Gruppenmitglieder, die den Gruppenleiter, die Gruppenleiterin und die Gruppe als Ganzes unterstützen oder mit Alpha »identifiziert« und »unauffällig« sind (Schindler, 2016, S. 115).
4. Omega-Position – die Person, die die anderen Gruppenmitglieder in der Gruppenstunde am meisten gestört hat (Höck, 1981, S. 86).

Dieses Verständnis von Rollenübernahmen, welches Gruppenmuster und das Erleben und Verhalten der Teilnehmenden charakterisiert, einschließlich der Leitenden, ist für die praktische Arbeit in Gruppen hilfreich. Bernhard Strauß macht in diesem Zusammenhang auf einen wichtigen Befund aufmerksam. Danach profitiert ein Patient umso weniger von der Gruppentherapie, je länger er oder sie in der Omega-Position verbleibt. Das zu wissen, ist von hoher klinischer Relevanz (Strauß, 2022, S. 132).

2.5.4 Innere Gruppe(n) und Selbst

Zusammenfassung

Das Selbst als Gesamtes einer Person mit all seiner Unbestimmtheit ist durch »innere Gruppen« im Sinne einer »psychischen Gruppalität« charakterisiert.

Die gruppenanalytischen Beiträge zur Struktur des Selbst möchte ich darstellen. Der Beitrag der Analytischen Psychologie nimmt an dieser Stelle einen besonderen Platz ein. Zunächst sei das Modell der »inneren Gruppen« und »psychischen Gruppalität« von dem französischen Psycho- und Gruppenanalytiker, René Kaes (2009), genannt. Nach ihm besteht die psychische Struktur aus »inneren Gruppen als Organisationsschemata der intersubjektiven Bindungen« (Kaes, 2009. S. 293). Kaes schreibt zusammenfassend zum Subjekt in der Gruppe: »Das Subjekt der Gruppe ist Subjekt seiner inneren Gruppen, in denen sich die Repräsentanzen dessen befinden, was Mehr-als-ein Anderer ist« (ebenda).

C. G. Jung schrieb, dass das Selbst eine Vielheit sei und unter günstigen Umständen eine Gruppe bilde. Jung stellt auf diese Weise eine Vorstellung von einer »inneren Gruppe« als konstituierenden Aspekt des Selbst zur Verfügung. Er schrieb diesen Gedanken 1948 in einem Brief an eine Kollegin, die ihn fragte, wie er zur Gruppentherapie stünde: »Das Selbst [...] ist eine Gruppe. Es stellt eine Kollektivität dar und schafft Gruppen, wenn es im positiven Sinn wirkt« (Jung: 1972, S. 130 f.).[31]

Diese Idee von Jung ist bemerkenswert, weil darin der Archetyp, also das soziale Urbild bzw. ein sozial verstandenes urtümliches Bild des Selbst gedacht wird. Das psychische Selbst ist so in seiner Vielheit und Einheit formuliert. Leider spielte dieser Einfall für sein weiteres Nachdenken keine erkennbare Rolle. Für Jung war es immer wieder selbstverständlich zu denken, dass das Selbst im Sinne einer Gruppe nicht nur positiv wirke, sondern auch negativ. Im negativen Fall – mit Morris Nitsun können wir das die Kraft der »Anti-Group« nennen (Nitsun, 2006, S. 43) – würde sich keine Gruppe bilden, sondern die vom Individuum gefürchtete zerstörende Masse, die nur zur Reduktion des Denkvermögens und Verstärkung von Gefühlen führe, wie es auch der italienische jungianische Analytiker R. Fiumara als Kritik an Jung ausführte (Fiumara, 1976, S. 1).

Das Selbst in der Analytischen Psychologie, wie ich es zusammenfassend vorschlage, will eine psycho-soziale Gesamtheit in den Blick nehmen, die sich ebenso in resonanter Verbindung und Wechselwirkung mit dem Körperlichen (Biologischen) und dem Kulturellen sowie Ökologischen

---

31 Das vollständige Zitat aus dem Brief von Jung an Frau Pinkney in New York, die Jung nach seiner Meinung zur Gruppentherapie fragte, ist wie folgt: »Eine positive Beziehung zwischen dem Individuum und der Gesellschaft oder einer Gruppe ist sehr wichtig, da kein Individuum für sich lebt, sondern von der Symbiose mit der Gruppe abhängt. Das Selbst, eigentliches Zentrum des Individuums, ist seinem Wesen nach eine Vielheit. Es ist sozusagen eine Gruppe. Es stellt eine Kollektivität dar und schafft Gruppen, wenn es im positiven Sinn wirkt.« (Jung, 1972, Briefe II, S. 130 f.)

versteht. Gruppalität ist somit intrapsychisch repräsentiert wie auch alle relevanten intersubjektiv-interpersonalen Bezogenheiten im jeweiligen sozial-gruppalen Netzwerk der jeweiligen Kulturen. Das Selbst in diesem Gesamtverständnis – man könnte auch formulieren: in diesem Selbstverständnis – schließt Bezogenheiten zu anderen Menschen konstituierend ein. Wie dieses mehrfach komplex und kontingent bestimmte Selbst sich als Teil und Mikrokosmos gruppal-sozialer Systeme zu begreifen versucht, kann eine aufregende miteinander geteilte Erkenntnis sein. Erkenntnis darüber ist im Wesentlichen durch reflektierte Erfahrung in gruppalen Zusammenhängen zu erlangen, seien es Klein-, Mittel- oder Großgruppen. Das Verstehen und Erleben des Selbst in seinen komplexen Verknüpfungen und Dimensionen beginnt zu dritt, führt zu großen Gruppen und endet, solange darin eine Kultur des sich gegenseitig anerkennenden Austauschs möglich ist, in der Selbstreflexion.

2.5.5 Soziale Netzwerkanalyse

Zusammenfassung

Soziale Netzwerkanalyse ist ein Forschungsbereich von Soziologen und Mathematikern, die sich mit sozialen Interaktionen, die von Individuen und Gruppen in der präsenten Realität als auch in sozialen Medien ausgehen, beschäftigen. Die hier gefundenen Modelle können den Blick für therapeutische und andere Gruppenprozesse schärfen.

In dem von Soziologen, Mathematikern und Informatikern betriebenen Forschungsbereich der Social Network Analysis (Knoke & Yang, 2021, S. 1) werden soziale Interaktionen von Menschen und Gruppen untersucht. Dabei unterscheiden die Autoren zwischen Einheiten (entities) und Beziehungen (relations). Einheiten sind sowohl Individuen als auch Gruppen oder Institutionen. Beziehungen bezeichnen die zwischen zwei oder mehreren Einheiten entstehende Verbindungen. Dabei entstehen Muster. Angewendet auf unseren Kontext verwende ich Monologe (»egocentric network«, ebenda, S. 17), wenn die Aktivität von einer Einheit zu

2 Theorie

einer anderen ausgeht. Dialoge (»dyadic network«, ebenda) zeigen sich zwischen zwei Einheiten. Trialoge (triadic relations, ebenda, S. 18) wiederum charakterisieren Beziehungen zwischen drei Einheiten. Das Gesamt einer Gruppe wird durch die Interaktionen oder Beziehungen aller Einheiten eines Netzwerkes (Gruppe, »whole network«, ebenda) definiert. Die Individuen einer Gruppe (I-Einheiten) bleiben im Monolog (I-Einheiten ohne Verbindung zur Du-Einheit, also kein Dialog oder Trialog) im Kontext der Gruppe bei Erhaltung der Gruppen-Einheit (G-Einheit) in losem Bezug zu anderen G-Einheiten. In einer Gruppe als egozentrisches Netzwerk mit n = 6 Teilnehmenden ergeben sich $n - 1$, also 5 Beziehungen. Entstehen in einer Gruppe von n = 6 Teilnehmenden dyadische Beziehungen, bilden sich $\frac{nx(n-1)\pi}{2} = \frac{n^2-n}{2} = 15$ Beziehungen heraus. Der Vergleich der Interaktionszahlen macht deutlich, dass bei einem Monolog oder egozentrischem Muster in einer Gruppe mit sechs Teilnehmenden fünf Beziehungen aktiv sind, während in einem wechselseitig dyadischen Muster wir von 15 Beziehungen ausgehen können. Das ist eine starke Zunahme an Komplexität. Bilden sich Triaden $\frac{n}{3}$, so können bei sechs Teilnehmenden gleichzeitig zwei solche Figurationen möglich sein: $\frac{n}{3}$ bei n = 6, ergibt sich: $\frac{6}{3} = 2$ Dreiecksbeziehungen. Die Gruppe als Gesamtsystem wird durch $n^2 - n$ Beziehungen charakterisiert. Das sind bei n = 6 dann 30 Beziehungen, die voneinander zu unterschieden sind. Diese abstrakten Modelle werden uns bei der Diskussion von Interaktionsmustern in Gruppen helfen, um als Gruppentherapeuten Konstellationen, dynamischer Prozesse in Gruppen zu bedenken. Das kann uns des Weiteren helfen, Interventionen und ihre Wirkungen auf die anderen und uns selbst zu reflektieren. Auch Gruppen als Einheiten verstanden bilden untereinander solche Beziehungsmuster aus. Beispielsweise kann es Beziehungen zwischen drei parallellaufenden Therapiegruppen einer Klinik geben.

2.6 Gruppe

> **Zusammenfassung**
>
> Wenn mindestens drei Menschen sich zusammenfinden, um ihren sozialen Bedürfnissen nachzugehen, bilden sie ein kommunikatives Gebilde aus, das eine eigenständige Bedeutung für die Beteiligten und die Umstehenden erlangt, die nicht zu dieser Gruppe gehören. Solche sozialen Verbindungen und Verbände entstehen mit einer Geschichte, einem Ausgangspunkt und einem Ziel. Sie bilden dabei interaktiv-sozial eine Kultur aus. Gruppen können klein, mittel und groß genannt werden. Dabei bilden sie unterschiedliche Eigenschaften aus.

Das Wort »Gruppe« bedeutet etymologisch eine »kleinere Anzahl von miteinander in Beziehung stehenden einander zugeordneten Personen oder Dingen (2. Hälfte 19 Jh.), durch gleiche Interessen verbundener Personenkreis« (Pfeiffer, 1989, S. 615). Aus dem Französischen »groupe« ist das Wort aus dem Italienischen »gruppa (älter auch groppo), das heute nur als Knoten, Verwicklung fortlebt« (ebenda), hervorgegangen. Gruppe – Knoten – Verwicklung fügen sich zu der Metapher des Netzwerkes, bei dem der Begriff des Knotens bestimmte umschriebene Verwicklungen innerhalb eines Netzes markiert, die dem Netz den eigentlichen Halt in Verbindung mit den verbindenden Fäden geben. Foulkes verwendete die Metapher des Knotens für das Individuum im Gruppenbezug. Bei dem Gruppenanalytiker Claudio Neri findet sich diese Beschreibung auf ähnliche Weise (Neri, 2006, S. 253). Ein grundlegendes Buch »Der Mensch in der Gruppe« in drei Bänden von Raymond Battagay (1927–2016) erschien 1973. Er definiert Gruppe: »Unter dem Begriff Gruppe verstehen wir ein hochorganisiertes soziales Gebilde, das aus einer meist kleinen Zahl von wechselseitig in Beziehung stehenden Individuen zusammengesetzt ist. Die Gruppe besteht aus einem Füreinander von gefühls- und verstandesmäßig verbundenen Mitgliedern, von denen jedes eine bestimmte Funktion im Kollektiv ausübt« (Battegay, 1973, S. 14). Dieser begrifflichen Fassung haben sich viele Autoren angeschlossen (vgl. Tschuschke, 2001).

2.6.1 Gruppe als Symbol

Gibt es gruppale Repräsentanzen? Intrapsychisch können innere Bilder und deren Vernetzungen als Symbole, die auf gruppale Interaktionserfahrungen verweisen, verstanden werden. Die Gruppe als Symbol (Foulkes, 1992, S. 30) ist hochbedeutsam. Eine Gruppe kann von den Teilnehmenden konkretistisch und symbolisch verstanden werden. Konkretistisch ist sie eine definierte Anzahl von Personen, die sich zusammenfinden, stehen oder in einem Kreis sitzen. Sie verbindet ein bestimmter Sinn oder eine Aufgabe. Symbolisch kann eine Gruppe als Ganzes mit einer Vielzahl an Bedeutungen, Gefühlen und Narrativen aufgeladen werden. Gern wird eine Gruppe mit einem Körper, der aus verschiedenen Organen besteht, verglichen, von denen ein Teil als leitendes Gehirn fungiert, ein Teil das pulsierende Herz verkörpert, andere wiederum als die Organe der Aufnahme, Verdauung und des Ausscheidens, wieder andere dienen der Sexualität und Lust, schließlich bildet die Haut die Grenze einer Gruppe zur Vermittlung zwischen Innen und Außen. Eine Gruppe kann auch nährende und das Wachsen fördernde Kräfte symbolisieren und erhält gern die Attribute einer guten Mutter, eines guten Vaters oder guter Eltern. Wenn die Gruppe Mangelzustände erzeugt und Entwicklung blockiert, weist sie auf dysfunktionale und schlechte Beelterung hin. Der deutsch-jüdische Analytische Psychologe Erich Neumann (1905–1960), ein wichtiger Schüler von C. G. Jung, stellt diese Qualitäten als den nährenden und wachstumsfördernden oder -hemmenden Elementar- und Wandlungscharakter für die Entwicklung eines jeden Menschen dar (vgl. Neumann, 1974). Besonders der Gruppenanalytiker und Jungianer Wolfgang Kleespies bezog sich auf Neumann. Der Elementarcharakter steht für Erfahrungen von Ernährung, Versorgung und Behütetsein (Kleespies, 1998, S. 29 f.). Hingegen ist Wandlungsfähigkeit und Wandlung (Wandlungscharakter) das Ziel der Therapie: die »sorgfältige Untersuchung des Schattens in all seinen Aspekten« mit Aufhebung von Dissoziation oder Verdrängung (Samuels et al, 1989, S. 237). Diese Fähigkeiten und Erfahrungen kann eine Gruppe für ihre sie aktiv gestaltenden Mitglieder symbolisieren.

2.6.2 Übertragung und Matrix – von der Dyade zur Gruppe

Zusammenfassung

Das hypothetische Netzwerk entsteht zwischen zwei Personen und erweitert sich qualitativ und quantitativ durch drei und mehr Personen zu einer unbewusst-bewussten Matrix einer Gruppe mit neuen Eigenschaften, die wiederum verinnerlicht und projiziert werden.

Der Begriff der Matrix hat eine sehr leibliche Wurzel. Er kommt vom lateinischen Wort für Uterus, auch matrix genannt. Das benennt einen geschützten Raum, von dem Babys kommen, »wo Babys getragen, geschützt und ernährt werden, bis sie soweit gewachsen und gereift sind, dass sie auf die Welt kommen können« (Wiener, 2009, S. 96, übersetzt von S. Alder). Darauf bezogen lässt sich ein gegenseitiges Übertragungs-Projektions-Schema vorstellen, dass C. G. Jung 1946 in »Psychologie der Übertragung« verwendete. Auch die Londoner Jungianerin Jan Wiener hebt hervor, dass mit C. G. Jung die Übertragungs- und Gegenübertragungsbeziehungen sowohl intrapsychisch als auch interpersonal zu verstehen sind. Dieses Schema zwischen Person A (Therapeut/Adept) und Person B (Patient/Soror) wird oft zitiert:

Demnach gibt es zwei Personen, die miteinander in Beziehung kommen.

1. Person A zu Person B auf bewusster Ebene (horizontal bw),
2. Person A zu Person B auf unbewusster Ebene (horizontal ubw)
3. Person A bewusst zu Person B unbewusst und Person B bewusst zu Person A unbewusst (überkreuz bw-ubw).
4. Schließlich finden wir beide Personen, die intrapsychisch vertikal eine Wechselwirkung zwischen bewusst und unbewusster Ebene erleben können (vertical bw-ubw).

Jan Wiener schlägt vor, den Begriff »Übertragungsmatrix« (transference matrix) als zeitgemäße jungianische Metapher zu verwenden. Diese

2 Theorie

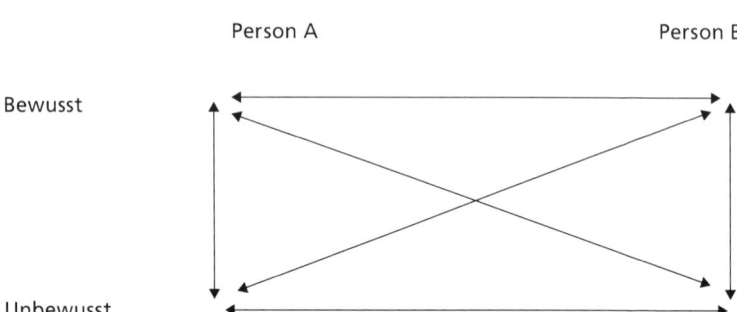

Abb. 2.3: Übertragungsmatrix in Anlehnung an eine schematische Darstellung, in der die wechselseitigen Bezogenheiten zwischen Person A (Therapeut/Adept) und Person B (Patient/Soror) auf der bewussten und unbewussten Ebene dargestellt sind (nach Jung, 1946/1995, Bd. 16, § 422, S. 221; Wiener, 2009, S. 80)

Übertragungsmatrix wird zu einem ko-konstruierten Raum oder Platz (coconstructed place) »mit Struktur, Form und Energie« (Wiener, 2009, S. 96, übersetzt von S. Alder). Wiener bezieht sich ausdrücklich auf das Übertragungsschema von Jung, welches die bewusste und unbewusste Bezogenheit in einer Patient–Psychotherapeut–Beziehung veranschaulicht. Wiener versucht diese Komplexität beschreibend zu durchdringen:

> Die Übertragungsmatrix ist eine Struktur, die die psychische Kapazität für sowohl das Sich-beziehen (relating) und das Kreative (creating) enthält, einschließlich der Rolle des Anderen. Der Andere unterstützt Entwicklung oder behindert (obstruct) sie. Mit diesem Konzept kommen die beiden Zugänge des mehr entwicklungspsychologischen und des Arbeitens mit dem Symbol zusammen. (Wiener, 2009, S. 96, übersetzt von S. Alder)

Diese vertikale und horizontale ›Übertragungsmatrix‹ als komplexes Netzwerk lässt sich unkompliziert auf mehrere Personen – zum Beispiel acht Gruppenmitglieder als Gruppe – anwenden. Das muss hier nicht weiter ausgeführt werden.

Im Beziehungsfeld oder Netzwerk einer Gruppe bringt jeder Einzelne seine bewusste und unbewusste Welt ein. Eine anschauliche Metapher macht die Verbindungen deutlich: Die Knotenpunkte im Netzwerk sind die Individuen. Das folgende Zitat von Foulkes zu seinem Matrixbegriff hat schon eine gewisse Berühmtheit erlangt:

2.6 Gruppe

In diesem Netzwerk wird das Individuum als ein Knotenpunkt aufgefasst. Das Individuum wird mit anderen Worten nicht als ein geschlossenes, sondern als ein offenes System gesehen. Man kann eine Analogie sehen im Neuron der Anatomie und Physiologie. Zusammen mit dem Neuron, dem Knotenpunkt im gesamten Netzwerk der Nerven, reagiert und respondiert immer das ganze Nervensystem (Goldstein). Wie das Neuron Teil des Nervensystems, ist das Individuum Teil der Gruppenmatrix. (Foulkes, 1992, S. 174)

Dieses Konzept der Gruppenmatrix bzw. vom Netzwerk nimmt die Diskussion um das interaktive gruppale Feld und die Szene um viele Jahre vorweg. So können wir uns horizontal ein »System sozialer Resonanzen« (Buchholz & Gödde, 2011, S. 69 ff.) vorstellen. An dieser Stelle möchte ich mich erneut auf den Beitrag von Dietmut Niedecken (2016) »Feld und Szene«, beziehen. Sie schreibt:

> Die Gewissheit der individuell konturierten Einheit, auf die unser Begriff von Subjektivität sich gründet, ist eine von der Bestätigung durch ein Gegenüber abhängige Vorstellung. Die subjektive Innensicht ist immer szenischen Charakters – ich kann mich nicht erleben, es sei denn in Bezug zu meiner Welt – während die visuell dominierte Außensicht der sprachlichen Subjekt-Objekt-Trennung folgt. (Niedecken, 2016, S. 212)

Damit wird noch einmal verdeutlicht, dass das Selbst bzw. die psychische Innenwelt aus verinnerlichten zwischenmenschlichen, relationalen und gruppalen Szenen besteht, was uns als Gruppentherapeuten immer wieder beschäftigen wird und hilfreich zur Seite stehen kann. Es scheint sinnvoll zu sein, zwischen dem Dyadischen, Triadischen und Gruppalen in Bezug zu dem Setting[32], in dem man arbeitet (Dyade oder Gruppe), zu unterscheiden. Dabei unterscheiden sich die genutzten Theorien und ebenso die beschriebenen Behandlungstechniken bzw. Interventionen. Deshalb ist das Prinzip der Komplementarität für Theorie und Technik (Walach, 2012, S. 319 ff.) von a) intrapsychisch selbstreflexiv als Selbst-mit-Anderen Mustern, b) interpersonal erlebte Bezogenheiten, c) Selbst-Gruppe bezogenes Erleben, basierend auf dem praktizierten Behandlungsrahmen (Einzel- oder Gruppentherapie) immer wieder in Erinnerung zu rufen.

---

32 In diesem Abschnitt unterscheide ich nicht zwischen Rahmenbedingungen und Setting einer Gruppe. Es ist sicher lohnend, zwischen den äußeren Rahmenbedingungen einer Gruppe und dem intrapsychisch wirksamen Setting des Individuums zu unterscheiden. Diese Wechselwirkungen untersuche ich hier nicht.

2.6.3 Matrix als Netzwerk der Gruppe der Individuen

> **Zusammenfassung**
>
> Das Netzwerk aus Interaktionen zwischen den Teilnehmenden einer Gruppe bildet sich aus den intrapsychisch wirksamen Erwartungen, die verinnerlichten, somit individuellen Matrizen entsprechen. Eine gegebene und gewordene Grundmatrix ermöglicht im Rahmen von Kommunikation einen Prozess von Verständigung, wodurch Bedeutung und Sinn, schließlich psychische Veränderung der Teilnehmenden möglich wird.

Jede und jeder, ob Psychotherapeut oder Patient, der oder die in einer Gruppe sitzt und beginnt zu sprechen, aufeinander zu reagieren, dabei eine Aufgabe verfolgt, erlebt, wie sich ein – metaphorisch ausgedrückt – verbindendes Netz an Bezogenheiten ausbildet. Dieses untereinander verbindende oder auch nicht verbindende Netz an Bezogenheiten der Gruppenmitglieder gestaltet sich durch verbale und non-verbale Kommunikation, die im Prozess der freien respektvollen Kommunikation Bedeutung und Sinn entstehen lassen.

Als Resultat solcher Formen interpersoneller Kommunikation benannte der Gruppenanalytiker Foulkes das hypothetische Netzwerk »Matrix« oder »Gruppenmatrix«. Dieses hypothetische Gewebe wirkt durch die kommunizierten interpersonalen Bezogenheiten einerseits und dem Ausbilden eines von Übertragungen geprägten Gruppenmusters, der Gruppe als Ganzer, andererseits (Foulkes, 1992/1950, S. 66). Bezogen auf die Prozesse in Gruppen verwendete Foulkes bereits 1950 den Begriff der dynamischen Matrix. Foulkes definiert die Matrix einer Gruppe, wie ich das bereits zu Beginn des Theorieteils ausführte, mit folgenden Worten:

> Die Matrix ist das hypothetische Gewebe von Kommunikation und Beziehung in einer gegebenen Gruppe. Sie ist die Basis, die letzten Endes Sinn und Bedeutung aller Ereignisse bestimmt und auf die alle Kommunikationen, ob verbal oder

nicht verbal, zurückgehen. Dieses Konzept hängt mit dem der Kommunikation zusammen. (Foulkes, 1992, S. 33)[33]

Die intrapsychisch und intersubjektiv/interpersonal sich ausbildenden Netzwerke oder Matrizen weisen jeweils auf einen gemeinsamen Erfahrungsgrund hin. Dieser metaphorische Grund an Wissen und Erfahrung versteht sich als gemeinsam geteilte Sprache und Kultur, common shared ground. Foulkes wählte 1960 dafür den Begriff der Grundlagenmatrix. Ob diese Grundlagen des gemeinsam geteilten Wissens in den Gruppenmitgliedern vorhanden sind oder ob diese erst im Gruppenprozess gebildet werden, ist ein eigenes Thema, das im Abschnitt 2.7 Common-Ground-Aktivität behandelt wird (▶ Kap. 2.7).

Der britische Gruppenanalytiker John Schlapobersky (2016) diskutiert das Matrix-Modell von Foulkes (Schlapobersky, 2016, S. 339 ff.). Für ihn ist wichtig herauszuarbeiten, dass dieses gruppenanalytische Modell immer mit der aktuellen Ebene, dem real zueinander Gesprochenen beginnt und endet. Die gelebte Realität der Gruppenmitglieder mit ihrem gegenwärtigen Denken und Fühlen, was sie, wie, warum und wofür besprechen, ist der Träger auch der unbewussten Faktoren. Hier zeigt sich, wie wirksam, hilfreich und heilsam die Gruppe und die einzelnen füreinander sind.[34] Die Gruppenmitglieder bilden in aller Regel eine Gruppenidentität heraus, die als »Gruppenselbst« und damit als ein gemeinsam wirkendes Drittes verstanden werden kann (Braun, 2012, S. 472 ff.).

In den letzten Jahren entstand ein zusammenführender Gedanke, der versucht, die dynamische Matrix einer Gruppe, die individuellen Matrizen der Teilnehmenden und die Grundmatrix in einem Konzept und in der obigen Abbildung dargelegten Differenzierung zu erfassen. Alle drei Anteile – individuelle, auf eine Gruppe bezogene und Grundlagenmatrix – können nur sinnvoll zusammen gedacht werden, weshalb Earl Hopper

---

33 Historisch ist von Bedeutung, dass bereits Trigant Burrow den Begriff der sozialen Matrix für die Beziehungen innerhalb einer Gruppe zwischen den Gruppenmitgliedern verwendete (Pertegato & Pertegato, 2013, S. xlix)
34 John Schlapobersky, stellt in einer Übersicht die Beschreibung von Foulkes (1964) neben seine modernere Formulierung, die interpersonale Interaktionen und ihre intrapsychischen Repräsentanzen noch mehr in den Blick zu nimmt. Dem interessiert Lesenden empfehle ich in seinem Lehrbuch das nachzuvollziehen (Schlapobersky, 2016, S. 339 f.).

und Dieter Nitzgen von einer »tri-partite Matrix« (Hopper und Nietzgen, 2017; Weimer, 2022, S. 287) ausgehen. Das Konzept der dreigliedrigen Matrix werde ich immer wieder verwenden und voraussetzen.

2.6.4 Kategorisierungen

Zusammenfassung

Struktur – Prozess – Inhalt sind Kategorien, die Gruppen komplex beschreiben. Okkupation, Lokalisation, Spiegelung und Transformation stellen Kategorien des Denkens dar, um Gruppenprozesse besser identifizieren zu können und entsprechend diesen Orientierungen als Gruppenpsychotherapeut etwas dazu zu sagen, zu intervenieren. Verlaufsmarker eines Gruppenprozesses wie Anfang, Differenzierung mit bezogenem Arbeiten und Abschied sind für Gruppenpsychotherapeuten handlungsleitend.

Die folgenden ordnenden Einteilungen dienen der Beschreibung von Gruppen, ihren Rahmenbedingungen, ihrem Verlauf und worum es inhaltlich geht.

Struktur, Prozess und Inhalt

Zusammenfassung

Mit den drei Dimension Struktur, Prozess und Inhalt lassen sich Gruppen mit ihren Rahmenbedingungen, ihren Veränderungen und inhaltlich beschreiben.

Gruppenabläufe lassen sich auf verschiedene Weisen beschreiben. Eine wichtige besteht darin, die Dimensionen Struktur, Prozess und Inhalt für die Einordnung des Gruppengeschehens zu nutzen (Schlapobersky, 2016, S. 223 ff. mit Bezug auf Foulkes und Anthony, 1957; Roberts, 2000, mit

2.6 Gruppe

Bezug auf de Maré, 1977). Die Dimension der *Struktur* umfasst Merkmale der äußeren Rahmenbedingungen und einer die Gruppe innerlich strukturierenden Prozesse. Zu den äußeren Rahmenbedingungen gehören die vertragliche Klärung von Ort, Zeit, Verschwiegenheit, Geld und dem allgemeinen Ablauf der Gruppensitzungen. Eine innere Strukturierung einer Gruppe erfolgt durch das Entwickeln einer Gruppenkultur. Weil Strukturen emotionale Spannungen, Angst und Scham, Aggression und Destruktion binden, bilden die Teilnehmenden schnell Normen heraus, um weniger Angst voreinander zu haben. So beginnt jemand zu sprechen und tut dies mehrfach in verschiedenen kritischen Situationen (Du rettest uns oft aus peinlichen Situationen, weil du anfängst zu sprechen. Das hilft mir, mich zu sortieren. Oder: Die Gruppenmitglieder beginnen immer in einer vereinbarten Reihenfolge zu sprechen. Auf diese Weise wird die Gruppensituation strukturiert und berechenbarer.)

Mit dem Herausbilden von ersten Gruppennormen ist zugleich der erste Aspekt der *Prozess*-Dimension (Beginn-Verlauf-Ende einer Gruppensitzung) benannt. Alle Phänomene, die im Verlauf einer Gruppensitzung und der Gruppensitzungen im Verlauf der Entwicklung von Teilnehmenden, ihren Beziehungen untereinander und der Gruppenmuster auftreten, gehören zur Kategorie des Prozesses. Im *Inhalt* des Prozesses geht es zu Beginn und immer wieder aufs Neue um die Grenzen zwischen dem als Person Dazugehören oder Nicht-Dazugehören, zwischen Macht und Ohnmacht, zwischen Nähe und Distanz in Verbindung mit sich zuneigender Offenheit und sich verschließendem Rückzug (vgl. Schutz, 1958). Daraus entsteht eine Gruppenkultur, die aus einer Kultur der Zugehörigkeit, des Umgangs miteinander sowie der Erforschung und Ermittlung von neuem Wissen hervorgeht (Neri, 2006, S. 258f.).

Okkupation, Lokation, Spiegelung, Translation, Interpretation

Zusammenfassung

Wenn eine therapeutische Gruppe von einem Thema okkupiert ist, lokalisiert sich dieses meist unbewusst in den Äußerungen eines Teilnehmenden oder in der Interaktion zwischen zweien oder dreien.

2 Theorie

> Durch die anderen Gruppenmitglieder wird dieses emotionale und kognitive Thema gespiegelt und schließlich zu einer Bedeutung übersetzt. Häufig entstehen dadurch psychosoziale Veränderungen in den Teilnehmenden, die sich durchaus sowohl als Hinweise für Gesundung als auch in einer Umstrukturierungsskala abbilden lassen.

Der Begriff der *Okkupation* umfasst den Anlass und die mitgedachten Aufgaben einer Gruppensitzung. Der Begriff ist motivational bestimmt. Die Hoffnung auf und der Wunsch nach Verbesserung leidvoller psychischer Symptome bzw. die Auflösung dysfunktionaler psychisch-sozialer Zustände gehören dazu (Foulkes, 1992, S. 165). Auf der Ebene des Sozialen und Kulturellen wirken sowohl traumatische als auch Heldengeschichten mitunter auf Zustände der »Kernidentität« der Gruppenmitglieder ein (Volkan, 2005, S. 30ff.). Vordergründige Themen aber okkupieren das Denken und Handeln der Teilnehmenden und hindern sie daran, persönlich oder konflikthaft miteinander Kontakt aufzunehmen.

Bei Foulkes findet sich der Begriff der *Lokation* mehrfach. Damit beschreibt er eine Manifestation eines Gruppenphänomens, wonach ein Thema, zu dem sich eine bestimmte Person in einer Gruppe äußert, meist ganz ähnlich von anderen gefühlt oder gedacht, aber nicht ausgesprochen wird. Die Gestalt von Figur und Hintergrund verwendet Foulkes zur Verdeutlichung dieses Gruppenphänomens (Foulkes, 2007, S. 165). Das Konzept der Lokation kann dahingehend weitergedacht werden, dass sich Gruppenthemen ebenso in Personen (Personifikation) wie in dyadischen oder triadischen Vorgängen in der Gruppe oder als Mitteilungen von einzelnen als Repräsentanten einer Subgruppe (beispielsweise spricht eine Teilnehmerin für Muslime, ein anderer für katholische Christen, eine dritte für Menschen jüdischen Glaubens, die zugleich säkular eingestellt sind) zeigen.

Eine *Spiegelreaktion* nach Foulkes (1992) beschreibt, wie sich das Gefühlte eines Gruppenmitglieds in den Erzählungen anderer Gruppenmitglieder wiederfindet. Das kann übereinstimmend sein oder gar wie ein Gegenpol wirken. Wir kennen das in den Begriffen der konkordanten (gleichartige) und komplementären (gegensätzlich ergänzende) Gegenübertragung.

2.6 Gruppe

Der vierte Begriff der *Translation* meint den kommunikativen Übersetzungsprozess vom Nichtwissen zum Wissen, von Sprachlosigkeit zu Sprachmächtigkeit, der Bewusstwerdung von vorher unbewussten, unbekannten oder nur geahnten Zuständen, die damit klarer werden, für einzelne als auch für die gesamte Gruppe (Foulkes, 2007, S. 166). Der Begriff der *Interpretation* in Erweiterung und Abgrenzung zur Translation wurde von Foulkes erst 1975 eingeführt, um Angebote des Verstehens von Widerstand, von Übertragungsphänomenen, von Gegenübertragungs-Reaktionen oder Bezüge zu Kindheitserfahrungen in Gruppen herzustellen. Schlapobersky stellte deshalb drei Prinzipien therapeutischer Interventionen in einem dynamischen Dreieck zusammen: Lokation, Translation und Interpretation (Schlapobersky, 2016, S. 444 ff.)

Im folgenden Absatz versuche ich diese fünf Begriffe zusammenhängend zu illustrieren. Eine Gruppe von Patienten ist von dem Thema, psychisch gesund zu werden, überzeugt und in diesem Sinne besetzt, also *okkupiert*. In der Symptombeschreibung einer Patientin, die ihre Angst vor einer Infektionskrankheit (Corona) schildert und dabei eher mit Unverständnis der anderen rechnet (Szene, in der sich das aktuelle Thema *lokalisiert*), reagiert die Gruppentherapeutin markiert spiegelnd, indem sie die geäußerte Angst der Patientin in betonter Form aufgreift. Die Therapeutin findet Worte einer vorsichtigen *Deutung* wie: »Die Angst vor einer Ansteckung in der Straßenbahn und auch vielleicht hier in der Gruppe für Sie verunsichert und ängstigt Sie massiv. Das kann ich irgendwie körperlich spüren.« Diese Intervention schien die Patientin zu erreichen und zu beruhigen. Ein Patient aus der Gruppe meinte jedoch dazu, dass er sich gar nicht vorstellen könne, dass die Gruppentherapeutin sich so stark einfühlen könne, weil sie doch nicht krank werde. Er aber hatte diese Erkrankung und wisse, wie viel Angst er durchlitt. Die Gruppe greift die zuerst in der Patientin lokalisierte Angst auf und unterscheidet zwischen sich einfühlen können und es auch nicht können. Es lagen biografische Gründe vor, die das Misstrauen verständlich machten. Damit wird etwas von der Gruppe interpretiert und gestaltet. Es gibt Verstehen und Nicht-Verstehen. Hier beginnt eine *Transformation* der Ängste und des Misstrauens bei einigen Patienten untereinander, zur Gruppentherapeutin und als Gesamterfahrung in der Gruppe, in der Ängste beruhigt und im Vertrauen Misstrauen seinen Platz haben kann.

2 Theorie

Entwicklungsphasen in einer Gruppe

> **Zusammenfassung**
>
> Die Phasen einer Gruppenentwicklung zu kennen, gehört zum Rüstzeug. Ob ein Gruppenprozess am *Anfang* ist, im Verlauf mit *Differenzierung*, befasst mit dem Ringen, negative Übertragungen zu ermöglichen und zu *transformieren* oder ob sich der Prozess der Gruppe in der *Verabschiedung* befindet, erfordert von Gruppentherapeuten unterschiedliche Haltungen und damit Interventionen.

Im Verlauf von Gruppenprozessen gibt es unterschiedliche Phasen, anhand derer sich die Entwicklung von Kommunikation und Bedeutung in Form unterschiedlichster Themen beschreiben lässt – sowohl bei den Teilnehmenden als auch bei deren Fähigkeit, miteinander Probleme zu bearbeiten. Diese bestehen aus Prozessabschnitten mit spezifischen Aufgaben für die Gruppenleitenden und die Gruppe. Die in der Sache nah beieinanderstehenden Autoren wie W.C. Schutz, K. Höck, B. Tuckman, I.D. Yalom, K.R. MacKenzie, S.H. Foulkes und J.R. Schlapobersky haben zum Teil unterschiedliche Begriffe für die Beschreibung von Entwicklungsphasen verwendet. Wir wollen uns auf den Vergleich von Schutz und Schlapobersky beschränken.

Der Psychologe William C. Schutz beschreibt Gruppenprozesse anhand von drei Fragen, die jede Gruppe für sich klärt: 1.) Wer gehört zur Gruppe? Wer wird ein- oder ausgeschlossen? 2.) Wer hat welche Macht, und welche Normen gelten? 3.) Wie offen können wir miteinander sein? (Schutz, 1958, S.3, übersetzt von S. Alder) Für Schutz, der als einer der ersten zu diesen Gruppenprozessen forschte, kristallisieren sich aufgrund dieser Fragen drei Entwicklungsschritte bei der Entstehung von Gruppen heraus, die er mit den folgenden drei Stichworten kennzeichnet: 1. Inclusion, 2. Control, 3. Affection (ebenda).

Der Gruppenanalytiker Schlapobersky fand etwa 60 Jahre später »Engagement« als Oberbegriff für den Gruppenbeginn. Damit betont er den Einsatz der Gruppenleitenden und aller Teilnehmenden für das Dazugehören, das Bedürfnis nach »Inklusion« (inclusion). In Anlehnung an

2.6 Gruppe

Yalom (2005b) bezeichnet er die zweite Aufgabenphase, die Schutz »Control« nennt, mit dem Begriff der »Autorität«. Damit hebt er den Prozess der Aushandlung von Positionen innerhalb der Gruppe hervor. Oft müssen erhebliche Ängste ausgedrückt, miteinander reguliert und verstanden werden. Ebenso treten Schamgefühle auf, sich unangemessen gegenüber anderen zu zeigen. Neidgefühle oder Konflikte um Autorität, Autonomie und Kontrolle sind gemeinsam zu regulieren. Gemeinsame Normen des Miteinanders werden so ausgehandelt. Die dritte Aufgabenphase schließlich, die sich mit dem Ausprobieren und Herstellen von Offenheit, Nähe und Intimität im Wechsel mit Distanz und Befremden befasst – bei Schutz Zuneigung (affection) – nennt Schlapobersky kurz: »Intimicy«. Dabei entwickeln die Gruppenmitglieder Vertrauen, verbunden mit wechselseitiger Empathie (Schlapobersky, 2016, S. 96). Schlapobersky fügt diesen drei Prozessaufgaben nun noch zwei weitere hinzu: »Veränderung« (Change) und »Beendigung« (Termination) (Schlapobersky, 2016, S. 96f.). Veränderung meint neue Einsichten und emotionale Erfahrungen. Der Beendigungsphase kommt immer eine gesonderte Bedeutung zu, weil nun wahrgenommen werden kann, was Gruppenmitglieder über die Gruppenerfahrung hinaus an gemeinsamem Erleben mitnehmen können. Zusammengefasst sind es die fünf Gruppenprozess-Stadien und -aufgaben: Engagement – Autorität – Intimität – Veränderung – Beendigung.[35]

---

35 Die zuerst beschriebenen fünf Entwicklungsphasen und deren Aufgaben für Gruppen fügen sich unkompliziert in die vier Gruppenstadien ein (siehe Kap. 4.1). Das Etablieren der Gruppe beinhaltet das Engagement und das Verhandeln der Autoritäten. Die Konsolidierungsphase umfasst die Themen des Haltens, des Einbeziehens von Erinnerungen, die die Vergangenheit, Gegenwart und die Außenwelt betreffen. Die kreative Phase meint neben dem Wagen von Vertrauen und Intimität Möglichkeiten zu Zweifel und Veränderung. Die Phase der Beendigung markiert die Begrenztheit und den Wert der gemeinsamen Erfahrungen. Zum Einbeziehen der negativen Übertragung und des Kipp-Prozesses ▶ Kap. 3.4.9

2.7 Common-Ground-Aktivität

> **Zusammenfassung**
>
> Ein gemeinsam geteiltes Wissen einer Gruppe entsteht beispielsweise, indem aus einer Empfindung, einer Sinneswahrnehmung mit einer Metapher ein konversationelles Objekt (vgl. Buchholz, 2017) mit Sinn und Bedeutung in der Gruppe geschaffen werden kann.

Wie entsteht eine gruppeninterne Sprache, die sich gemeinsamer Erlebnisse und Sprachbilder, die als Symbole oder als Metaphern verstanden werden, bedient? Ich möchte hier den Gedanken verfolgen, wonach eine Gruppe und ihre Mitglieder durch das Wahrnehmen und Einbeziehen äußerer Objekte (Personen, Tiere, Gegenstände), die sie in der Gruppenkommunikation metaphorisch nutzen, das gemeinsam bekannte Wissen begründen und erweitern. Dabei entstehen neue Metaphern, die dann für die Gruppe spezifisch sind. So entsteht das hypothetische Gewebe an Beziehungen und Bezogenheiten, das Foulkes die dynamische Gruppenmatrix nannte. Wenn Menschen miteinander sprechen, beziehen sie sich auf das kleinste gemeinsame Wissen und bauen dieses Wissen beständig aus. Dieser »gemeinsame Hintergrund beinhaltet alles, was wir beide wissen (und wissen, dass wir es beide wissen usw.)« (Tomasello, 2009, S. 86). Dieser »common ground« schließt das Wissen um das Wissen des anderen mit ein: Ich weiß, dass der andere weiß und fühlt, dass ich weiß und fühle, dass er weiß und fühlt, dass ich weiß und fühle. So kann eine Gruppe fremder Menschen aus verschiedenen Kulturbereichen entdecken, dass sie keine Filme, keine gemeinsamen Bekannten, keine gemeinsamen Idole oder ähnliches fanden, aber sie waren fast alle Kinder von Eltern, die eine Fluchterfahrung teilten. Damit begannen sie ins Gespräch zu kommen. Gerade in Gruppenprozessen wie in Therapiegruppen in städtischen Krankenhäusern und ambulant, in denen die Patientinnen und Patienten zunehmend aus unterschiedlichen Kulturkreisen stammen, kommt der Etablierung eines *Common Ground* eine essentielle Bedeutung zu. Wie entsteht ein gemeinsamer Hintergrund an Wissen und Erfahrung in einer

2.7 Common-Ground-Aktivität

Gruppentherapie? Ein *Common Ground* entsteht beispielsweise, indem aus einer Empfindung oder Sinneswahrnehmung mittels einer Metapher ein »konversationelles Objekt« geschaffen wird. So wird ein Hundegebell von einem Patienten aufgegriffen. Es ist ein nach Kontakt rufender Hund. Es ist ein einsamer Hund, meint ein anderer Patient. Aber es gibt jemandem, zu dem er gehört, meinte eine andere Patientin. Wer ist das wohl hier in der Gruppe – der einsame Hund, der nach seinem Herrn oder seiner Frau ruft? Das Gegenbild ist der umherstreunende freie Hund. Mit dieser Metaphernbildung kann in der Gruppe darüber gesprochen werden, was vorher nicht ausgedrückt werden konnte (Buchholz, 2017, S. 48). Eine Beziehungserfahrung kann somit in ein Bild gefasst werden. Buchholz beschreibt diesen Vorgang als Teil der *Common-Ground*-Aktivität in psychotherapeutischen Zweiergesprächen (2017, 2016). Mit mehreren Kollegen und Kolleginnen konnten wir bei internationalen gruppenanalytischen Konferenzen diese Common-Ground-Aktivität in Gruppen untersuchen (Alder, M.-L.; Alder, S.; Jacob-Bekfani, T.; Mahlstedt, C., 2021, S. 334 ff.; Alder & Alder, 2019, S. 390 ff.). Wir beschrieben mit Bezug zu Buchholz (2016) als erste Ebene die Transformation eines für die Interaktionsteilnehmer sichtbaren oder hörbaren Objekts (Hundegebell) in ein konversationelles Objekt (Hund). Als zweite Ebene werden konversationelle Objekte im Gesprächsverlauf eingebunden (der Kontakt suchende Hund). Auf der dritten Ebene werden konversationelle Objekte in Beziehung gesetzt (etwa: A verhält sich zu B wie A zu C). Und auf der vierten, höchsten Ebene werden für diese Beziehung neue metaphorische Objekte kreiert. So kommt zum Hund die Katze und beide werden den Göttern in der ägyptischen Mythologie mit verschiedenen Eigenschaften, wie auch denen in der Gruppe, zugeordnet. Oder diese beiden streiten sich so unversöhnlich wie Hund und Katze es können. Diese Gesprächsfolge in einem Gruppenprozess führt zu dem, was Foulkes als das hypothetische Gewebe von Beziehungen zwischen den Gruppenmitgliedern beschreibt – die Matrix oder das kommunikative Netzwerk. Die Common-Ground-Aktivität macht das Entstehen der dynamischen Matrix in einer Gruppe nachvollziehbar.

Aus der Perspektive der Analytischen Psychologie wird damit die transzendente Funktion in Gruppen beschrieben. Diese transzendente Funktion ist ein Prozess, der »zwischen Gegensätzen vermittelt« (Samuels,

Shorter, Plaut, 1989, S. 221). Weiter heißt es im Wörterbuch der jungschen Psychologie: Die transzendente Funktion »drückt sich durch ein Symbol aus und erleichtert den Übergang von einer psychologischen Einstellung oder einem Zustand zu einem anderen.« (ebd., S. 221) Hier liegen das Verständnis von Metapher und Symbol nah beieinander. Ein aus mehreren Elementen bestehendes Etwas erschafft im Konflikt zwischen Bewusstem und Unbewusstem und in Zusammenhang mit verbindenden, trennenden und schmerzhaften Erfahrungsprozessen Symbole, die den Ausgangszustand verändern und zu transzendieren vermögen.

2.8 Geschichte – analytische Gruppenpsychotherapie mit jungianischen Beiträgen

Die Gründungsgeschichte der analytischen Gruppenpsychotherapie mit jungianischem Einfluss beginnt mit einer produktiven Zusammenarbeit zweier Pioniere ihrer Fächer. Es war eine Zusammenarbeit des aus dem nationalsozialistischen Deutschland geflohenen deutsch-jüdischen eigenständigen Freudianers Siegmund H. Foulkes mit der britischen Analytischen Psychologin (Jungianerin) und Kindertherapeutin Eve Lewis. Gemeinsam führten sie die ersten analytischen Gruppentherapien in Exeter (UK) durch (Foulkes & Lewis, 1945). Über zwei Jahre leiteten sie gemeinsam vier Patientengruppen mit insgesamt fünfzig Patienten. Zwei der Gruppen waren in einer Klinik (Gruppen M2 und W2) und zwei ambulant (Gruppen M1 und W1). Diese gemeinsame Arbeit wurde im British Journal of Medical Psychology 1945 veröffentlicht (Foulkes & Lewis, 1945, S. 174–185).[36] Foulkes und Lewis beginnen ihren Aufsatz mit ihrer sie beeindruckenden Erfahrung, dass die Gruppentherapie ihrer beider Er-

---

36 Foulkes selbst datierte das Erscheinungsjahr in seinen Büchern immer mit dem Jahr »1944« (Foulkes, 1992, S. 42). Den Hintergrund für die zeitliche Differenz konnte ich nicht aufklären.

2.8 Geschichte – analytische Gruppenpsychotherapie

wartungen nicht nur erfüllte, sondern weit überstieg. (»In our experience the group treatment has not only fulfilled but far exceeded our expectations« (Foulkes & Lewis, 1945, S. 175). Lewis und Foulkes arbeiteten mit Patientengruppen zwischen fünf und zehn Mitgliedern. Dabei war ihnen wichtig, den Begriff der Massenbehandlung negativ zu thematisieren, um deutlich zu machen, dass die Aufmerksamkeit der Therapeuten sich sehr auf die einzelnen Personen konzentrierte und nicht auf eine anonyme Masse als Gruppe. Darüber hinaus war ihnen eine konstante und zuverlässige Teilnahme aller Patienten in den Gruppen wichtig. So schrieben sie:

> Was die Patientenzahl anbetrifft, kann keine strenge Regel aufgestellt werden, es muss jedoch betont werden, dass es sich um eine Gruppen- und nicht um eine Massenbehandlung handelt. Persönlicher Kontakt mit jedem Teilnehmer, auch wenn man mit ihm nur in der Gruppe zusammentrifft, muss aufrechterhalten bleiben. Wenn möglich, sollte die Behandlung durch eine gründliche Einzeltherapie ergänzt werden. Plötzliche Änderungen in der Zusammensetzung der Gruppe widersprechen ihrem Grundcharakter. Eine gewisse Kontinuität der Basis ist notwendig. Gleichzeitig ist eine mäßige Fluktuation von Vorteil. Sie verringert die Gefahr der Stagnation für die Gruppe. Glücklicherweise fällt dieses Erfordernis mit den tatsächlichen Umständen zusammen. (Foulkes, 1992, S. 61; Foulkes & Lewis, 1945, S. 184)

Ein Zitat zum Thema Paarleitung soll den Eindruck von diesem ersten Erfahrungsbericht zur Gruppenanalyse von Foulkes und Lewis abschließen. Sie schreiben, dass sie

> die Gruppen grundsätzlich gemeinsam (leiteten) und können diese zwar aufwendige Arbeitsweise nur wärmstens empfehlen. Es ergab sich, dass während des letzten Jahres die Gruppe »M2« hauptsächlich nur von mir geführt wurde, während Mrs. Lewis W 2 allein leitete. Momentan vereinfachte das die Führung, aber gewisse Übertragungsreaktionen können sich besser entwickeln, wenn zwei Analytiker verschiedenen Geschlechts zugegen sind. (Foulkes, 1992, S. 45; Foulkes und Lewis, 1945, in Klammern ergänzt von S. Alder)

Mehrere Therapeuten gingen nun den Weg, mit Patienten therapeutisch-analytisch in Gruppen zu arbeiten. Als weitere Pioniere, Gründerväter und -mütter der jungianisch beeinflussten Gruppenanalyse gelten in den 1950er und 1960er Jahren Robert F. Hobson in London, Edward C. Whitmont in New York und William Willeford in Zürich. Als Analytischer Psychologe leitete Willeford in der Zürichbergklinik auf Basis der gruppentherapeutischen Konzepte von Hobson und Whitmont mehrere stationäre Patientengruppen. Für Deutschland soll Theodor Seifert aus Stuttgart Erwähnung finden, der ambulante Gruppen in den 1970er und 1980er Jahren leitete. Für Seifert war es »Gruppentherapie im Rahmen der Analytischen Psychologie« (1985, S. 173 ff.). Seifert selbst zitierte neben Jung nur Bion und Foulkes, wenn es um Gruppenpsychotherapie ging (vgl. Seifert, 1985, in Kutter, 1985, S. 190). In Italien wirkte seit den 1970er Jahren, soweit ich es dem Text entnehmen konnte, der jungianische Analytiker R. Fiumara an einer Universitätsklinik in Rom.

Abschließend möchte ich darauf aufmerksam machen, dass therapeutische Gruppenarbeit bereits in den 1920er Jahren mit Nicholas Trigant Burrow (1875–1950) ihren Anfang nahm. Burrow, ich bezeichne ihn als »Großvater der Gruppenanalyse«, hatte die Idee, die Psychoanalyse Freuds zu einer Gruppenanalyse, die er auch »soziale Analyse« nannte, weiterzuentwickeln. Burrow schrieb drei wichtige Texte zur Begründung seiner Gruppenanalyse mit Erwähnung von Jung und bekennend-werbender Haltung zu Sigmund Freud (Sandner, 2013, Burrow 1925, 1926, 1928 in Pertegato & Pertegato, 2013). Dieter Sandner hat sich mit den Texten von Burrow ausführlich in seinem Buch: »Das Unbewusste und die Gruppe« (Sandner, 2013) beschäftigt. Daraus geht hervor, dass diese Aufsätze seit den 1950er bis 1990er Jahren für die meisten Gruppentherapeuten unbekannt blieben. Dieter Sandner hat viel dafür getan, dass diese Texte inzwischen rezipiert werden. Wir können daraus erfahren, wie Burrow in den 1920er Jahren mit fünf bis zu zwanzig, dann aber in Gruppen von fünf bis zehn Patienten analytisch arbeitete. Die Möglichkeit als Patient sowohl Beobachter und Beobachteter im Gruppenprozess zu sein, hob er ebenso hervor wie die Notwendigkeit, die gefundenen Einsichten in der Gruppe durch die Patienten miteinander zu validieren. Über Sandner wissen wir, dass Foulkes seine wichtigen Konzepte wie das der Matrix und das Behandeln in Kleingruppen Burrow verdankt (Sandner, 2013, S. 28).

2.9 Zur Wirksamkeit und Effektstärke von Gruppenpsychotherapie

Die therapeutische Wirksamkeit von psychodynamischer Gruppentherapie ist bemerkenswert hoch.

In Wirksamkeitsstudien und sich darauf beziehenden Metaanalysen zeigen sich in über 80 % gute und sehr gute Ergebnisse verbunden mit Effektstärken zwischen 0,59 und 2,13 (Schultz-Venrath, 2013, S. 43 f.) Eine Effektstärke als statistisches Maß, das eine relative Größe eines Effekts angibt, gilt mit 0,2 als gering, mit 0,5 als mittel und mit 0,8 als groß (Poscheschnik, 2012, S. 102 ff und 129; Strauß, 2022, S. 185 ff.; Schultz-Venrath, 2013, S. 44). Ähnlich sehr gute Effektstärken – »bedeutsame Verbesserungen mit Effektstärken bis zu 1,72« – sind für die psychodynamischen Behandlungen von psychisch traumatisierten Patienten dokumentiert (Wöller, 2008, S. 533).

Das ist im Durchschnitt die doppelte Wirksamkeit im Vergleich zu Psychopharmaka (Schultz-Venrath, 2013, S. 44), die ebenfalls therapeutisch relevant sind. Auch hierbei werden Patienten mit einer Kontrollgruppe, die nicht therapiert wird, miteinander verglichen.

3 Praxisteil

Praxis ist angewandte Theorie und Theorien sind Versuche, praktische Erfahrungen und wissenschaftlich gewonnene Erkenntnisse aus Studien systematisch darzustellen.[37] Als Gruppenpsychotherapeutinnen und Gruppenpsychotherapeuten benötigen wir theoriegeleitetes Reflektieren von Psychotherapie in der Gruppe und ebenso von Erfahrung durchdrungene Theorie. Die Praxis der Gruppenpsychotherapie beginnt in der Bundesrepublik Deutschland mit einem Psychotherapeuten bzw. einer Psychotherapeutin in einer ambulanten freiberuflichen, vertragspsychotherapeutischen bzw. vertragsärztlichen Arbeitssituation. Sie können ebenso angestellt in einer Klinik für Psychiatrie, Psychosomatik mit Psychotherapie, in einer Tagesklinik oder Rehabilitationseinrichtung arbeiten. Schließlich ist das Führen einer privat geleiteten Praxis möglich. Alle Psychotherapeutinnen und Psychotherapeuten bedürfen einer theoretischen Qualifizierung verbunden mit Selbsterfahrung und Supervision für die selbst geleiteten Gruppentherapien im Prozess der Aus- und Weiterbildung. Danach hat man die Möglichkeit, nach der Diagnostik (psychia-

---

37 An dieser Stelle bin ich an Immanuel Kant (1724–1804) erinnert: »Gedanken ohne Inhalt sind leer, Anschauungen ohne Begriffe sind blind« oder etwas anders zitiert: »Denken ohne Erfahrung ist leer. Erfahrung ohne Denken ist blind« Mit den Worten von Kant aus seinem Werk »Kritik der reinen Vernunft« von 1787 steht im Abschnitt zur transzendentalen Logik folgendes.: »Ohne Sinnlichkeit würde uns kein Gegenstand gegeben, und ohne Verstand keiner gedacht werden. Gedanken ohne Inhalt sind leer, Anschauungen ohne Begriffe sind blind. Daher ist es ebenso notwendig, seine Begriffe sinnlich zu machen (d. i. ihnen den Gegenstand in der Anschauung beizufügen), als, seine Anschauungen sich verständlich zu machen (d. i. sie unter Begriffe zu bringen)« (Kant, 1787/ 2014, S. 114 f.).

trischen/psychosomatischen und psychotherapeutischen) mit den Patienten eine Indikation für oder gegen eine Psychotherapie in einer Gruppe oder in einer Dyade zu stellen. Selbst therapeutisch aktiv zu werden, schließt sich an. Den diagnostischen Abschnitt bereits als einen Teil des gesamten therapeutischen Prozesses zu verstehen, sei hier bereits vermerkt.

Im Folgenden beginne ich mit der Darstellung der Kriterien zur Indikation einer Gruppenpsychotherapie, um anschließend das Erstgespräch oder die ersten eine Psychotherapie vorbereitenden Gespräche zu umreißen. Es schließen sich Hinweise zur Anamnese, zu Befund, Diagnosestellung und Therapieplanung an. Dabei widme ich einen Abschnitt der therapeutischen Haltung. Wie eine Gruppenpsychotherapie für einen neuen Patienten oder Patientin beginnen kann, beinhaltet der nächste Abschnitt. Ein Nachdenken über Wirkfaktoren als »therapeutische Faktoren in Gruppen« (Strauß, 2022, S. 140f.) darf nicht fehlen. Das zentrale Kapitel zu Zielen und Interventionen für das praktische therapeutische Arbeiten liegt mir besonders am Herzen. Hier kommen die Theorie und die Praxis auf fruchtbare Weise zusammen. Darauf aufbauend beschreibe ich Besonderheiten der stationären und der ambulanten Gruppenpsychotherapie.

3.1 Indikation und Kontraindikation zur Gruppenpsychotherapie

> **Zusammenfassung**
>
> Alle Patienten sind für eine gruppenpsychotherapeutische Behandlung geeignet; es gibt zu begründende Ausnahmen.

Die zentrale Frage vor Beginn einer jeden Behandlung lautet, ob eine Gruppenpsychotherapie indiziert ist. Als Alternativen gelten stets die Einzelpsychotherapie in der Dyade, eine Paartherapie (wenn ein umschriebener Paarkonflikt vorherrscht), eine vorerst medikamentöse psychiatrische oder/und internistische Behandlung, weitere Beratungssitzungen oder keine Psychotherapie.

Grundsätzlich sind jeder möglichen Psychotherapie klärende Gespräche zwischen Patienten und Psychotherapeuten vorangestellt. Darin wird vor der Behandlung die Symptomatik mit dem damit verbundenen Leidensdruck der jeweiligen Patienten mit ihrer Geschichte gehört. Generell ist es wichtig zuzuhören, seit wann, im Kontakt mit wem und wie all das Leiden (Erschöpfungszustände, Ängste, depressive Stimmungen, Zwangsideen, dissoziatives Erleben, Traumafolgestörungen, Schmerzen, sexuelle, aggressive, existenzielle, religiöse oder strafrechtlich relevante Konflikte, Suizidgedanken, Suchtverhalten, Schwindel oder Schlafstörungen) für die betroffene Person beschrieben wird, wann die Probleme das erste Mal auftraten und wie aktuell diese sind. Welche typischen interpersonellen Szenen oder Zustände beschreibt der Patient bzw. die Patientin? Wichtig ist dabei zu beachten, in welchen Verbindungen, mit welchen anderen Menschen, Gruppen und Institutionen die jeweiligen Symptome oder Veränderungen spürbar und immer wieder beeinträchtigend sind. Zudem ist die interpersonale Szene im Feld zwischen dem Patienten und mir als Untersucher im Hier und Jetzt bedeutsam.

Zunächst stellt sich die Frage: Was spricht für eine Gruppenpsychotherapie? Grundsätzlich gehe ich davon aus, dass jeder Patient, jede Patientin in einer Gruppe behandelt werden kann, von wenigen Ausnahmen abgesehen. Diese Ausnahmen (Kontraindikationen) sind bedeutsam und gelten unter folgenden Voraussetzungen:

1. Jemand möchte unbedingt, warum auch immer, in der Dyade, also einzeln mit dem Psychotherapeuten sprechen.
2. Patienten im Zustand akuter Suizidalität mit begrenzter Absprachefähigkeit, wenn diese für einen Patienten schon vor Beginn der Therapie in Gegenwart der Psychotherapeuten dominant ist,
3. Patienten mit ständigen dissoziativen oder paranoid-halluzinatorischen Zuständen und
4. Patienten mit ausgeprägt antisozialen Haltungen sollten ebenfalls nicht im Rahmen einer Gruppenpsychotherapie behandelt werden.

5. Soweit bekannt, sollen und dürfen auf der Seite der Psychotherapeuten zu den Patienten keine privaten, freundschaftlichen, beruflichen oder anders geartete Abhängigkeiten bestehen, auch aus früherer Zeit nicht. Das gilt auch für die Gruppenteilnehmenden untereinander.

Schlussendlich ist die Indikationsstellung eine Entscheidung der beteiligten Personen und Institutionen. Meine Empfehlung lautet: Wenn ich als Gruppentherapeut angesichts des Patienten überzeugt bin, dass eine Gruppenpsychotherapie sinnvoll ist, sage ich das der Person und höre, wie er oder sie darauf reagiert. Bei Bedenken gegen das Gruppensetting frage ich nach seinen – positiven wie negativen – Erfahrungen in Gruppen. Für Psychotherapie in einer Gruppe sprechen die höhere Komplexität, sowie die Tatsache, dass mehr Wissen und mehr Erfahrungen von anderen zur Verfügung stehen. Auch eine Aussage des Therapeuten wie, »Ich kann Sie mir gut in meiner Gruppe vorstellen«, ist, sollte sie zutreffen, möglich. Die schließlich im Konsens gefundene Entscheidung markiert die Etablierung einer therapeutischen Kultur.

3.2 Erstgespräch 1, Einstieg, diagnostische Fragen als intersubjektive Szene und Erzählung

Zusammenfassung

Wie beginne ich ein diagnostisches Gespräch? Alles, was dabei verbal und nonverbal geschieht, ist von hoher Bedeutung für alle Beteiligten und für den Verlauf. Die Verantwortung liegt bei den Professionellen.

Mit der Erstbegegnung zwischen dem Psychotherapeuten und dem Patienten beginnt der interaktive ko-kreative Prozess. Dabei ist der Psychotherapeut immer unwissend und an seinem Gegenüber in seiner/ihrer

Unverfügbarkeit (Rosa, 2018, S. 43) hinsichtlich der persönlichen Freiheit, Autonomie, Selbstverantwortung und seinem Bezogen Sein zu anderen interessiert. Mit der Frage: »Was führt Sie zu mir?«, kann in einer umschriebenen Zeit (entweder 20–30 oder 50 Minuten) ein erster Raum geöffnet werden, ohne etwas vorzugeben oder spezifische Fragen zu stellen. Die unbekannte Person (Patient) ist eingeladen zu sprechen, da zu sein und sich mir als Zuhörendem mitzuteilen. Was sich in diesen Minuten szenisch herstellt, wie das Sprechen, die Mimik und Gestik wirken, welche Gefühle, Körperreaktionen, Fantasien und Gedanken sich beim beobachtenden und Anteil nehmenden Untersucher, Diagnostiker und möglichen späteren Behandler einstellen, ist von diagnostischer und ebenso prognostischer Bedeutung. Bildet sich schon zu Beginn etwas Gemeinsames, etwas Drittes, heraus?

Der Psychotherapeut begrüßt den Patienten mit oder ohne Blickkontakt, mit oder ohne ihm oder ihr die Hand zu geben. Dabei stellt er sich mit Namensnennung – was ich empfehle oder ohne diese, was vorkommen kann und reflektiert werden sollte – vor. Seine Haltung bestimmt die Qualität der ersten Begegnung, worauf sich Patienten in der Regel einstimmen.

Wie erwidert der Patient oder die Patientin dieses erste Beziehungsangebot?

Wer setzt sich auf die angebotenen Stühle, wann und wie hin? Wie beginnt der ko-kreative Dialog? Ko-kreativ nenne ich dieses Beziehungsangebot, weil beide Personen die Beziehung mehr unbewusst als bewusst gestalten, gerade, wenn der Psychotherapeut oder die Psychotherapeutin freundlich-neutral und einladend-abstinent sein will.

Patienten ihrerseits wirken mit ihren Anliegen, ihrer Not und wie sie diese kommunizieren, auf den Therapeuten ein. Beide Personen kommen in einen Prozess gegenseitiger Wechselwirkung. Sie kommen miteinander in Resonanz. Meist wurde vorher schon anderes gesagt und wechselwirkend ausgetauscht. Ich denke dabei an Bemerkungen des Patienten, der sagt, dass es in der Praxis hell wirke oder dunkel, er oder sie mal schnell zur Toilette müsse, der zehn Minuten zu früh oder zu spät kam. An dieser Stelle kann der das Gespräch Führende entscheiden, ob das freie Sprechen ohne konkrete Fragen und ohne anamnestisches Nachfragen angemessen ist oder nicht. Bleibt der Psychotherapeut nach der offenen Eingangsfrage

3.2 Erstgespräch 1, Einstieg, diagnostische Fragen

ruhig abwartend und ermuntert den Patienten frei zu sprechen oder schwenkt er oder sie nach kurzem Abwarten in das Abfragen von anamnestischen Daten um? Das können dann auch wieder offene projektive Fragen sein, wie beispielsweise: Wie hat das alles angefangen? Leben Sie mit jemandem zusammen – was sagt er oder sie zu Ihrer Not? Oder später: Welches ist Ihr Lieblingsmärchen, gibt es eine Lieblingsfilmserie oder welches ist Ihre früheste Kindheitserinnerung? Welche Episode daraus ist für Sie erinnerlich? Infolge solcher Fragen öffnen sich sehr bedeutsame Erfahrungsräume. So hatte dem Patienten, der nach seinem Lieblingsmärchen gefragt wurde, nie jemand vorgelesen, bis der neue Vater in die Familie kam und ihm jeden Abend ein Märchen vorlas.

Von Bedeutung ist weiter, wie die Symptome der psychischen Erkrankung bzw. Störung geschildert werden. Sind es körperliche Beschwerden wie Schmerzen im Knie und Rücken, oder sind es depressive Stimmungen, eine innere Leere oder eher Angst und Panik (Gefühle) verbunden mit unablässigen Grübeleien (Gedanken)? Wenn es dann ans Erzählen geht, ist von großer Bedeutung, mit welchem Gedanken, welchem Gefühl oder welchem Satz der Patient beginnt. Werden eher Zustände oder Beziehungsepisoden beschrieben?

Wenn er oder sie darauf achtet, wie sich diese gemeinsame Szene in der Untersuchungssituation darstellt und anfühlt, dann teilt sich dem Psychotherapeuten darin Vieles vom Patienten mit. Nicht selten erinnern Patienten später, mitunter nach Jahren, selbst diesen Beginn und erzählen davon, was sie in der ersten Begegnung als bemerkenswert erlebten. Die Krankengeschichte (Eigenanamnese), also seit wann die Erkrankung/die Beschwerden bestehen, wie der Verlauf ist, wie er sich dieses psychische Leiden erklärt und vieles andere mehr, kann erzählt oder auch erfragt werden. Wichtig ist es, an all die Punkte zu denken, die zur Eigenanamnese, Familien-, Erkrankungs-, Sozial- und allgemeinen Anamnese, dann auch zur biografischen Anamnese gehören, ohne auf Vollständigkeit zu beharren. Es lohnt sich oft, nach der Schlafqualität zu fragen, weil sich darin als einem wenig tabuisiertem Bereich ein möglicher Schlüssel zum Zustand des Patienten findet. Zu den eher heiklen und mit Scham besetzten Lebensbereichen, die in der Vorbereitung auf eine Psychotherapie nicht gleich angesprochen werden sollten – aber manchmal doch –, gehören Sexualität, Geschlechtsidentität und -orientierung, Religion, der

3 Praxisteil

Umgang mit Geld und die Frage nach dem Sinn des Lebens. Für die Anamnese und psychodynamische Befunderhebung (Beziehung, Konflikt, Struktur) sollten durchaus mehrere, mindestens zwei oder drei Gesprächseinheiten von 30 bis 50 Minuten eingeplant sein. Wir als Diagnostiker können zwischen »überwiegend konfliktbedingten Störungen« (Arbeitskreis OPD-3, 2023, S. 271) und »überwiegend strukturbedingten Störungen (ebenda, S. 273) unterscheiden. Das setze ich hier als bekannt voraus. Was weniger üblich ist, betrifft folgende vier Fragen. Diese vier Fragen gehören zur Beziehungsdiagnostik:

1. Wie beschreiben Sie sich selbst? Wie ist Ihre Beziehung zu sich?
2. Wie beschreiben Sie Ihnen wichtige Bezugspersonen? Wie ist Ihre Beziehung zu diesen? Können Sie eine vielleicht typische Szene einer Begegnung schildern?
3. Zu welcher Gruppe gehören Sie? Mit »Gruppe« oder »Gemeinschaft« sind die Herkunftsfamilie, die aktuelle Familie oder die soziale Situation, Freunde, Arbeitskolleginnen, Zugehörigkeiten zu einer Partei, Religionsgemeinschaft, zu einem Chor, Sportverein usw. gemeint. Können Sie eine vielleicht typische Szene darin beschreiben?
4. Zu welcher Gruppe möchten Sie zukünftig gehören oder lieber nicht bzw. auf gar keinen Fall?

Mit diesen vier Fragenkomplexen hören und erfragen wir etwas zur Ich-Identität und Wir-Identität. Beide Ebenen gehören zusammen und sind doch verschieden.[38] Welche Beziehung habe ich zu mir selbst – das ist eine intrapsychische Dyade, die durchaus eine dritte Perspektive und dritte Person beinhalten kann. Welche Beziehung haben Sie zu Ihrer wichtigen Bezugsperson oder zu diesen wichtigen Bezugspersonen und wie beschreiben Sie eine typische Begegnung als Szene? Hierbei kann aus einer beobachtenden Metaebene gedacht werden, die eine triangulierende und reflektierende Funktion einnimmt. (Beispiel: Ein Patient sagte: »Wenn ich

---

38 Der Neurobiologe, Psychotherapeut und Psychiater Joachim Bauer beschreibt als hirnanatomisches Korrelat zu einer Selbstrepräsentanz sogenannte neuronale Selbst-Netzwerke vor allem im Frontalhirn und ebenso getrennt davon neuronale Wir-Netzwerke (Bauer, 2022, S. 179).

3.2 Erstgespräch 1, Einstieg, diagnostische Fragen

mir die Beziehung zwischen meiner Partnerin und mir anschaue, erscheint es manchmal wie ein dahinfließender Tanz, dann wieder wie ein verletzender Kampf. Freunde von uns fragen dann, ob das nicht anstrengend sei?«) Die Wir-Identität ist von der Beziehung der eigenen Person zu einer Gruppe von vertrauten Personen und zu der Gruppe als Ganzer geprägt. Wenn man als Gesprächspartner möchte, ist es möglich, hier auch die Großgruppenidentität anzusprechen – die des anderen und ggf. die eigene. Typisch dafür ist, dass die Mitglieder einer Großgruppe sich nicht unbedingt alle persönlich kennen, aber sie wissen durch den Gebrauch einer zum Beispiel gemeinsamen Sprache oder von Erzählmustern (Sprachgruppe, Nation) durch den Gebrauch gemeinsamer Tätigkeiten und Wörter (Berufsgruppe) oder übereinstimmender Rituale, Verwendung von Symbolen (religiöse Gruppe), dass sie dazugehören (Volkan, 2005, S. 38f.).[39]

Ebenso kann es von Bedeutung sein, zu untersuchen, ob es eine Gruppe gibt, zu der man zukünftig gehören möchte (berufliche Ziele – ich will Ingenieur oder IT-Spezialist werden, oder Facharzt, Fachpsychotherapeutin) und – im Gegenteil – auf keinen Fall gehören will. Oft wird genannt, dass man nicht zu den Gewalttätigen, den Hooligans, gehören möchte, zu den extremen Rechten oder Linken. Das Gegenteil ist ebenso möglich. Ganz anders erlebte ich einmal einen Patienten in dieser Befragungssituation. Er erwähnte gerade an dieser Stelle (Frage 4: Zu welcher Gruppe möchten Sie auf keinen Fall gehören?) für mich überraschend spontan seine Mutter. Ich bat ihn, wenn möglich, mehr dazu zu sagen. Sie hatte einen Suizidversuch unternommen. Er hatte sie als Kind gefunden und gerettet, was sie ihm ein Leben lang vorwarf. Er hasste sie dafür, was ihn furchtbar aufregte und wütend machte. Er hatte sich von ihr immer wieder Dankbarkeit und Anerkennung gewünscht. Erst in diesem Kontext der Fragen konnte er Worte für seine Verachtung und seinen verzweifelten Hass finden. An diesem besonderen Beispiel wird man daran erinnert, dass Gruppen immer wieder mit Projektionen bzw. Übertragungen von negativen oder positiven Muttererfahrungen verbunden werden.

---

39 Ähnlich verhält es sich mit den jungianischen Konzept des kulturellen Komplexes (Singer & Kimbles, 2008, S. 1 ff.)

Grundsätzlich sind die Ich- und Wir-Identitäten als resonante Wechselwirkungen in Bezug zu einem Du und einem Ihr vorstellbar. Damit öffnet man die Perspektive auf die Wahrnehmung der Beziehungen (Interaktionserfahrungen) in intersubjektiven und intergruppalen Feldern. Das darf man sich alles szenisch interpersonell vorstellen. Nach der Art solcher szenischen Bezogenheiten (Ich zu Du, Ich zu Wir und Wir zu Ihr/Sie, also von Gruppe zu Gruppe) kann bei Bedarf immer einmal gefragt werden. Meist wird bereits eine Szene oder ein Zustand vom Patienten beschrieben. Wenn nichts dazu geäußert werden kann, weil es ggf. gar keine Zugehörigkeitsgruppe gibt, ist das ebenfalls ein wichtiger Befund. (Beispiel: Ein Patient sagte in dem Zusammenhang: Ich habe keine Familie. Als ich mir eine wünschte, ging es schief.)

5. Schließlich ist es wichtig, die Zielvorstellungen, die mit der geplanten Psychotherapie verbunden sind, zu formulieren.
6. Am Ende eines Gespräches ist es oft sinnvoll zu fragen, wie das Gespräch für den Patienten war (Wie haben Sie das Gespräch zwischen Ihnen und mir erlebt?). Möglicherweise ist es angebracht, sich als Psychotherapeut oder Arzt beim Patienten bzw. bei der Patientin für das gewagte Vertrauen zu bedanken.

All das lässt es zu, eine Auslösesituation für die Symptomatik gemeinsam mit dem Patienten zu überlegen (oft ist es eine Versuchungs- und Versagenssituation). Einige Ideen für eine Psychogenese und Soziogenese, also für eine Psychodynamik und Gruppendynamik, die zwei Perspektiven auf einen Menschen mit seinem relevanten interpersonalen und gruppalen Netzwerk enthalten, sind nun möglich. Damit verbindet sich eine erste diagnostische Zuordnung, um dem Patienten einen Behandlungsplan vorzuschlagen.

Auf diese Weise etabliert sich ein therapeutisches Arbeitsbündnis. Die Bedeutung dieses therapeutischen Arbeitsbündnisses ist für Patienten, für den Verlauf und das positive Ergebnis von psychotherapeutischen Prozessen hoch bedeutsam, wie es zahlreiche Forschungsergebnisse der Psychotherapie-Ergebnisforschung (outcome-Forschung) belegen.

3.2.1 Erstgespräch 2, mehr Details aus der Begegnung

Wir sind Lernende, insbesondere von unseren Patienten, die sich uns anvertrauen. Diese wiederum lernen von uns. Wir sind Menschen, die sich in der Gesprächssituation in der Dyade mit unseren Patienten in eine kommunikative intersubjektive Szene begeben. Das intentionale Feld ist zwischen den meist zwei Personen – Therapeut und Patient – aufgespannt. Darüber hinaus umfasst das Feld der zwei Personen, das bipersonale dynamische Feld (Potthoff, 2014, S.151; Niedecken, 2016, S. 212), mehr als diese zwei Personen, weil beide sich in mindestens einem weiteren institutionellen und gruppalen Feld befinden. Das institutionelle Feld der Arzt/Psychotherapie-Praxis stellt in Vertragssystemen mit Krankenkassen, mit der kassenärztlichen Vereinigung als Körperschaft des öffentlichen Rechts und einem Rechtsstaat, in dem ein Heilberufegesetz und ein Sozialgesetzbuch gelten, den juristisch formulierten Rahmen. Der Arzt oder der Psychotherapeut ist Mitglied einer dem Beruf entsprechenden Kammer (Ärztekammer oder Psychotherapeutenkammer). Der Patient hat in der Regel, wenn er oder sie nicht selbst die Kosten übernimmt, einen Vertrag mit einer gesetzlichen oder privaten Krankenversicherung, die zu diesem Regelwerk gehört. In diesem therapeutischen Feld entstehen zwischen beiden Personen, gelegentlich sind es drei oder vier, eine oder mehrere Szenen.

Das zweite vorbereitende Gespräch ist von großer Bedeutung, da nun beide Personen einander bereits ein wenig kennengelernt haben. Vielleicht gibt es so etwas wie Wertschätzung, aber auch Angst und Verunsicherung, wird doch nun eine Fortführung und Vertiefung der Themen gewünscht, erhofft und zugleich gefürchtet. Nicht selten haben Patienten vorher die Nacht schlecht geschlafen, weil sie sich auf das Gespräch, auf den besonderen Weg und die Themen vorbereitet haben.

Für den Psychotherapeuten ist nun klar, dass die sich anbahnende therapeutische Arbeitsbeziehung aufgenommen und fortgeführt wird. Die folgenden Fragen können wir Psychotherapeuten uns zu unserer Reflexion selbst stellen:

Wie werden jetzt die Symptome geschildert? Sind es körperliche Beschwerden, Gefühle oder Gedanken? Werden Konflikte benannt oder sind es doch eher kaum zu beschreibende Zustände in wechselnder Intensität von Schmerz, Angst, Depression oder Zwang? Steht ein Suchtverhalten im Vorder- oder Hintergrund?

Und wie schon beim Erstgespräch: Mit welchen Eigenschaften wird die eigene Person beschrieben und werden dazu andere Personen oder Institutionen erwähnt? Gibt es eine Geschichte dazu? Wie zusammenhängend wird diese Geschichte erzählt oder sind es eher Fragmente, deren Zeitbezug stimmig erscheint oder nicht? Werden Mutter oder Vater benannt oder fehlt eine Seite? Wie erscheinen die Großeltern? Kommen Geschwister vor oder Freunde? Spielen Tiere oder Pflanzen eine Rolle? Lebt jemand mit oder ohne religiöse/spirituelle Überzeugungen? Gibt es Erfahrungen mit Flucht, Vertreibung, Krieg? Sind dissoziative Zustände von Bedeutung? Wie massiv sind suizidale Ideen ausgebildet? Inwieweit sind Themen des Missbrauchs durch Gewalt, Macht, Sexualisierung relevant? Welche Perspektive überwiegt: Täter, Opfer, Zeuge oder Mitwisser? Wie werden Beziehungen zu anderen wichtigen Bezugspersonen und zu sich selbst beschrieben? Gibt es eine vielleicht typische Begegnung mit einem Menschen, die Kraft und Liebe gibt oder – umgekehrt – die zu den Symptomen führt, also Energie fürs Leben oder Kraft und Hoffnung nimmt, weshalb der Patient um Hilfe bittet?

Am Ende eines solchen Gesprächs mit dem Patienten lohnt es sich zu fragen, wie er oder sie das Gespräch erlebt hat. Es ist von großer Bedeutung, ob es entlastend war, über all das zu sprechen, ob es als Routine oder eher beschämend erlebt wurde, ob er oder sie noch Angst verspürt, vielleicht etwas Falsches oder ihn selbst oder mich als Therapeuten Überforderndes gesagt zu haben. Das hilft, die Qualität der therapeutischen Allianz zu klären und ggf. zu modifizieren.

3.2.2 Therapeutische Haltung – Abstinenz, Anonymität, Neutralität und Berührbarkeit

> **Zusammenfassung**
>
> Eine therapeutische Haltung ist für Gruppenpsychotherapeutinnen und -therapeuten ein zentraler Baustein beruflicher Fundierung und Orientierung.

Wenn wir über die therapeutische Haltung nachdenken, sind es vor allem vier Begriffe, die als Orientierung dienen und die ich im Folgenden einzeln betrachten möchte. Zu diesen vier Orientierungen gehören Abstinenz, Anonymität, Neutralität und auf den anderen bezogene eigene Berührbarkeit. An dieser Stelle sei vermerkt, dass sich die therapeutische Haltung ausdrücklich auf den Psychotherapeuten bezieht, zugleich nimmt diese Haltung einen Einfluss auf die Patienten der jeweiligen Gruppentherapie, die ebenfalls ein bestimmtes, jedoch ganz anderes Maß vermutlich verringerter Abstinenz, Anonymität, Neutralität und gesteigerter wechselseitiger Berührbarkeit praktizieren mögen. Diese Asymmetrie zwischen Therapeuten und Patienten bestimmt die therapeutische Struktur, den Prozess und die Inhalte. Dabei ist der Therapeut derjenige, der Therapieziele und die Hoffnung auf Verbesserung des Gesundheitszustandes verkörpert, und der Patient erscheint als der Leidende, der Bedürftige und positive Veränderung Suchende.

Die gruppentherapeutische Haltung findet in meiner Überzeugung ihren Ausdruck in der »Fähigkeit, sich selbst zuzutrauen, sich auf Gruppen und ihre Mitglieder möglichst wertfrei einzulassen, mit Freude und Lust immer wieder auf andere Menschen und Gruppen zuzugehen und dabei sich selbst zu erlauben, von anderen infrage gestellt zu werden« (Alder und Stumptner, 2019, S. 166). Diese Überzeugung verstehe ich als Auftakt zu mehreren Paradoxien, die zu den vier Begriffen Neutralität, Abstinenz, Anonymität und Berührbarkeit gehören. Ich beziehe mich hierbei auf meine eigenen Erfahrungen und Überlegungen, die sich in ähnlicher Weise bei der Jungianerin Jan Wiener (2009) und bei dem Foulkesianer sowie Freudianer Peter Potthoff (2014), bei den psychodynamisch orien-

tierten Psychotherapeuten Wolfgang Wöller und Johannes Kruse und bei dem Psychotherapieforscher Daniel Stern (2014) finden.
Die erste Paradoxie betrifft die *Neutralität*. Wertfrei zu sein oder sich neutral einzustellen steht im Gegensatz zur Beachtung von Werten und zur Formulierung eigener wertender Standpunkte. Mit dem Begriff der »technischen Neutralität« betonen Wolfgang Wöller und Johannes Kruse die therapeutische Technik als integralen Bestandteil der therapeutischen Haltung (Wöller & Kruse, 2001, S. 119). Mit Bezug auf das psychoanalytische Instanzenmodell von Ich/Es/Über-Ich/Außenwelt formulieren sie einen imaginär gleichen Abstand zu Aspekten der vier Instanzen, den der Therapeut in Bezug zu den Gruppenpatienten einzunehmen versucht, um seiner Neutralität gerecht zu werden. Praktisch geht es aus der Perspektive des Psychotherapeuten darum, Patienten im Therapieprozess nicht zur Realisierung von Wünschen (den anderen oder sich selbst schlagen, sexuelle Lust in sexuelle Handlungen zu lenken), Motivationen als gefühlte Triebansprüche oder Wertvorstellungen zu drängen. Wöller und Kruse trennen davon das therapeutische Verhalten bei supportiven Psychotherapieformen ab, bei denen es darum geht, dem Patienten Ich-Stützend beispielsweise der Stimme des schlechten Gewissens (Über-Ich) etwas entgegenzustellen (vgl. ebenda, S. 119). Man kann das so polarisiert darstellen. Für relational/intersubjektiv orientierte Psychotherapeuten gilt immer ein Oszillieren zwischen technischer Neutralität und der Bereitschaft verbunden mit der Fähigkeit, sich in das Geschehen von Übertragung und Gegenübertragung mit den Patienten und der Gruppe verwickeln zu lassen (Potthoff, 2014, S. 55). Wenn Psychotherapeuten die Rahmenbedingungen für die zu planende oder die laufende Therapie benennen, so rangiert die Schweigepflicht für alle Informationen, die die Patienten und ihre Angehörigen betreffen, und die Institutionen, von denen sie erzählen, an erster Stelle. In dieser Hinsicht gibt es keine Neutralität, sondern eine klare, jedoch situativ reflektierte, Position. Ebenso ist es wichtig, nicht ohne Vorinformation für die Patientinnen und Patienten den realen Raum der Gruppentherapie zu ändern oder die dazugehörige Zeit eines Termines zu verschieben. Was uns als Gruppentherapeuten betrifft, so sollen und wollen wir politisch, religiös und kulturell neutral sein, um uns für verschiedene Überzeugungen und Wertungen der Patienten offenzuhalten. Zugleich sind wir, bin ich, mit den Maximen der Men-

3.2 Erstgespräch 1, Einstieg, diagnostische Fragen

schenrechte verbunden und werde Sadismus oder Masochismus auch als solche benennen. Das Sich- oder Andere-Quälen geschieht oft mit einem Gefühl der Gleichgültigkeit und ist zugleich ein wichtiger Mechanismus, der psychische Störungen/Krankheiten wie die Depression nicht nur auslöst, sondern auch aufrechterhält (De Masi, 2010, S. 175). So sind es quälende Gedanken, wie beispielsweise die Vorstellung, nicht leben oder nicht glücklich sein zu dürfen, die depressive und Angststörungen begleiten. Der konzeptionelle Gegenpol betont allerdings die Neutralität, weil ich mich mit dieser Haltung auf das Übertragungsangebot des Patienten einlassen kann. Dadurch kommt es zu Verstrickungen dergestalt, dass der Therapeut in der Übertragung zu der Person wird, die den anderen quält, um diese pathogene (krankmachende) Szene anzuerkennen, zugleich anerkennt und beschreibt er das Leiden des Patienten (als dieser ein Kind oder ein Jugendlicher war und von einer Bezugsperson misshandelt wurde). So verändert er die Übertragung-Gegenübertragungs-Beziehung in der Weise, dass sich die destruktive Übertragung mindert (auflöst) bzw. unwirksam wird (Nissen, 2014, S. 79). Ob das gelingt, sagt der Patient. Die Neutralität wird auch in diesem Fall zu einem klaren Standpunkt des Therapeuten, um mich als Gruppentherapeuten, ebenso den Patienten und die Rahmenbedingungen der Psychotherapie zu schützen. Der Begriff der Allparteilichkeit in bestimmten Gruppensituationen, in denen mehrere Personen wichtig sind, kann in diesem Zusammenhang genannt werden. Jede der anwesenden Personen ist bei aller Neutralität in der mitmenschlichen Bezogenheit wertzuschätzen. Jede Person in der Gruppe wird auf unterschiedliche Weise wertgeschätzt und zugleich gilt die Wertschätzung jedem und jeder. Damit zeige ich als Therapeut zugleich einiges von meinen Werten. Diese Werte sind das Zusprechen gegenseitiger Würde, Respekt zu sich und anderen gegenüber, freundlich sein – dabei eigene Verletzungen und die des anderen anerkennen und ernst nehmen.

Die zweite Paradoxie betrifft die *Abstinenz*. Abstinent sollen und wollen wir als Gruppentherapeuten sein. Damit ist gemeint, dass wir unsere eigenen Bedürfnisse (unser eigenes Begehren), unsere erotischen, sexuellen, aggressiv-gewalttätigen oder aversiven Impulse, unsere finanziellen Wünsche, Wünsche nach persönlicher Bestätigung oder Ähnliches nicht in die Therapeut-Patient-Beziehung einfließen lassen wollen, um die Grenzen des therapeutischen Raumes zu sichern (Wiener, 2009, S. 46 f.). Diese therapeutischen und ethischen Grenzen für den therapeutischen Raum sind im Sinne von Handlungsoptionen klar berufsrechtlich und strafrechtlich niedergeschrieben: keine Gewalt, keine sexuellen Handlungen, keine finanzielle Vorteilnahme. Zugleich spielen erotische und sexuelle Fantasien in Psychotherapien eine heilsame Rolle wie auch die gewaltvoll-aggressiven oder die narzisstischen. Die »schweigende Abstinenz«, wie es Potthoff formuliert (2014, S. 55), steht dem relationalen Psychotherapeuten nicht immer zur Verfügung. Es gibt Situationen im Therapieprozess, in denen der Gruppentherapeut seine positiven (anerkennenden, bezogen, erotischen) wie auch seine gewaltvollen oder destruktiven Fantasien zur Verfügung stellen kann.

Den Patienten in der Gruppe wird untereinander ebenfalls Enthaltsamkeit dringend empfohlen. Im Rahmen fester und sicherer Grenzen einer Gruppe kann alles Sinnliche und Sexuelle fantasiert und auf dieser imaginären Ebene kommuniziert werden. Weil neben jedem Sexuellen auch Destruktives, Wütendes bis Hasserfülltes, Machtvolles oder Hilfloses existieren, gehören diese Affekte ebenso in den Bereich des Imaginären, von dem gesprochen werden kann, und nicht in den realen Raum des Handelns. Praktisch heißt das für alle Beteiligten: Keinen Sex und keine Aggression auf der Handlungsebene, während auf der Fantasieebene beides möglich ist und angesprochen werden darf, soweit es wiederum andere nicht verletzt. Wie handhabe ich das? Wenn zum Beispiel ein Patient die Fantasie oder zwanghafte Vorstellung hat eine andere Patientin (oder eine Patientin einen Patienten) zu schlagen oder zu vergewaltigen und das anspricht, gehe ich als Gruppentherapeut dazwischen und frage, ob er oder sie nicht eigentlich mich als Gruppenleiter meinen könnte? Oder was die Szene für uns hier bedeuten kann? Damit wird nicht nur die gefühlsbetonte Kommunikation von dem anderen Patienten oder der anderen Patientin weggelenkt. Es passiert mehr. Erstens wird eine Schutzfunktion ausgeübt und zweitens wird deutlich gemacht, dass man sich zuerst mit dem Stärksten in der Gruppe auseinandersetzen muss und das ist immer der Gruppentherapeut bzw. die Gruppentherapeutin. Drittens stellt sich damit eine Dreiecksbeziehung her, eine kommunikative Triangulierung unter Zeugen, weil die anderen anwesenden Gruppenmitgliedern immer dabei sind. Danach kann die Fantasie der Vergewaltigung und die dazugehörenden Umstände erfragt werden. In der Regel ist es eine Reinsze-

3.2 Erstgespräch 1, Einstieg, diagnostische Fragen

nierung der früheren traumatisierenden Szene, bei der zum Beispiel der Stiefvater die Tochter vergewaltigte, die Mutter in der Nähe war und eben dies zuließ, vielleicht die Tochter anschließend demütigte und schlug. In der Gruppe kann solch eine furchtbare Erfahrung in verdünnter Form gemeinsam erlebt, anerkannt, bezeugt und im positiven Sinne verändert werden. Soweit das Beispiel zur Vergewaltigungsfantasie.

Ein anderes Beispiel ist das Begehren einer Patientin, sich bei der Therapeutin anlehnen zu können und an ihrer Brust zu trinken. Wenn diese Fantasie von einer Patientin zu ihrer Gruppentherapeutin in der Gruppe ausgesprochen wird, kann das auf eine annehmende oder ablehnende Reaktion stoßen. Beides ist möglich. Wenn die szenische Fantasie des an der Brust Liegens und Trinkens miteinander in der Gruppe zugelassen werden kann, ohne es praktisch zu tun (!), ist das für alle Beteiligten beruhigend und heilsam. Es ist damit zu rechnen, dass die Spiegelneurone (Bauer, 2022, S. 73 f.) dabei aktiv sind. Die klare Trennung zwischen Fantasie und Handlung ist die wichtige Abmachung zur Abstinenz, um therapeutisch arbeiten zu können. Diese Haltung ist zugleich ein in der Gruppe zu verhandelndes Ziel bzw. ein Element einer Gruppenkultur. Sie entsteht durch gemeinsame Interaktionserfahrungen, die im Miteinander reflektiert und »konsensuell validiert« werden, wie es Burrow (1928) ausdrückte.

Die Vorstellung von *Anonymität*, also den Patientinnen und Patienten nichts Persönliches mitzuteilen, ist die dritte Paradoxie. Anonym sollen und wollen wir sein, indem wir als Psychotherapeuten dem Patienten nichts über unsere Person erzählen, also darüber, wie alt wir sind, wohin wir in den Urlaub mit unseren Partnern, Kindern etc. fahren, um den Raum für Fantasien möglichst frei zu halten. Zugleich ist es für manche Patienten zum Teil überlebenswichtig, von der Person des Therapeuten etwas Reales also Faktisches und Konkretes zur Verfügung gestellt zu bekommen, um in diesem Sinne in dessen Abwesenheit für den Patienten vorstellbar, erkennbar und ggf. lesbar zu sein. Hier gilt der Leitspruch: So wenig wie möglich, so viel wie nötig. Dazu ein Beispiel: Wegen Krankheit musste ich einmal die Gruppensitzung absagen. Als ich wieder da war, sah ich wohl noch blass aus. Gruppenmitglieder hatten Fantasien und Befürchtungen, dass ich schwer krank sei, vielleicht bald nicht mehr arbeiten könne. Diese Fantasien sollen angesprochen, in Bezug zur Gruppe und den

Lebenssituationen der einzelnen reflektiert werden, zugleich möchten einige Patienten/Gruppenmitglieder dann doch wissen, wie ich die Situation bzw. meinen Zustand als Gruppentherapeut und für sie wichtige therapeutische Bezugsperson selbst beurteile. Das ist, so meine Vorstellung, klar und kurz zu benennen, sodass es stimmig ist. Ein Versuch, Worte dafür zu finden ist folgender: »Ja, ich war krank, letzte Woche hatte ich noch Schmerzen im Bein. Jetzt ist es wieder gut. Es berührt mich sehr, dass Sie nachfragen«.

Mit anderen Worten: Die Gruppentherapeuten sollen sich gegenüber dem Patienten *neutral* verhalten, um offen für unterschiedliche Wertungen des Patienten zu verschiedenen Themen zu sein, *anonym*, um die Projektionen bzw. Fantasien des Patienten wenig einzuschränken und *abstinent*, um die Grenzen des therapeutischen Raumes zu sichern (Wiener, 2009, S. 46 f.).

Die vierte Dimension der therapeutischen Haltung ist die *Berührbarkeit*. Dieser Aspekt ist nah verwandt mit dem Konzept der Intersubjektivität, wie es Daniel Stern beschreibt. Er geht sogar von einem angeborenen »Bedürfnis nach Intersubjektivität« aus (Stern, 2014, S. 71). Darunter versteht er ein Motivationssystem, sich als Mensch immer wieder mit anderen Menschen so zu verbinden, dass sich eine Erfahrung von Begegnung, die unmittelbar berührt, als emotionale Nahrung für Lebendigkeit einstellt. Für Jung war es bereits 1935 ein wichtiger Gedanke, dass er ohne den inneren Eindruck, den ein Patient auf ihn als Therapeuten mache, nichts vom anderen wahrnehmen oder gar verstehen könne. Es geht um die spürbare »Wirkung« des anderen in mir als Therapeuten. Jung schreibt:

> Ich muss [...] auf alles Besserwissen, auf alle Autorität und alles Einwirkenwollen verzichten. Ich muss ein dialektisches Verfahren einschlagen, welches nämlich in einer Vergleichung der wechselseitigen Befunde besteht. Dies wird aber erst möglich dadurch, dass ich dem anderen Gelegenheit gebe, sein Material möglichst vollständig darzustellen, ohne ihn durch meine Voraussetzungen zu beengen. Durch diese Darstellung wird sein System auf das meinige bezogen, wodurch eine Wirkung in meinem eigenen System erzeugt wird. Diese Wirkung ist das Einzige, was ich in individueller Hinsicht und legitimerweise meinem Patienten gegenüberstellen kann. (Jung, 1935/1999, Bd.16, § 2, S.17)

Paradox ist dabei, wie gesagt, die *Berührbarkeit* des Gruppentherapeuten, der sich zugleich anonymisierend, neutral und abstinent abzugrenzen

3.2 Erstgespräch 1, Einstieg, diagnostische Fragen

versucht *und* empathisch bezogen einlässt. Einerseits wollen wir offen und für die Gefühle und Geschichten in der Begegnung mit den Patienten berührbar sein. Andererseits sollen wir auch so belastbar sein, dass wir für sehr verschiedene Zustände ansprechbar, emotional erreichbar und potenziell für intersubjektive Begegnungen zugänglich sind. Das erfordert ein bewegliches Maß an Abgrenzungsfähigkeit und prozessbezogener Berührbarkeit als emotionale Öffnungsfähigkeit. Es erhebt sich die Frage, ob und wie diese Kapazität für intersubjektive Berührbarkeit für sehr unterschiedliche Menschen mit ihren Nöten unter Aufrechterhaltung der Grenzen durch Anonymität, Neutralität und Abstinenz möglich ist? Die Antwort ist: erstens ist es ein lebenslanger professioneller Erfahrungs- und Differenzierungsprozess, zweitens geht es genau um die Balance in den von mir beschriebenen Paradoxien.

3.2.3 Unvoreingenommen sein – ohne Erinnerung und ohne Begehren

Eine ergänzende, fünfte Paradoxie, die die vorherigen in besonderer Weise zusammenfasst, ist folgende: Sich innerlich von Erinnerung, Wünschen und Wissen lösen und doch genau das in wichtigen Situationen im Gruppenprozess zur Verfügung stellen zu können. Einerseits wollen wir uns als Gruppentherapierende so viel wie möglich von den Gruppenpatienten und den Ereignissen in der Gruppe merken. Andererseits wollen wir uns innerlich frei machen, keine Erinnerungen, kein Begehren und kein Wissen zulassen. Der Psychoanalytiker W.R. Bion ist für seine programmatische Forderung: »KEINE Erinnerung, KEINEN Wunsch, KEIN Verstehen« berühmt geworden (Bion, 1970/2009, S. 147). Der Sinn dieser Haltung ist in den bereits beschriebenen Paradoxien enthalten. Zugleich ist es für den relationalen Gruppentherapeuten dringend zu empfehlen, sich gut auf die Patienten und die Gruppen im Sinne des Erinnerns einzustimmen (Orientierung auf die Vergangenheit), die eigenen Bedürfnisse (Zukunft) und das eigene Wissen einschließlich der eigenen Emotionen (Gegenwart) zu reflektieren. In bestimmten Abschnitten der Gruppensitzungen ist es jedoch bedeutsam, ohne Erinnerung, ohne Erwartungen und ohne Wissen zu sein, gleichwohl ist ein Zustandswechsel zu eigenen Erinnerungen, zu eigenen Erwartungen und ein Wissen von Regeln, von biografischen Details und Szenen im Gruppengeschehen von hoher Bedeutung für alle Beteiligten. Wir sollten uns als Gruppentherapeuten vor jeder Gruppensitzung etwas Zeit nehmen können, um uns an die Patientinnen und Patienten, die wir erwarten, innerlich introspektiv, imaginativ oder etwas nachlesend einzustellen. Anschließend dürfen wir alles wieder vergessen, um uns innerlich frei zu machen für all das, was in der neuen Therapie-Situation und Übertragungssituation wahrzunehmen sein wird. Ich erlebe das immer wieder als hilfreich und auch als verwirrend, wenn ich mich doppelt vorbereite: erstens erinnern und nachdenken und zweitens loslassen. Dabei vertraue ich zunehmend auf die entstehenden Situationen in der Gruppe, gleichzeitig im Sinne der Resonanz meinem Gehirn für Reaktionen und Erinnerung sowie meiner Seele mit ihrer Intuition und im Körper lokalisierten Emotionalität. Das Zutreffende und Hilfreiche kommt meist im passenden Moment ins Bewusstsein. Grundsätzlich besteht die therapeutische Haltung dem Patienten gegenüber darin, eine sichere Bindung im Rahmen der Therapie verbunden mit bezogener Präsenz und reflektierter Aufmerksamkeit für die Gegenübertragung anzubieten (Knox, 2011, S. 165).

Das sind Paradoxien, die viel Stoff für Diskussionen enthalten. Sie sind wichtig, bewusst reflektiert zu werden. Zuletzt sind wir als Gruppentherapeuten dafür verantwortlich, was wir im Sinne der Selbstoffenbarung von uns mitteilen (Interventionstyp nach Roberts, 2000, S. 20f.; Potthoff, 2022, S. 75) und welchen Sinn das für die Beziehungserfahrungen zu den Einzelpersonen, zur Gruppe und für den Therapieprozess hat. An welchen Stellen hilft und an welchen blockiert es kreative, regressive und progressive Prozesse? Immer wieder ist es wichtig, sich selbst, in der Supervision, Intervision oder in der Therapiegruppe direkt den Anwesenden diese Fragen zu stellen.

3.3 Eine Gruppentherapie beginnt – fantasiert und/oder real[40]

3.3.1 Einführung und Information der Patienten (Teilnehmenden)

In diesem Abschnitt ist ein Informationsblatt als Entwurf zu finden, mit dem Patientinnen und Patienten, bevor sie die Gruppentherapie beginnen, über die geplante Therapie aufgeklärt werden können. Jede dieser normativen Informationen sollte nicht einfach so mitgeteilt, sondern in einen sinnvollen und für die Patienten nachvollziehbaren Kontext gestellt werden. Mit anderen Worten: Diese Normen sind Orientierungen, die im Prozess der beginnenden Gruppenarbeit schrittweise mit Bezug zu passenden Gruppensituationen gemeinsam validiert werden können. Als verantwortlich leitende Person der Gruppe (Gruppenpsychotherapeut) ist es besser weniger zu sagen, als etwas, was entweder überhört oder missverständlich aufgenommen werden kann. Die Teilnehmenden nicht zu informieren, stellt ebenso einen Kardinalfehler dar. Somit bewegt sich die Vermittlung von Regeln und Normen in einem Spannungsfeld zwischen autoritärer Setzung wie bei der Vorgabe des Raums und der Zeit, der Verschwiegenheitsverpflichtung aller Beteiligten, der Bitte, dass sich die Teilnehmenden situativ angemessen verhalten mögen und eine kommunikative Konsenssuche empfohlen wird, bei der auch Dissens dazugehört. Jeder und jede ist eingeladen, daran mitzuwirken. Jeder Gruppentherapieteilnehmende bekommt bereits vor und auch in der ersten Sitzung von dem Gruppentherapeuten wichtige Grundregeln mitgeteilt, wie in der Gruppentherapie gearbeitet wird. Neben der Schweigepflicht für alles Gehörte, was die Personen und Institutionen betrifft, den pünktlichen

---

40 Zu diesem Gedanken, wonach in der imaginären Vorstellung des Therapeuten bereits während der Zusammenstellung einer Gruppe diese entstehe, worüber dieser oder diese nachdenken und fühlend prüfen kann, wer zu wem und warum passen könnte, schrieb der jungianische Gruppenanalytiker und erste Vorsitzende des Berliner Instituts für Gruppenanalyse Berlin Willi Meyer (vgl. Meyer, 2005).

Beginn und das Ende jeder Sitzung, gehören die folgenden Erklärungen dazu:

> Gegenstand unserer Untersuchung in der Gruppenarbeit sind die Beziehungen und Bezogenheiten, die wir untereinander hier und jetzt wahrnehmen, die wir fantasieren, die wir fühlen und denken. Dabei wird abwechselnd auf die Gegenwart, die Vergangenheit und die Zukunft Bezug genommen. Diese Vernetzung entsteht untereinander durch erstens unser Dasein und zweitens unsere freie (bestenfalls) aufeinander bezogene respektvolle Kommunikation in der Gruppe. Das ist ein hochwirksames Vorgehen, um psychische Störungen miteinander wahrzunehmen und zu verändern. Weil das in der Gruppe möglich ist, auch wenn Gefühle von Angst und Scham es uns am Anfang schwer machen, ist Gruppentherapie erfolgreich. Unsere Grundhaltung ist freundlich und einladend: Alles, was Ihnen in den Sinn kommt, ist willkommen und kann gesagt werden, – Liebevolles und Aggressives, Irritierendes oder etwas, das vielleicht nicht dazuzugehören scheint, auch Bizarres. Es gibt eine Einschränkung: Alles kann gesagt werden, nur nicht andere Personen Verletzendes. Das wissen wir vorher oft nicht. Wenn eine Verletzung geschieht, für wen auch immer, ist es wichtig, dies in Worte zu fassen, es zu sagen. Körperreaktionen haben Vorrang, genannt zu werden. Es gilt das freie Sprechen so, wie es miteinander möglich ist, auch wenn bei manchen Einfällen scheinbar kein Zusammenhang besteht. Ganz ähnlich verhält es sich mit Träumen. Auch sie haben Vorrang, genannt zu werden, gleich nach den Körperreaktionen.

Im Verlauf der Gruppenerfahrung werden weitere erfahrungsbasierte Empfehlungen möglich, beispielsweise:

> Alle Begegnungen außerhalb der Therapie, wenn sie nicht vermieden werden können, sollen bitte anschließend in der Gruppe besprochen werden. Ebenso ist es von Bedeutung, Entscheidungen, die das eigene Leben verändern – wenn möglich – vor dem Handeln draußen hier drin

3.3 Eine Gruppentherapie beginnt – fantasiert und/oder real

mit uns in der Gruppe zu besprechen. Dazu sei eine kurze Begründung gegeben: Im Gruppenprozess werden innere Konflikte aktualisiert, die dazu führen können, bestimmte Situationen so stark zu erleben, dass eine Entscheidung vermeintlich schnell gefunden werden muss. Das kann auch mit dem Gruppenprozess zu tun haben und weniger mit der Lebenssituation. Deshalb bringen Sie die relevanten Themen in die Gruppe. Grundsätzlich verpflichten Sie sich mit ihrer Teilnahme an der Gruppentherapie, keine selbst- oder fremdverletzenden Handlungen durchzuführen. Bevor eine Therapie beendet wird, egal zu welchem Zeitpunkt, gibt es in der Regel vier Termine für die Verabschiedung. Das ist wichtig, weil gerade die Verabschiedung noch einmal zentrale Themen aktualisiert.

3.3.2 Was passiert in der Gruppenpsychotherapie? – Gruppen- und Psychodynamik

Die große Frage vor einer Gruppensitzung ist immer wieder: Was wird in der heutigen Sitzung im Miteinander der Gruppenmitglieder geschehen? Ich sage mir manchmal diesen Satz:»Was haben die Patienten wohl heute mitgebracht?« Dahinter stehen Interesse, Neugier, aber auch Angst, Unsicherheit und Scham.

Der Beginn und die Anfangsphase einer Gruppensitzung sind oft ähnlich und doch so verschieden, wie es nur geht. Die Abschlussphase der letzten drei Gruppensitzungen[41], insbesondere die unmittelbare Verabschiedung eines Patienten, sind jedes Mal anders berührend, schön, schwierig und herausfordernd. Meist tauchen die zentralen konflikthaften Themen vom Anfang der Therapie am Ende wieder auf, jedoch mit der erkennbaren meist positiven Veränderung, manchmal auch nicht und trotzdem hat sich Vieles geändert und die Negativität konnte in der Gruppenstunde in die Matrix der Gruppe hineingegeben und bestenfalls losgelassen werden.

---

41 Im ambulanten Setting empfehle ich vier Sitzungen für den Abschied eines Patienten oder einer Patientin zu markieren.

Zu Beginn begrüße ich alle Anwesenden – einen Blickkontakt suchend – freundlich, wenn ich meinen Platz in der Gruppe eingenommen habe. Dabei lass ich die Patienten die Plätze für sich auswählen und nehme einen der dann frei gebliebenen. Es gibt Gruppenpsychotherapeuten, die für sich einen festen Platz reklamieren. Das kann eine Art konkretistische Sicherheit geben, die jedoch schrittweise vom Gruppentherapeuten in eine innere Sicherheit transformiert werden sollte.

Die viel beschriebene Gruppen- und Psychodynamik beginnt schon mit den ersten Entscheidungen: der Auswahl des Platzes, der Position, in die die Patienten ihre Stühle rücken, was als kreative selbstorganisierende Leistung der jeweiligen Psychodynamik der Individuen verstanden werden kann. Die ersten Fragen sind: Haben alle ihren Platz eingenommen? Stehen die Stühle in gleichen Abständen zueinander und stellen so einen Möglichkeitsrahmen dar? Können sich alle Anwesenden im Kreis sehen und hören? Die erste Behandlungsstunde umfasst in Kliniken 75 oder 90 Minuten. In den ambulanten Psychotherapiepraxen sind es in der Regel 100 Minuten (zweimal 50 Minuten als Bezug zu einer Einzelsitzung ergeben 100 Minuten). Jede Gruppensitzung fängt mit einem meist unbewussten »tuning in« an. Das ist eine sehr spezifische Art, sich aufeinander einzustimmen. Stühle müssen zurechtgerückt werden, jemand muss noch sein Handy ausmachen oder sucht nach seiner Wasserflasche. Dabei wird geklärt, ob schon alle da sind, ob sich jemand das letzte Mal entschuldigt hat oder wer wohl noch kommen wird. Bereits Siegmund H. Foulkes mit seinen Ko-Autoren, wie Eve Lewis, Norbert Elias, E. Anthony wies sehr deutlich darauf hin, dass sich in der Gruppe zwischen den Anwesenden Beziehungen untereinander entwickeln, die so etwas wie ein Netzwerk oder ein Gewebe (Matrix) entstehen lassen. In einem wenig strukturierten Gruppensetting verhält sich jeder zu anderen grundsätzlich so wie auch außerhalb der Gruppe. Projektionen bzw. Übertragungen, also gefühlsbetonte Fantasien über die anderen, Erwartungen an die anderen, sich selbst, die Gruppe und natürlich an den oder die Gruppentherapeutin entstehen ziemlich schnell. Diese sind meist unbewusst und werden durch das gemeinsame Sprechen fühlbar, denkbar und miteinander zugänglich. Auf diese Weise können die Wünsche und Ängste, später auch die Scham miteinander ausgedrückt werden. Meine zentrale Frage als Gruppenpsy-

3.3 Eine Gruppentherapie beginnt – fantasiert und/oder real

chotherapeut ist immer wieder: »Was hat das Gesprochene und Erlebte mit uns hier und jetzt zu tun, mich als Gruppentherapeuten eingeschlossen?« Die Gruppe mit ihren entstehenden intersubjektiven Bezogenheiten ist als eine Art Laboratorium bzw. als ein Übungsfeld zu verstehen. Unreflektiertes Erleben und Handeln wird schrittweise einer reflektierenden Beobachtung der zu Beobachtenden unterzogen (Burrow). Die Therapiegruppe ist ein Übungsfeld für die Personen in Aktion. Foulkes nannte das »Ich-Stärkung in Aktion« (Foulkes, 1992, S. 34) oder mit den Worten von Gerhard Wilke mit Bezug zu Foulkes: »Ich-Stärkung in der Interaktion« (Wilke, 2017, S. 12). Die Gruppe arbeitet aufgrund der fortgesetzten Kommunikation intersubjektiv an und in Übertragungen und körperlich-emotional spürbar in die Teilnehmenden hinein. Der gut bekannte Wiederholungszwang (Freud) reinszeniert sich gewollt oder ungewollt in dem sich bildenden Netzwerk einer Gruppe, Matrix genannt. All die Konflikte und Lebensthemen, die zu den psychischen krankheitswertigen Störungen führen, werden erlebbar. Auf diese Weise werden zerkleinernde (analytische) und integrative (synthetische) mentale Prozesse in Gang gebracht, neue Beziehungserfahrungen zu anderen und zur Person, die die Autorität verkörpert, möglich (vgl. Foulkes, 1992, S. 34). Das ist für alle Beteiligten bedrohlich, erschreckend, faszinierend und vitalisierend.

Gruppenpsychotherapeuten verstehen psychisches Leiden mit seinen typischen Konflikten als Beziehungs- und Kommunikationsstörungen (Wilke, 2017, S. 13, Friedman, 2018, S. 53 ff., Arbeitskreis OPD-3, 2023, S. 23 f.). Im Prozess der Gruppenpsychotherapie lassen sich schrittweise neue Perspektiven und neues Verhalten miteinander ausprobieren. Ist damit die Frage, was in therapeutischen Gruppen passiert, beantwortet? Ich glaube eher nicht. Ohne praktische Erfahrungen kann kein Zugang und kein Verständnis für die diagnostische und transformierende Kraft dieser Arbeit vermittelt werden.

Um therapeutische Ziele und transformierende Interventionen in der intersubjektiven Bezogenheit miteinander zu besprechen, sind Konzepte wie die folgenden sinnvoll.

3 Praxisteil

3.4 Ziele und Interventionen in der (intersubjektiven) Bezogenheit

- Ziele der Patienten
- Techniken/Interventionen in Begegnungen
- Übersicht zur Verbindung von Interventionen und Zielen

3.4.1 Intersubjektives Arbeiten – Voraussetzungen, Interventionen und Ziele

Therapeutische Ziele werden durch Interventionen der Gruppentherapeuten in Wechselwirkung mit Patienten und Gruppe angestrebt. Oft stellt sich heraus, dass die mit den Patientinnen und Patienten vereinbarten Ziele (beispielsweise Vertrauen und Sicherheit zur Angstminderung stärken) diese zugleich als zielführende Fähigkeit voraussetzen. So stellen klare Rahmenbedingungen eine Voraussetzung für das Fördern von Vertrauen in die Gruppe und die darin entstehenden sicheren Beziehungen dar. Diese Kapazität für sichere Bindung setzt Vertrauen in den anderen voraus. Gegenseitiges Vertrauen kontrastiert mit dem Misstrauen voreinander. Oder die von Patienten gewünschte Fähigkeit, sich besser gegenüber wichtigen anderen Menschen im Beruf oder im privaten Bereich abgrenzen zu können, setzt die intrapsychische und interpersonelle Fähigkeit voraus, zwischen sich selbst und der anderen Person als getrennte Subjekte zu unterscheiden. Das, wenn die Subjekt-Objekt-Trennung gelingt – intersubjektiv/relational die Subjekt-Subjekt-Trennung –, ermöglicht individuelle Eigenständigkeit in der Bezogenheit zu wichtigen Bezugspersonen. Es reduziert unangemessene Angst, Scham und eröffnet Freiräume, um zu denken, zu fühlen und eigenständig zu entscheiden. Dabei spielen drei Konfliktmuster, verstanden als subsidiäre archetypische Gruppen- und Interaktionsmuster, eine große Rolle: 1.) Zusammenhalt vs. Störung/Zerüttung, 2.) Zusammengehörigkeit vs. Trennung, 3.) zunehmende Differenzierung der Gruppenmitglieder und der Gruppe (Hobson, 1964, S. 164)[42]

3.4.2 Ziele

Zusammenfassung

Du sollst ein Ziel vor den Augen haben und zugleich darf jeder und jede für Veränderungsprozesse offen sein, die durchaus unerwartet sein können.

---

[42] Wenn wir den Gedanken von Hobson folgen, so legt er Wert auf grundlegende kommunikative Muster in Gruppen. Diese sind mit den Worten von Hobson: »Grundthemen von Zusammenhalt-Störung/Zerüttung (cohesion-disruption), Zusammengehörigkeit-Trennung/Alleinsein (togetherness-seperation), zunehmender Differenzierung« (Hobson, 1964, S. 164, übersetzt von S. Alder). Diese drei sind wie folgt zu fassen:
Zusammenhalt vs. Störung: Das Erleben und Durchleben von Zusammenhalt, der im Gruppenprozess durch Missverständnisse, durch offensichtliche verbale Verletzungen oder durch Abwesenheiten gestört wird, stellt eine häufige Erfahrung in Gruppen dar. Umso wichtiger ist es zu erleben, dass durch die anderen Patienten oder/und den Gruppentherapeuten Störungen geklärt und behoben werden können. »Ruptur and Repair« ist eine Denkfigur, die dasselbe ausdrückt.
Zusammengehörigkeit vs. Alleinsein und Trennung: Neben dem erlebten Verbundensein sind stets individuell trennende Inhalte (Ich bin anders als du oder ihr) und die das Erleben von Alleinsein fundamental, weil erst in der individuellen Vielfalt und der individuellen Differenz eine Gruppe zu ihrer Eigenständigkeit und Kraft findet.
Differenzierung nimmt für Teilnehmende und Gruppe zu: Schließlich nehmen alle Gruppenmitglieder an den Auseinandersetzungen und Fortschritten der Anderen Anteil, was miteinander zu einer Stärkung jedes einzelnen führt. Dabei und dadurch werden wichtige Differenzierungen von Gefühlen und Gedanken der einzelnen und im Miteinander wahrgenommen. Auf diese Weise bildet sich ein gemeinsamer und individueller, ein intersubjektiver und intrapsychischer Raum mit Symbolbildungen zur je eigenen Entwicklung im Beisein der anderen aus (Hobson, 1964, S. 37 f.).

Als Ziele für Gruppenpsychotherapien gelten die Verminderung des psychischen Leidens bzw. Symptomreduktion und die Förderung psychischer Reifung. Wir möchten als Gruppenpsychotherapeuten die krankheitswertige Symptomatik unserer Patienten auflösen oder zumindest mindern und Veränderungen der (leidenden) Persönlichkeit ermöglichen. Das kann deshalb gelingen, weil wir die interpersonalen Kompetenzen unserer Patientinnen und Patienten für Konfliktbewältigung, für verinnerlichte traumatische Erfahrungen verändern und die affektive, kognitive und motivationale Regulation erweitern. Gelingen kann das in einem intersubjektiv-gruppalen Feld, in dem folgende Voraussetzungen gelten, die zugleich Ziele für eine Persönlichkeitsentwicklung sind. Während einerseits Ziele verfolgt werden, braucht es andererseits immer auch die Bereitschaft, diese Ziele zu verwerfen. Beispielsweise ist es ein Ziel, miteinander Vertrauen zu entwickeln; zugleich ist das Vertrauen Voraussetzung für all das Misstrauen, für die Resignation und die Angst. Zweites Beispiel: Therapeutisch fördern wir die reflexiven Fähigkeiten; diese sind zugleich Voraussetzung für symbolisches Denken und Mentalisierung. Mit dieser Herangehensweise entsteht eine möglichst geringe Voreingenommenheit, vielleicht auf beiden Seiten, der der Patienten und der Therapierenden. Dieses Wechseln zwischen dem Verfolgen und dem Verwerfen von Zielen ist stets im Hintergrund als therapeutische Haltung zu erinnern. Die folgenden zielführenden Voraussetzungen entwickelte ich in Anlehnung an Knox (2011, 2009), die ausschließlich für das dyadische Setting schrieb. Mein Anliegen besteht nun darin, das Vorliegende für das Gruppensetting zu erweitern. Zunächst benenne ich die Ziele, anschließend erläutere ich sie.

1. Die Herstellung und Aufrechterhaltung sicherer Rahmenbedingungen und das Angebot einer sicheren Bindung für die Gruppenmitglieder.
2. Das Fördern eines reflexiven Raums und der reflexiven Fähigkeit der Gruppenpatienten im intersubjektiven Feld der Gruppe durch den Gruppentherapeuten.
3. Das Ermöglichen einer Erfahrung inhaltlich offener Selbstwirksamkeit für die Gruppenpatienten, wozu bereits das Erheben der eigenen Stimme in einer Gruppe gehört, die anerkennend gehört wird. Den anderen und die Gruppe als Ganze zu beeinflussen und ein Feedback zu

3.4 Ziele und Interventionen in der (intersubjektiven) Bezogenheit

erleben, lässt das eigene Dasein und das des anderen potenziell wirklich und wertvoll werden.

4. Die Förderung der gezielten Wahrnehmung und Unterscheidung von Gefühlen (Affektwahrnehmung und -differenzierung) durch markiertes und empathisches Spiegeln des Therapeuten gehört dazu (vgl. Knox, 2011, S.167 ff.).

5. Ambivalenzfähigkeit und Ambiguitätstoleranz fördern, – zwei psychisch regulatorische Kompetenzen – Gegensätze/ Konflikte und Mehrdeutigkeit/Ungewisses auszuhalten, die sowohl das Bindungssystem aktivieren können, die Gefühlsregulation ermöglichen und verbessern, die Selbstwirksamkeit unterstützen als auch die reflexive Fähigkeit[43] einer Person in der Gruppe beinhalten.

Wenn das zuvor eher unbewusst gebliebene Verdrängte oder Abgespaltene (Anteile des psychischen Schattens) bewusstwerden kann, weil gegensätzliche Gefühle oder Gedanken (Ambivalenzen) ausgehalten und in ihrer Unbestimmtheit bzw. Mehrdeutigkeit (Ambiguität) vom Einzelnen wie auch einer Gruppe toleriert werden, ist das Ausdruck einer Schattenintegration. Beispiel: So kann ein Patient in der Angst leben, so unkontrolliert brutal wütend wie sein Vater zu werden. Dabei ist dem Patienten der Hass gegenüber seinem Vater klar, das Ausmaß, wie stark er mit seiner duldenden und passiv aggressiven Mutter identifiziert ist, weil er sie liebt, nicht. Schrittweise lernt er in der Gruppe beides wahrnehmen und denken zu können. Gefühle von Schmerz und Trauer kommen hinzu. Das bewirkt eine veränderte reflexive Fähigkeit in einem entwickelten Denk- und Fühlraum. Zusammen betrachtet ist das eine reife psychische Fähigkeit, die als Leistung und Ziel anerkannt werden muss, bricht sie doch unter Belastung, bei Angst und Stress häufig auseinander und muss Schritt für Schritt wieder aufgebaut werden.

Therapeutische Ziele, die zugleich Voraussetzungen für psychische Differenzierung und Integration von Verdrängtem und Abgespaltenem oder noch nicht entwickelten Fähigkeiten meinen:

---

43 Die reflexive Fähigkeit ist als reflexive function scale wissenschaftlich sehr gut untersucht (Poscheschnik, 2012, S. 125).

3 Praxisteil

1. Sichere Rahmenbedingungen garantieren und eine sichere Bindung anbieten
2. Reflexive Fähigkeit und reflexiven Denkraum fördern inklusive Objektkonstanz
3. Erfahrung von Selbstwirksamkeit fördern
4. Gefühlswahrnehmung und – regulation fördern
5. Ambivalenzfähigkeit und Ambiguitätstoleranz (Schattenintegration) fördern

1. Sicherer Rahmen und sichere Bindung. Die Gruppentherapeuten bieten *sichere Rahmenbedingungen* mit sicheren Gruppengrenzen an. Das ist mit der Aufgabe der dynamischen Administration verbunden, wonach alle organisatorischen Fragen nach Raum, Zeit, Vertraulichkeit, Anwesenheit und Unterbrechungen regeln den Gruppenleitern klar sein müssen. Gleichzeitig stellen sie eine sichere Bindung von sich aus zu den sich ihnen anvertrauenden Patienten im Sinne eines therapeutischen Angebotes her. Mit diesen Angeboten wird vom Gruppentherapeuten ein ritueller Raum markiert, in dem etwas Schwieriges und Heilsames in einem respektvollen Miteinander geschehen kann. Das zu vermitteln gelingt nur überzeugend, wenn dieses positive Bindungsangebot und zugewandt werbende Gefühl dem Psychotherapeuten innerlich zur Verfügung steht. Ein therapeutisches Arbeitsbündnis wird so gestärkt. Zudem hat sich Folgendes bewährt: Durch das therapeutische Vorgehen, den Beginn und das Ende einer Therapiesitzung als Rahmenbedingung zu betonen und als Gruppengrenze zu verstehen, sind Klärungen und Konfrontationen beispielsweise mit menschlichen Verlusten und schmerzhaften Ereignissen möglich, weil sich Trennungs- und Verlustthemen häufig an den Grenzen des therapeutischen Rahmens zeigen. Das verbindet das Thema der Rahmenbedingungen mit dem des Bindungssystems. Das Bindungssystem (Bowlby) wird bei allen schmerzhaften und bedrohlichen Erfahrungen, aber auch bei Begrüßung und Verabschiedung, somit zu Beginn einer Gruppensitzung und beim Abschied aller Beteiligten aktiviert (Gloger-Tippelt & König, 2009, S. 6). Sichere Rahmenbedingungen für eine Gruppe und das spürbar einladende Angebot einer sicheren Bindung innerhalb der Gruppe vom Leiter/Conductor zu den Teilnehmenden/Patienten fördern Neugier und Exploration ganz

3.4 Ziele und Interventionen in der (intersubjektiven) Bezogenheit

im Sinne der Bindungstheorie: Je sicherer die Bindung als »sichere Basis«, umso mehr können von dort aus »Entdeckungsreisen« unternommen werden (ebenda, S. 4). Diese Bindungssicherheit zu vermitteln, gelingt meist durch sprachlich aktives Therapeutenverhalten, das als »markiertes Spiegeln« bezeichnet wird. Danach nimmt der Therapeut Bezug auf die von den Patienten geäußerten Gefühle, benennt diese und macht durch Betonung deutlich, dass der Therapeut selbst dieses Gefühl und diesen Schmerz nicht so stark spürt, wie der andere, aber davon berührt ist. Wenn dabei der Patient bei seinem Namen genannt wird, betont dies die Bezogenheit. Das gilt auch für den Psychotherapeuten, der von Patienten namentlich angesprochen wird. Gleichzeitig ist von Bedeutung, den Patienten und der Gruppe in angemessener Weise wirklich das eigene emotionale Berührtsein zur Verfügung zu stellen. Angemessen ist dabei in der Regel, was sich stimmig anfühlt – wie viel eigenen Schrecken zeige ich, wie viel Schmerz und wie viel Tränen der Trauer – auch der Freude – lasse ich zu. Manchmal bekomme ich auf meine emotionale Zuwendung besonders dann spontan positive Rückmeldung, wenn ich meine Tränen nicht ganz zurückgehalten habe.

Um die Rahmenbedingungen für die therapeutische Arbeit mit den Patienten in der Gruppe herzustellen und aufrechtzuerhalten, muss die Aufmerksamkeit des Therapeuten auf der Sicherheit und auf dem Zusammenhalt der Gruppe liegen, auf sicheren und doch durchlässigen Grenzen des Raumes, der Zeit, auf der Aufmerksamkeit und Lebendigkeit. Imaginär stellt sich bei mir, während ich das schreibe, das Bild eines Kreises ein. Er symbolisiert das Kohäsive (Zusammenhalt der äußeren Gestalt) und Kohärente (Zusammenhalt des inhaltlich narrativen Geschehens) der Gruppe der Individuen, der intersubjektiven Beziehungen von mir als Gruppentherapeuten zu den jeweiligen Patienten in der Gruppe und schließlich auch zu mir als Individuum (Selbst-mit-Anderen-Muster). Das so verstandene Kohärente und Kohäsive in der Gruppe vermittelt ein spezifisches Erleben und macht emotional Eindruck, was intrapsychisch als »Imago des Selbst« ausgedrückt werden kann. An dieser Stelle wird deutlich, dass das Selbst eine Gruppe, eine »innere Gruppe«, ist (Kaes, 2009, S. 281 f.). Der jungianische Gruppenanalytiker Wolfgang Kleespies beschrieb 2010 die Gruppe, wenn sie sich zusammenfindet und als solche erlebt wird, ebenfalls mithilfe eines Kreises. Hier verbinden sich (meine)

Imagination und theoretisches Nachdenken. Für Kleespies hat der Kreis eine faszinierend allgemeinmenschliche und somit archetypische Qualität (Kleespies, 2010, S. 402; Kleespies, 1995, S. 159 ff.). Der Kreis einer Gruppe kann für die Teilnehmenden ergreifend wirken, womit emotional das Archetypische qualifiziert ist. Es gibt immer wieder Patienten, die den Stuhl so drehen, dass kein Kreis zustande kommt (Störung/Ruptur). Dadurch wird die spürbare Zugehörigkeit gemieden, was als kreative Leistung des Einzelnen, als dessen Widerstand und als Befund für die Gruppe verstanden, angesprochen und ggf. verändert werden kann (Zusammenhalt/Repair). Mit dieser ersten Voraussetzung – der Förderung einer sicheren Arbeitsbeziehung und Bindung einerseits und sicheren Rahmenbedingungen andererseits, die zugleich therapeutisch als Ziele formuliert werden – kann das Angstniveau aller Beteiligten sinken. Das wiederum hat zur Folge, dass miteinander differenzierter gefühlt, besser gedacht, probiert und neue Erfahrungen reflektiert werden können.

Beispiel: Eine Patientin mit einer unsicheren Bindungserfahrung vermied es in der Gruppe, über das ihr peinliche Thema ihrer Essstörung zu sprechen. Je mehr Vertrauen sie in die Mitpatienten und die Kultur der Gruppe gewann, offen zu sein und ein Risiko zu wagen, umso genauer sprach sie von ihrer Not, der Einsamkeit mit innerer Leere und der rituellen Weise, wie sie vieles aß und dann erbrach. Das ermöglichte den anderen und ihr schrittweise selbst die Gefühle der Leere und der Völle in ihrer Bedeutung, ein ersehntes Gegenüber kompensierend, zu denken und zu spüren. Die gewonnene Sicherheit mit dem Angebot der sicheren Bindung mit ihren Rahmenbedingungen machte den Entwicklungsprozess möglich.

2. *Reflexiver Denk- und Fühl-Raum.*
Die Entwicklung und Förderung der reflexiven Funktion, also eines gemeinsamen, aufeinander bezogenen (related) und individuell getrennten (separated) Denk- und Fühl-Raumes sind wichtig (Poscheschnik, 2012, S. 125 f.). Als reflexive Fähigkeit bezeichne ich eine psychische Kapazität sowohl für Negatives wie Hass, Eifersucht, Neid und quälende Gleichgültigkeit als auch für Positives wie Anerkennung, Fürsorge, Hoffnung und Liebe. Zuvor verdrängte oder abgespaltene psychische Erfahrungsbereiche können bewusst wahrgenommen, anerkannt und mit den bisher

3.4 Ziele und Interventionen in der (intersubjektiven) Bezogenheit

vertrauten psychischen Anteilen verknüpft werden. Dabei werden Fähigkeiten, wie das Nachdenken über wichtige anwesende andere Personen und über die Gruppe gefördert, zu der man gehört, wie auch über sich selbst. Die gemeinsame Beschäftigung mit persönlichen Berichten, zum Beispiel erzählten Träumen in der Gruppe, eröffnet den Denk- und Fühl-Raum und gestaltet ihn zugleich imaginär. Ko-kreative Deutungen als Verbindungen zwischen Vergangenheit und Gegenwart sowie zwischen dem Geschehen außerhalb und innerhalb der Gruppe in symbolisierender Art werden »konsensuell validiert« (Burrow, 1928, S. 360). Konsensuell validiert meint, dass Wahrheit von Erlebtem und Gedachtem in ihrer Bedeutung, Wertigkeit und Gültigkeit in der Gruppe in einem kommunikativen Miteinander im Konsens- und Dissens entsteht. Die Annäherung an so etwas wie Wahrheit als Mischung aus Konstruktion und Rekonstruktion kann von den Gruppenmitgliedern aus ihren verschiedenen Perspektiven auch mit Unterstützung der Gruppentherapeuten schrittweise formuliert, anerkannt und bestätigt oder verworfen werden.

Wenn Burrow von den Teilnehmenden als den *Beobachteten* und *Beobachtenden* spricht (ebenda), so geht es um die Förderung der Fähigkeit, sich und andere im Raum zu beobachten, also nachzudenken, aber auch darum, sich auf die anderen und sich selbst einzulassen, ohne ständig zu beobachten. Beide Schritte sind mitunter hochbedeutsame Veränderungsprozesse vom Nur-Erleben zum Auch-Beobachten oder vom Nur-Beobachten zum Auch-Erleben. So wächst nach meiner Erfahrung ganz langsam eine oszillierende Kapazität für ein sowohl unmittelbares Einlassen auf sich selbst und die anderen Personen als auch fürs Beobachten mit eigener Sprachkompetenz.

Das hier an zweiter Stelle benannte Ziel, die eigene Sprache zu finden, stellt die Mentalisierung und die reflexive Funktion in den Mittelpunkt und ist damit zugleich Voraussetzung für psychische Entwicklung. Dabei wird die Bedeutung von bewusster und unbewusster Erfahrung durch Deutung für die betreffenden Personen (Patient, Patientin, Therapeut, Therapeutin) zentral. Bereits die Markierung und Benennung von Gefühlen, die der eine oder die andere spürt oder die ich selbst als Therapeut spüre, fördern die Fähigkeit, über den anderen und sich selbst nachdenken und nachfühlen zu können. Dies nennen wir mit Bezug auf Peter Fonagy und Jon G. Allen sowie Jeremy Holmes »Mentalisieren« bzw. »Mentalisierung« (Holmes, 2009/2006, S. 62). Wenn Therapeuten (in anderen Kontexten Eltern oder Bezugspersonen) Gedanken und Handlungen interpretieren, dabei ein Gefühl oder eine Wahrnehmung mit einer möglichen Bedeutung benennen, wird sie real und meist auch emotional bewertet. Psychotherapie im Allgemeinen und besonders in der Gruppe stellt einen Rahmen bereit, der die Mentalisierung und die Fähigkeit zur Reflexion fördert. Dabei geht es darum, sich als teilnehmende Person auf andere beziehen zu können, vielleicht sehr innig eine Verbindung bis zur Übereinstimmung zu spüren und sich etwas später wieder vom anderen zu unterscheiden (Knox, 2011, S. 171). Das meint auch das subsidiär archetypisch verstandene Kommunikationsmuster: »Zusammengehören – Trennung bzw. Alleinsein« (Hobson, 1964, S. 147, übersetzt von S. Alder). Dem geht oft das Kommunikationsmuster: »Zusammenhalt – Störung bzw. Zerrüttung« voraus (ebenda). Die Gruppe erlebt einen kohäsiven Zustand, weil Vertrauen zueinander wächst. Zugleich wird dies wie im vorgenannten Beispiel durch das Misstrauen, nicht über die Essstörung zu sprechen, gestört, weil die Scham so überbordend ist. Das schließt das Erleben von Übertragungserfahrungen (»Sie sind wie meine Mutter, mein Vater, mein Bruder, meine Schwester oder Großmutter«) ebenso mit ein wie auch das genaue Erzählen eigener biografischer Abschnitte. Imaginär stelle ich mir hier einen kleinen Kreis für mein Ich in Verbindung zu einem Du in einer Gruppe mehrerer Du-s oder Sie-s vor. Wir als kleine Kreise sitzen auf dem größeren Kreis, der die Gruppe symbolisiert. Innerhalb dieses Kreises bildet sich der reflexive Raum mit seinen Mentalisierung fördernden Funktionen aus. Ein weiterer zentraler Aspekt ist die Entwicklung von *Objektkonstanz* nach Margareth Mahler (Thomä & Kächele, 2006, S. 267, Dornes, 2012, S. 301; Mahler, Pine, Bergman, 1992, S. 142f.). Damit ist gemeint, dass der Patient bzw. die Patientin vom anderen, dem Therapeuten, von Gruppenmitgliedern und der Gruppe bei Bedarf ein hinreichend ambivalenz- und dialogfähiges intrapsychisches Erinnerungsbild und ein In-Beziehung-Sein aktivieren und abrufen können.

3. Selbsturheberschaft und Selbstwirksamkeit:
Gruppentherapeuten können in ihren Patienten die Entwicklung von Selbstwirksamkeit und Selbsturheberschaft als Anerkennen von Dasein und Wertschätzung in einer Gruppe fördern. Die Patienten einer Gruppe

3.4 Ziele und Interventionen in der (intersubjektiven) Bezogenheit

bemerken oft die Entwicklung der Mitpatienten, erleben dann leichter den Bezug zu sich selbst sowie zur Gruppe als Ganzer und erkennen diese Zusammenhänge an. Dabei können Wir-Identität(en), Ich-Identität(en) sowie eine eigene »Wir-Ich-Balance« (Elias, 1987/2021, S. 210) selbstwirksam erlebt, reflektiert und untereinander bezeugt werden. An dieser Stelle gibt es oft Widerstände. Positiv für eine andere Person wirksam gewesen zu sein, mag von den meisten Patienten noch akzeptiert werden. Dasselbe auch für sich selbst anzuerkennen und zuzulassen, stellt sich oft mit vielen Widerständen bzw. Komplikationen dar. So hält sich bei manchen Patienten die Überzeugung, ein schlechter, nicht lebenswerter oder liebenswerter Mensch zu sein, sehr hartnäckig, weil dies die Botschaft der inneren Mutter, des inneren Vaters oder einer der Großelternteile war und zu einem Teil der eigenen Identität geworden ist. Würde jemand diese negative Überzeugung von sich selbst loslassen, verlöre er, das ist ein Aspekt der Angst, die letzte intrapsychische Verbindung zur (inneren) Mutter oder Vater.

Zur Selbstwirksamkeit, die zugleich Voraussetzung und Ziel für eine psychisch gesündere Entwicklung ist, kommen wir jetzt. Die Unterstützung der Selbstwirksamkeitserfahrung beginnt in der Gruppe bereits damit, wie die eigene Stimme gefunden wird und wie die anderen darauf reagieren. Für den Gruppentherapeuten ist es wichtig, eine intuitive Vorstellung davon zu bekommen, auf welcher psychosozialen Stufe der Selbstwirksamkeit die Patientin oder der Patient intersubjektiv erreicht werden kann (»Self as agent«, Knox, 2011, S. 9)[44]. Dabei geht es um das Niveau der Regression, das von beiden Seiten erforderlich ist, um sich zu begegnen. Von einer bindungstheoretischen Perspektive aus geht es um das unbewusst vorherrschende Arbeitsmodell (Bowlby), das als Beziehungsangebot vom Patienten zum Gruppentherapeuten und zur Gruppe gelebt wird. Die Frage ist, ob eine unmittelbare Verbindung und Bedürfnisbefriedigung, – jemand muss jetzt etwas trinken oder zur Toilette gehen – (perfect contingency, Gergely & Watson, 1996, in Knox, 2011, S. 180)

---

44 Leider musste aus Platzgründen eine Entwicklungspsychologie von Jean Knox (2011), die die Selbstwirksamkeit und Selbsturheberschaft in ihren Veränderungsprozessen in Bezug zu wichtigen Bezugspersonen beschreibt, verzichtet werden.

erforderlich ist oder ob in darauffolgenden entwicklungspsychologischen Stadien zunehmender Separation eine eher »imperfect contingency« – Bedürfnisse können aufgeschoben und benannt werden ohne sie zu befriedigen – vorliegt. Oder genügt es unter Umständen vielleicht, dass sich das Interesse der Resonanzerwartung der Patienten von der Ähnlichkeit zur Differenz hinbewegt[45]. Andere Autoren wie Tronick und Beebe sind im Gegensatz zu Gergely und Watson der Ansicht, dass Erfahrungen von Störung und Reparatur[46] vom Beginn des Lebens an unabdingbar für die unbewussten Dynamiken der Bindungsentwicklung zwischen Mutter und Kind und demnach auch zwischen Therapeuten und Patienten sind. Knox stellt beide Betrachtungen deshalb nebeneinander, weil sie, und dem stimme ich zu, beide Modelle für wichtig erachtet, um den Entwicklungsprozess der Mentalisierung, der reflexiven Funktion und der Selbstwirksamkeit zu denken. Praktisch psychotherapeutisch bedeuten diese beiden entwicklungspsychologischen Annahmen ein Sowohl-als-auch: Entweder ist zu Beginn der therapeutischen Beziehungsgestaltung unmittelbare Bedürfnisbefriedigung für das Entstehen einer sicheren Bindung nötig, oder von Beginn (des Lebens bzw. der Gruppentherapie) an kann es zu Missverständnissen und Brüchen in der Bindung kommen, die jedoch, wenn nicht zu lange gewartet wird, ohne Beschädigungen für den Patienten (das Kind) »repariert« werden können. Dass wir als Psychotherapeuten unsere Patienten über längere Zeit durchaus sehr bezogen mit einem hohen Maß an unmittelbarer Reaktion ähnlich dem »Prinzip Antwort« der psychoanalytisch-interaktionellen Konzeption der Göttinger Schule (Staats, Dally, Bolm, 2014, S. 53) begleiten müssen (je mehr strukturelle Störung bzw. Wunsch nach Entwicklung vorliegt, umso länger ist es nötig), lässt sich daraus ableiten. Schrittweise werden wir miteinander erleben, wie Störungen, Missverständnisse, Pausen im Therapieprozess zu Brüchen führen, die überbrückt und repariert werden müssen, um das basale Vertrauen (epistemisches Vertrauen bzw. Urvertrauen nach Erik Erikson) zu entwickeln. Erst mit einem Minimum an Urvertrauen/epistemischem Vertrauen zu wenigen anderen und einer oder zwei Bezugs-

---

45 »interest shifts from similarity to difference«, Knox, 2011, S. 181.
46 »disruptions and repair«, Marmaroch, 2021, S. 205; Safran, J. D., Muran, J. C., Samstag, L. W., Stevens, C., 2001, S. 409f.

gruppen kann ein solches Vertrauen auch zu sich selbst wachsen. Für manche Patienten erfordert das einen schmerzhaft langen und schweren Wandlungsprozess, der auch im Psychotherapeuten Spuren hinterlässt.

4. *Gefühlsregulation.*
Eine Förderung der Wahrnehmung und Regulation von Gefühlen, Körperreaktionen, Gedanken und Handlungsszenen ist von grundlegender psychischer Bedeutung. Dafür stellt die Gruppentherapie ein gutes Übungsfeld bereit. Eigene Gefühle und die der anderen nicht nur wahrnehmen, sondern benennen und regulierend beeinflussen zu lernen, was durch wechselseitige Rückmeldungen anerkannt und bezeugt werden kann, stärkt die Kompetenz zur Gefühlsregulation. Wenn die Wahrnehmung der eigenen Gefühle oder der Gefühle von anderen, (die manchen leichter gelingt als bei sich selbst) als Fähigkeit zur Verfügung steht, öffnen sich damit Möglichkeiten der Gefühlsregulation. Gefühle können verstärkt, moduliert und sie können vermindert, beruhigt und begrenzt werden.

5. *Ambivalenz und Ambiguität.*
Der fünfte Themenschwerpunkt, der therapeutisches Ziel und, wenn davon ein kleiner Teil vorhanden ist, zugleich Voraussetzung für therapeutische Veränderungsprozesse ist, weist auf Ambivalenzfähigkeit und Ambiguitätstoleranz hin. Beides sind zwei psychisch regulatorische Kompetenzen, die einerseits die Gefühlsregulation ermöglichen und verbessern, andererseits sowohl die Selbstwirksamkeit als auch die reflexive Fähigkeit einer Person fördern (Kapazität für Negatives wie Wut, Hass und Destruktion sowie für Positives wie Hoffnung und Liebe). Zuvor verdrängte oder abgespaltene psychische Erfahrungsbereiche können bewusst wahrgenommen, anerkannt und mit den bisher vertrauten psychischen Anteilen verknüpft werden. Wenn das zuvor eher unbewusst gebliebene Verdrängte oder Abgespaltene bewusstwerden kann, weil gegensätzliche Gefühle oder Gedanken (Ambivalenzen) ausgehalten und in ihrer Unbestimmtheit (Ambiguität) vom Einzelnen wie auch der Gruppe toleriert werden, ist das Ausdruck einer Schattenintegration. Das ist eine reife psychische Fähigkeit, auf die ich im folgenden Abschnitt eingehen werde.

3.4.3 Ergänzung der therapeutischen Ziele: Schattenintegration, Individuation und Sozialisation

Wenn bei einem anderen oder der ganzen Gruppe ein unbekannter, entwerteter oder verachteter Aspekt wahrgenommen und ausgesprochen wird, sprechen wir in der Analytischen Psychologie von »dem Schatten«. Bei diesem oft auf den Anderen projizierten Anteil kann es sich um einen bisher unbekannten, abgewehrten oder abgespaltenen Aspekt der eigenen Person handeln. Ich denke dabei neben dem Abwehrmechanismus der Verdrängung auch an den der Spaltung oder Dissoziation. Die Empörung über den anderen in der Gruppe stellt sich oft als bekämpfter eigener Teil der eigenen Person heraus, dem im anderen begegnet wird. Der Umgang der Gruppe mit dieser Szene kann im Sinne des Modelllernens den oder die Einzelne beeindrucken und von ihm oder ihr verinnerlicht werden. Auffallende Aspekte beim anderen, negative wie positive, stellen sich oft als eigene Schattenanteile heraus.

Die Schattenintegration gelingt, wenn die von Therapeuten und Patienten gemeinsam validierte Deutung als ein neues Verstehen von bisher unbewussten Zusammenhängen zu einer erweiterten Perspektive auf andere Menschen, zu sich selbst oder/und auf die Welt führt. Ebenso können neue interpersonale Beziehungserfahrungen so verinnerlicht werden, dass diese zu mehr Vertrauen und besserer Mentalisierungsfähigkeit führen oder/und Patienten regressive Erfahrungen machen, um progressiv biografisch bedeutsame Erfahrungen in das eigene aktuelle Leben sinnvoll einordnen zu können. Schattenintegration ist also eine reife psychische Fähigkeit, die als eine synthetische Leistung anerkannt werden muss. So etwas ist meist im Rückblick möglich. Wenn Stress, Angst oder traumatisierende Zustände dominieren, können solche gewonnenen Integrationsschritte wieder auseinanderfallen. Psychotherapieerfahrungen helfen den Betroffenen, solche Krisenzeiten besser zu bewältigen.

Alle fünf ausgeführten Bereiche (inklusive der Schattenintegration mit der Anerkennung weiterer verdrängter oder dissoziierter Bereiche im Unbewussten, imaginiert als »Schatten«) beruhen auf der lebenslangen Möglichkeit zur individuellen Entwicklung in intersubjektiver Bezogenheit. Eine solche Entwicklung hin zu mehr Zusammenhang, mehr Ordnung und Verbindung, schließlich zu einer unabgeschlossenen Ganzheit, hat Jung als *Individuation* bezeichnet. Er hat darüber viel geschrieben, eine kurze Definition ist die folgende:

»Die Individuation ist ein Einswerden mit sich selbst und zugleich mit der Menschheit, die man ja auch ist« (Jung, 1941, GW 16, § 227). Hier wird deutlich, wie stark das Individuum und die Menschheit für Jung verwoben sind. Somit ist auch aus der Perspektive der Analytischen Psychologie naheliegend, dass die Entwicklung des Einzelnen mit differenzierenden Reifungs- und Werdeprozessen, als Individuation konzipiert, immer mit einem sozialen und interpersonalen Prozess einhergeht. Dieser Prozess kann nun »Sozialisation« genannt werden. Ein Verständnis von *Sozialisation*[47], welches die soziale, relationale und intersubjektive Perspektive betont, ist von einem Prozess der Individuation nicht zu trennen. Hierbei verhält es sich wie bei Psychogenese und Soziogenese bzw. der Psychodynamik und Gruppendynamik eines Menschen, die ebenfalls zwei getrennte Perspektiven auf ein und denselben Veränderungsprozess eines Menschen in einer Gemeinschaft sind. Individuation ist demnach wechselwirkend als Sozialisation im Erleben und Wirken der Individuen verankert und an Gruppen gebunden.

3.4.4 Umstrukturierungsskala und ihre Anwendung

Zusammenfassung

Ein Modell der psychosozialen Wandlung, das für jeden einzelnen zutrifft.

Ein weiterer Blick auf Veränderungsprozesse in Psychotherapien ermöglicht die Heidelberger Umstrukturierungsskala (Arbeitskreis OPD-3, 2023,

---

47 James Anthony schreibt bereits 1957 zur Sozialisation als wirksamen Faktor in Gruppentherapien (Foulkes & Anthony, 1957, S. 199). Siehe auch Abschnitt zu Wirkfaktoren ▶ Kap. 3.4.6 .

3 Praxisteil

S. 280 f.). Auch wenn die Beschreibung für das dyadische therapeutische Arbeiten entworfen wurde, so ist sie für mein Dafürhalten unmittelbar für die Patienten und deren veränderte Wahrnehmung, Bewältigung von Konflikten oder strukturelle Veränderung in Gruppentherapien anzuwenden. Der Fokus einer Psychotherapie bezeichnet den Konflikt oder das strukturelle Defizit oder die bestimmte Art einer meist dysfunktionalen Beziehungsgestaltung, »die die Störung eines:r Patienten:in verursachen und aufrechterhalten, sodass sich in Bezug auf sie etwas ändern müsste, wenn ein nachhaltiger Erfolg erzielt werden soll« (ebenda). Bleiben wir bei der Formulierung von therapeutischen Zielen im Rahmen der Gruppenpsychotherapie. Die Umstrukturierungsskala unterscheidet sieben aufeinanderfolgende Entwicklungsstufen, wie sie in einer Abbildung der OPD zu finden sind (Arbeitskreis OPD-3, 2023, S. 280):

Stufe 1: »Nichtwahrnehmung des Fokusproblems«
Stufe 2: »Ungewollte Beschäftigung mit dem Fokus«
Stufe 3: »Vage Fokuswahrnehmung«
Stufe 4: »Anerkennung und Erkundung des Fokus
Stufe 5: »Auflösung alter Strukturen im Fokusbereich
Stufe 6: »Neustrukturierung im Fokusbereich«
Stufe 7: »Auflösung des Fokus« (ebenda).

Die durch die bereits beschriebene OPD identifizierten Veränderungsprozesse, wie sie von Patienten angesprochen und reflektiert und von Psychotherapeuten aufgenommen werden, sollen uns jetzt beschäftigen. Die zentralen Problembereiche der Patienten, die im dysfunktionalen Beziehungsverhalten, im dominierenden Konflikt mit seinem jeweiligen Kernaffekt (zentrale Affekte des Leidens), seinen Leitaffekten (Gefühle der Abwehr und Bewältigung) und dem psychischen Strukturniveau diagnostiziert werden, stellen den Fokus bzw. die Foki der Behandlung dar (ebenda). Die therapeutischen Ziele sind in dieser Betrachtung die schrittweise Wahrnehmung des Fokus, welcher es immer sein mag. Kann dieser Fokus vage wahrgenommen (Stufe 3), später im Therapieprozess anerkannt und erkundet werden, sind wir bereits im Prozess der Bewältigung (Stufe 5 und 6). Jede Gruppentherapiestunde ist zu Beginn damit beschäftigt, in aller Unbestimmtheit die Gefühle und Themen auszudrü-

3.4 Ziele und Interventionen in der (intersubjektiven) Bezogenheit

cken. Manchmal gilt es, dafür miteinander Worte und Metaphern zu finden, die mit den Körperreaktionen in der Gruppe und den bestehenden Beziehungen verständlicher werden. Die Anerkennung des Fokus ist damit ein wichtiger Schritt, um alternative Bewältigungsmöglichkeiten zu entwickeln. Das führe ich im folgenden Abschnitt etwas ausführlicher aus. Die Einzelheiten helfen die realen Ziele klar zu sehen. Therapeutisches Ziel ist es immer, von einer Stufe der Erkenntnis zur nächsten zu gelangen und dabei tendenziell einen Prozess der Gesundung zu erleben. Das ist mit Reduktion der krankheitswertigen Symptomatik und einer Veränderung von psychosozialen Fähigkeiten, meist auch Einsicht in psycho-gruppendynamische Zusammenhänge verknüpft. Zu Beginn geht es darum, das Problem wahrzunehmen. Dazu ein Beispiel: Eine 33-jährige Patientin kann sich nicht von anderen Menschen abgrenzen, sie nimmt alles vom anderen auf und nach einigen Stunden ändert sich plötzlich ihr Zustand. Sie schottet sich ab, lässt nichts und niemanden mehr an sich heran. Dabei verspürt sie Panikzustände, Schmerzen im Körper und manchmal sei sie voller Hass und mörderischen Gedanken gegenüber anderen oder sich selbst. Soweit sei die Symptomatik beschrieben. Sie ist bereit, obwohl sie einige Bedenken hat, doch zur Gruppentherapie zu kommen. Von der völligen Unklarheit der Patientin, welcher Art ihre Probleme und Konflikte seien, entwickelt sie ein Bewusstsein zu dem vorhandenen Leidensdruck durch Symptome, Schwierigkeiten mit anderen Menschen und möglichen Bedrohungen, die von außen kommen. Zu Beginn kann die Patientin ihre Not nicht verstehen. Bis vor zwei Jahren habe sie gar kein Problem gehabt (Stufe 1: »Nichtwahrnehmung des Fokusproblems«). Aufgrund der Panikzustände und Ärger mit Kollegen bildete sich eine »ungewollte Beschäftigung mit dem Fokus heraus« (Stufe 2). Während der ersten psychotherapeutischen Gespräche in der Gruppe entstand eine »passive Beschäftigung mit dem Fokus, ansatzweise Anerkennung, Ahnung eigener Verantwortung« (Stufe 3). Das verbindet sich bei der Patientin mit »fehlender Abgrenzungsfähigkeit zwischen sich selbst und anderen bei mangelhafter Gefühlsregulation«. Dieser Schritt beschreibt die Mühen, von der passiven zur aktiven Beschäftigung mit dem Fokus und der Anerkennung desselben, was den nächsten Schritt markiert (Stufe 4). Es folgen nach längerem Therapieprozess psychische Veränderungen, die als »Auflösung alter psychischer Strukturen im Fokusbereich« (Stufe 5) bezeichnet werden (ebenda). Wenn es zu einer »Neustrukturierung im Fokusbereich« (Stufe 6) kommt, nehmen die Beteiligten in der Gruppe ein »versöhnliches Erleben, neue Erlebens- und Verhaltensmöglichkeiten« (ebenda) miteinander wahr. Wenn so etwas wie »Integration, Selbstübereinstimmung, realitätsgerechtes Erleben und Neugestaltungen« von Gruppenmitgliedern reflektiert werden, spricht die Heidelberger Umstrukturierungsskala vom »Auflösen des Fokus« (Stufe 7) (ebenda).

Verblüffend ist die Ähnlichkeit zwischen der prozesshaften Veränderung des Fokus mit dem Konzept des gefühlsbetonten Komplexes in der Analytischen Psychologie und wie Komplexe, die als unbewusste Teilpersönlichkeiten bzw. als die Seele eines Menschen beherrschende Gefühls-, Verhaltens- und Denkstrukturen verstanden werden, sich verändern können. Das beschreibt für die Gruppenpsychotherapie der Analytische Psychologe und Gruppenanalytiker Ulrich Stuck (Stuck, 2020, S. 82 ff.). Wenn das Bezogensein im Vordergrund der Betrachtung steht, sind Komplexe unbewusste autonom wirkende Beziehungsmuster. Dafür stelle ich ein weiteres Beispiel zur Verfügung: Ein Mann mit einer mürrischen Fassade (Persona), die ihm nicht bewusst ist (Stufe 1), kommt in die Praxis einer Psychotherapeutin (Psychosomatik) wegen Schlafstörungen und Kopfschmerzen, weshalb er schon mehrfach arbeitsunfähig war. Er wird aufgrund einer neuen Arbeitsstelle zu einer ungewollten Beschäftigung mit diesem Fokus gedrängt. Dort teilte ihm eine Mitarbeiterin mit, dass er ständig ein mürrisch gereiztes Gesicht mache und dadurch abweisend und auf andere etwas überheblich wirke, was seine Mitarbeiter und Mitarbeiterinnen wiederum verunsichere und ärgere (Stufe 2). Das brachte der Patient nun mit ins Vorgespräch einer Kollegin, die bei mir in Supervision ist. In dieser Psychotherapie in einer wöchentlich festgesetzten Gruppensitzung ahnt der depressive Patient etwas, findet noch keine Worte dafür, was mit einer vagen Fokuswahrnehmung zu verbinden ist (Stufe 3). Ein negativer Mutterkomplex wird von der Kollegin beschrieben. Die mürrische Mimik wird ihm in der Gruppensituation als Anfrage, was mit ihm los sei, bewusster. Schritt für Schritt kann er diesen inneren Zustand, der ihm über längere Zeit so unhinterfragt vertraut war, anerkennen und erkunden (Stufe 4). Als ihm schmerzlich klar wird, dass er in seinen Mitmenschen oft seine Mutter und seine Schwester sieht, die ihm ständig Vorwürfe machten, dass er nicht gut genug sei, und das in der Gegenwart gar nicht mehr

3.4 Ziele und Interventionen in der (intersubjektiven) Bezogenheit

zutreffe, wird die Wirkkraft dieses negativen Mutterkomplexes schwächer. Alte Strukturen werden brüchig (Stufe 5). Als seine Frau und seine Kinder ihm mehrfach und glaubhaft rückmelden, dass er, seit er in die Gruppe gehe, immer öfter mit einem freien Lächeln nach Hause komme, fängt er selbst an zu lachen und ist doch manchmal traurig und verwirrt. Nach einiger Zeit, das können schon mehr als eins bis zwei Jahre sein, betrauert er sein Verhalten, wird versöhnlicher und wundert sich manchmal, wie er früher so drauf war (Stufe 6). Aus der Gruppentherapie habe er sich inzwischen verabschiedet, berichtete mir meine Supervisandin. Er sei danach noch einmal zu einem Gespräch gekommen. Manchmal komme der mürrisch gereizte Zustand wieder hoch und mache sich in ihm breit. Dann nehme er sich Zeit, erinnere sich an seine Therapieerfahrungen, spreche mit seiner Frau, seinen Kindern und seinen Freunden. So gelinge ihm eine Art von Integration und Selbstübereinstimmung mit Neugestaltung von Beziehungen (Stufe 7), was ich hier sehr reduziert zur Veranschaulichung beschrieben habe. Der negative Mutterkomplex hat sich aufgelöst, auch in der Supervisionssituation, so wie der Fokus nach der Heidelberger Umstrukturierungsskala. So einfach und glatt geht es selten voran. Je einfacher und unkomplizierter ein Verlauf erscheint, umso instabiler ist er in der Regel.

3.4.5 Widerstand gegen Ziele und Interventionen

Es gilt die Regel, dass wir als Therapeuten den Widerstand bei uns selbst oder dem sich uns Anvertrauenden wahrnehmen und daran orientiert therapeutisch arbeiten. Widerstand klingt am Anfang vielleicht eher technisch und gefühlsarm. So ist es nicht. Ein Merksatz für uns Gruppentherapeuten:

> Am Widerstand lokalisiert sich das unbewusste oder bald vorbewusste Thema des Einzelnen und der Gruppe.

Ein Beispiel aus der Gruppentherapie einer Therapeutin, deren Supervisor ich war: Eine Patientin hatte dringend um ein Einzelgespräch gebeten. Sie habe ein Thema, das nicht in der Gruppe besprochen werden könne. Sie hatte sich eine sexuell übertragbare Erkrankung zugezogen. Das habe sie über mehrere Wochen nicht bemerkt. Fast beiläufig hatte sie einen Termin bei ihrer Frauenärztin gemacht und sich untersuchen lassen. Die Genitalwarze wurde operativ entfernt. Seitdem fühle sie sich als Frau in ihrem Inneren unangenehm, eklig und verachte sich. Das sei ihr furchtbar peinlich. Dabei entstand in der Gruppentherapeutin ebenfalls ein Schamgefühl. In der Supervision berichtete sie weiter, dass die Patientin gedanklich dermaßen stark davon okkupiert war, dass sie schlecht schlafe und im Kontakt zu anderen Menschen stark verunsichert sei. In der Gruppensitzung davor ging es darum, dass ein anderer Gruppenpatient von seiner Not mit seiner Partnerin sprach, weil sie sexuell nicht zueinanderkämen. Er fühle zwar am Anfang den Wunsch nach Nähe und Zärtlichkeit, wenn es allerdings zu ersten Berührungen komme, erstarre er und ziehe sich zurück. Das Gruppenthema war von Schamgefühlen geprägt. In der Gruppensituation sprachen alle darüber, was sie von den anderen benötigen, um in der Gruppe weniger misstrauisch zu sein, um doch vertrauen zu können. Wie zeigt sich nun der Widerstand in der Gruppe, der sich im Einzelnen in Beziehung zu den anderen lokalisiert? Das war das Thema in der Supervision. Fragen tauchten auf zum Vertrauen-Misstrauen, Scham und Sicherheit, hält der therapeutische Rahmen? Geht es um das eigene Körpererleben, insbesondere das Körpergefühl im Genitalbereich? Geht es um die dyadische Bezogenheit, die von Beschämung, Entwertung und Ausschluss bedroht war? Geht es um eine ödipale Dreiecksbeziehung, bei der die Supervisandin, der Supervisor und die Patientin sexuelle Fantasien mit irgendwie krankmachenden Wirkungen hegen und sich dafür schämen? Der Wunsch, die Gefühle der Scham, der Bedrohung und Todesangst zu verstehen wäre hier bedeutsam. Doch zunächst blieb ein Verständnis aus. Die tiefe, mit einer existenziellen Bedrohung verbundene Scham musste weiter gehalten und von der Gruppentherapeutin und mir als Supervisor ausgehalten werden. In der Gruppe bekamen durch die anderen Patienten Themen der Pornosucht, der Essstörung, des Verrats an den Eltern, dabei ein Erleben von Wut, Zorn, Trauer, aber auch eine Art Selbstauflösung in einer Gewaltbeziehung einen wichtigen Stellenwert. Erst einige Monate später führte für die geschilderte Patientin, so die Supervisandin, die Spur zu einem geheimen sexuellen

Missbrauch durch ihren Vater, den er an ihr in sehr frühen Lebensjahren begangen habe. Das habe die Großmutter der Patientin erzählt. Offenbar tödliche Verachtung prägte die Familie. Das reinszenierte sich in der supervidierten Gruppe, in der Einzelsitzung und in der Supervision. So glaubte die Kollegin über mehrere Monate, alles therapeutisch falsch gemacht zu haben und ich als Supervisor würde darüber richten, wie der Vater oder die Großmutter der Patientin. Diese Widerstände sind, so zeigt es das Beispiel, nicht nur Widerstände im Sinne von: »Ich kann mich nicht erinnern, ich kann nicht nachfragen, ich bin aus Angst und Scham blockiert«, sondern es sind Reinszenierungen von oft traumatischen Erfahrungen (Wiederholungszwang) als Voraussetzung für Erinnern und Durcharbeiten.[48]

3.4.6 Wirkfaktoren

Zusammenfassung

Faktoren, die in Gruppen und für die Teilnehmenden wirken, sind faszinierend. Sie geschehen, wenn wir sie zulassen. Weil wir sie kennen, können wir sie wahrnehmen und anerkennen.

Eine an der Praxis orientierte psychodynamische bzw. gruppenanalytische Therapie muss die von Irvin D. Yalom (2005a, S. 99) beschriebenen und untersuchten Wirkfaktoren im Blick behalten. Zwölf sind es insgesamt. In einigen Untersuchungen wurden diese auf vier »therapeutische Faktoren« reduziert. Es handelt sich um folgende: Supportiv sein, Selbstoffenbarung, Lernen und psychologische Arbeit (Strauß, 2022, S. 141). Die Begriffe sind fast selbsterklärend, bedürfen jedoch einer Ausführung.

Zu den Wirkfaktoren von Yalom:

---

48 Der Philosoph Christoph Türcke entwickelte das Konzept vom »traumatischen Wiederholungszwang« als den »menschlichen Trieb per excellence« (Türcke, 2008, S. 234), der nicht nur Gemeinschaften und Kulturen prägen kann, sondern kleine und größere Gruppen, Institutionen und deren Individuen. (▶ Kap. 2.2.7).

Das Arbeitsbündnis zwischen Patienten und Arzt/Psychotherapeut gilt als allgemeiner Wirkfaktor von fundamentaler Bedeutung. Diese als fundamental bezeichnete Bedeutung des Arbeitsbündnisses ist durch mehrere Metaanalysen bestätigt worden. Danach ist das Ergebnis der Behandlung positiv korreliert, je günstiger die Qualität des Arbeitsbündnisses zwischen Arzt/Psychotherapeut und Patient war (Poscheschnik, 2012, S. 109).

Die zwölf speziellen Wirkfaktoren, die Yalom bereits 1995 vorstellte, werden aus meiner Erfahrung kurz beschrieben (Yalom, 1995/2005a, S. 99).

1. Interpersonales Lernen, Input
2. Katharsis
3. Kohäsion
4. Selbstverständnis und Einsicht
5. Interpersonales Lernen, Output
6. Existentielle Faktoren
7. Universalität des Leidens
8. Hoffnung-Einflößen
9. Altruismus
10. Wiederbeleben der Familiensituation
11. Anleitung
12. Identifizierung

Bereits beim Beschreiben der Widerstandsphänomene in Gruppentherapien zeigt sich, was interpersonales Lernen bedeutet und was (nicht) geschieht, wenn dies behindert wird. Durch eine Kultur des miteinander Gefühle Einbeziehens und in Bezogenheit Sprechens wird ein Input für jeden Teilnehmenden gegeben, der die Arbeitsbeziehung und den Zusammenhalt der Gruppe fördert (1.). Ebenso treten Situationen der Katharsis (Entlastung, Befreiung) auf. Diese emotionalen und meist konflikthaften Offenbarungen (Selbstöffnungen) einzelner in der Gruppe, die für die Sprechenden kathartisch (befreiend, reinigend, entlastend) wirken (2.), sind wichtige Erfahrungen von Teilnehmenden, dass diese Gruppe hinreichend sicher erlebt wird, dass es Vertrauen zueinander gibt und somit der Zusammenhalt (Kohäsion) der Gruppe gestärkt wird (3.). Vertrauen wagen und dies erleben, ist oft zugleich testen, ob und wie das

3.4 Ziele und Interventionen in der (intersubjektiven) Bezogenheit

möglich ist. Gleichwohl können Geständnisse auch als Formen der psychosozialen Abwehr gedacht werden, weil es manchmal leichter ist, etwas zu »beichten« als sich den eigenen Liebeswünschen oder Neidfantasien zu anderen in der Gruppe zuzuwenden. Können diese Gedanken und Gefühle in der Gruppe mitgeteilt werden, wirkt das für die Betreffenden entlastend und befreit in Anteilen von Angst und Scham. Das Selbstverständnis bzw. die Einsicht in neue Zusammenhänge (4.) fördert die Fähigkeit, darüber zu anderen zu sprechen (Interpersonales Lernen, Output, 5.). Auf diese Weise werden existenzielle Themen wie das Sterben und der Tod, Erfahrungen von existenzieller Einsamkeit und erlebter Freiheit ausgesprochen. Das ebnet den Weg zum gemeinsamen Nachdenken und Berichten über Erfahrungen von Sinnlosigkeit oder Sinnhaftigkeit, auch mit Bezug zur aktuellen Gruppenarbeit (6.). Die Universalität des Leidens ist angesichts der verschiedenen Lebensgeschichten der anderen Gruppenmitglieder offensichtlich (7.). Das führt dazu, dass Hoffnung entsteht, sodass gemeinsam eine Lösung für vorher unlösbar erscheinende Konflikte gefunden werden kann (8.). Hier wächst die Erkenntnis, dass wir als egoistische Mitmenschen altruistisch aufeinander angewiesen sind (9.). Das fördert Assoziationen zu familiären Erfahrungen, ob sie nun hilfreich oder zerstörerisch waren. Wichtig ist, dass die Wiederbelebung bzw. Reinszenierung von dann erinnerten familiären Konstellationen von anderen erkannt und anerkannt wird (10.). Das öffnet den Weg für persönliche Veränderung. Eine Anleitung, wie ein Problem erkannt und ggf. gelöst werden kann (11.), gelingt immer über Identifikation mit oder in Abgrenzung zu einer wertgeschätzten anderen Person (12.), die ein Mitpatient oder der/die Gruppenpsychotherapeutin sein kann (Weiterführendes siehe bei Bernhard Strauß, 2022, S. 141).

Als weiteren Wirkfaktor verstehe ich die Erfahrung der unmittelbaren Person-Person-Begegnung. Für mich ist der von Daniel Stern detailliert beschriebene intuitiv wahrnehmbare Gegenwartsmoment oder das Moment der intersubjektiven Begegnung (Stern, 2014, S. 88) unverzichtbar. Diese Art der intersubjektiven Begegnung zeichnet das Moment der Unmittelbarkeit aus, welches Bion als »at-one-ment with O« (Lopez-Corvo, 2003, S. 198) mit dem »Ding an sich« und in seiner abstrakten Kategorisierung mit Begegnung in »O« benennt. Dabei tauchen die Gefühle Ehrfurcht und Staunen (reverence and awe) auf. Von C. G. Jung liegt die große

Bedeutung der numinosen Begegnung auf derselben Ebene. Er hebt das Erleben von Faszination und Schrecken hervor, das jeden Beteiligten in der Begegnung ergreift. Schließlich wird »der Zugang zum Numinosen die eigentliche Therapie […] Die Krankheit selbst nimmt numinosen Charakter an« (Jung 1972, Briefe I, S. 465). Wie in der Heidelberger Umstrukturierungsskala abzulesen ist, kommt es zur Auflösung des Konflikts (Arbeitskreis OPD-3, 2023, S. 280 f.). Das führt zu einer oft ergreifenden und erstaunlichen Veränderung hinsichtlich der Bewertung des früheren Konflikts. Diese intensive Qualität der intersubjektiven Begegnung ist potenziell als Präsenzerleben (Nissen) im Bewusstsein der beteiligten Personen lange lebendig. Diesen Zusammenhang zwischen intersubjektivem Präsenzerleben und seinen möglichen Komplikationen, um daraus eine nachhaltige Repräsentation im Gedächtnis der Beteiligten zu ermöglichen, entwickelte konzeptionell der Berliner Psychoanalytiker Bernd Nissen (Nissen, 2014, S. 75 ff.). Ich stelle das hier vereinfacht dar. Die intersubjektive Begegnung geschieht. Für die beteiligten Personen ist klar: Jetzt ist etwas Besonderes geschehen. Was das ist, kann schrittweise miteinander besprochen werden. Die erste Schwierigkeit besteht darin, dass diese präsente Begegnung eine besondere Situation hervorruft. Nissen bezieht sich auf Bion, der schreibt: »Aus einer bestimmten Unbestimmtheit, der Präsenz, emergiert nach Bion eine Konstellation« (Nissen, 2014, S. 75). In dieser Konstellation steckt die Möglichkeit für eine konstante Verbindung. Nissen benutzt mit Bezug zu Bion den Begriff Konstellation zur Bezeichnung des Prozesses, der eine »konstante Verbindung« einleitet (Bion, 1970/2006, S. 43. FN1). In dieser Konstellation ist etwas »unabweisbar da« Nissen, 2014, S. 76). Eine Wahrheit wurde gemeinsam gefunden und konnte ausgedrückt werden, um als feststehender Begriff oder als Wortschöpfung für diese Gruppe bestehen zu bleiben. Die Entstehung von etwas Neuem hat wohl jede bzw. jeder Gruppentherapeut bereits erlebt. Zuerst bildet sich aus einem Präsenzereignis eine Verbindung, ein Band, heraus, das auch als Gegenwartsmoment oder als numinose Begegnung benannt wird, eine Verbindung – sowohl intersubjektiv zwischen Person A und B (Therapeut und Patient) als auch intrapsychisch zwischen Mutter-Imago und Kind-Imago. Nun ist ein bildhaftes Wort, »das Band« einer gemeinsamen Schöpfung, aufgetaucht. Auch das unterliegt Widerständen und Gefahren. Es kann kommunikativ zu wenig anerkannt, zu wenig be-

3.4 Ziele und Interventionen in der (intersubjektiven) Bezogenheit

zeugt und zu wenig geglaubt werden. Die vorerst letzte Schwierigkeit besteht in der Frage, ob und wie die Verbindung, der Gedanke der Verbindung, die bildliche Wortneuschöpfung und seine Anerkennung durch die Gruppe Bestand hat (überlebt) »in Abwesenheit« (ebenda, S. 78) der Gruppe einschließlich des Therapeuten. Damit ist die Frage verbunden, wie diese komplexe Interaktionserfahrung aus der Gruppenmatrix in das intrapsychische Netzwerk (persönliche Matrix) eingefügt werden kann. Damit umreiße ich einen der wichtigsten psychischen Prozesse der Wandlung, der Transformation. Der nächste Abschnitt befasst sich mit Interventionen, die in der Regel von Gruppenpsychotherapeuten ausgehen und eben diese psychischen Veränderungsprozesse mit im Blick haben. Ich gehe davon aus, dass psychische Veränderung nicht nach einem Regelwerk, nach einem Manual oder bestimmten Interventionen erfolgen kann. Solche Techniken oder Interventionen stellen eine Art Handwerkszeug dar, an das zu denken ist. Psychische Begegnungen und ihre möglichen Veränderungen sind nicht planbar. Aber wir können uns, wenn sie geschehen, freuen und dankbar sein. Meist geht den ergreifenden Begegnungen ein schmerzhaftes, manchmal verzweifeltes Ringen um Verbindung voraus.

Die Gruppentherapeuten als Faktor: Wohl unstrittig ist, in welchem Ausmaß die Leitenden die Gruppenprozesse beeinflussen. Nicht alle Gruppentherapeuten sind gleich. Manche registrieren sehr aufmerksam, wie es den Patientinnen und Patienten emotional geht, ob sie gestresst, ob sie zugewandt oder gar dissoziiert sind. In welchem Ausmaß Störungen egal welcher Art (zum Beispiel ist das Fenster offen und es ist von außen zu laut), aufgegriffen werden, kann verschieden sein. Erfahrene und gut ausgebildete Gruppentherapeuten unterscheiden sich in ihrem eigenen Angstniveau oder ihrer Sicherheit von Beginnern. Auch verfügen Gruppentherapeuten über unterschiedliche Bindungsstile, die einen großen Einfluss auf den Verlauf einer Gruppentherapie haben. Unsicher gebundene Therapeuten stellen weniger bezogene Verbindungen zu den Patienten her als sicher Gebundene (Marmarosh, 2021, S. 217).

Die Gruppenmitglieder als Faktor: Die einzelnen Mitglieder einer Therapiegruppe beeinflussen die Beziehungen und die Muster einer Gruppe. Wir können diese auch als Gruppenkultur bezeichnen. So prägen Patienten mit einem niedrigen Strukturniveau (OPD-3) die Kommunikation anders als solche mit einem guten und sehr guten Strukturniveau.

Damit wird nichts anderes ausgesagt, als dass die Fähigkeit zu mentalisieren, zu symbolisieren, spielerisch mit konflikthaften Situationen umzugehen, auch den anderen in der Gruppe und sich selbst im Prozess der Übertragungen zu verwenden, sehr unterschiedlich ist. Gemeinsam kann jedoch Vieles gehalten und entwickelt werden. Gruppenmitglieder unterscheiden sich zudem nach ihrer sexuellen Orientierung, nach ihrer Geschlechtsidentität, nach ihrem Alter, dem Milieu, der Ethnie, der Religion oder der Art ihrer körperlichen und/oder psychischen Behinderung (Marmarosh, 2021, S. 218).

3.4.7 Interventionen

Zusammenfassung

Interventionen der Gruppentherapeuten in Beziehung zu den Teilnehmenden der Gruppentherapie bringen die Einzelnen voran und zugleich die Gruppe.

In der gruppenanalytischen Literatur finden sich gut untersuchte Interventionen von Gruppentherapeuten, die der britische Gruppenanalytiker Jeff Roberts (2000) und als Weiterentwicklung der norwegische Gruppenanalytiker Steinar Lorentzen (2014) beschrieben haben. Interventionen werden als therapeutische Techniken verstanden. Der Begriff findet sich auch als Tautologie: Interventionstechniken für den psychotherapeutischen Bereich. Ich spreche bedeutungsgleich entweder von Interventionen oder von Techniken. Roberts hat den Versuch unternommen, Gruppenleiterinterventionen zu kategorisieren (Roberts, 2000, S. 20). Er beschreibt acht Kategorien, die von Lorentzen (2014) um zwei weitere ergänzt wurden. Selbst füge ich eine eigene hinzu. Diese elf Interventionen stehen neben den aus der dyadischen psychodynamischen (TP) und der analytischen Psychotherapie bekannten Interventionen, die als Deutung, Klärung, Konfrontation, das Ermöglichen neuer Beziehungserfahrungen, das unterschiedliche Fördern von Regression und als unterstützende (supportive) Techniken bekannt sind (Wöller und Kruse, 2001, S. 113 ff.; Ratzek, Huber, Klug, 2020, S. 73 ff.).

Zuerst werde ich die insgesamt elf Interventionen stichwortartig nennen, ergänzt durch eine erste Anwendung als Ankerbeispiel. Darauf folgt eine erweiterte Erläuterung jeder einzelnen. Die Abkürzung »GrT« steht für Gruppenpsychotherapeut oder Gruppenleiter, »GrPat« für Patienten einer Gruppentherapie. Beide sind weiblich, männlich oder divers bzw. nonbinär gedacht.

1. Interventionen zur »Aufrechterhaltung« der Struktur. GrT markiert den Beginn und das Ende der Gruppensitzung.
2. Die »offene Erleichterung« zum Fortschreiten des Gruppenprozesses ohne Deutung oder Bezugnahme auf unbewusste Prozesse. GrT zeigt zusammen mit anderen GrPat sein Interesse für das Berichtete mit Worten wie: »Ach, ja, versuchen Sie es, weiter zu erzählen, das ist interessant«.
3. Die »gezielte Erleichterung« in Form erleichternder Bemerkungen ohne offenes Ende und bei vorhandener Hypothese des GrT. Der unterstützt ein Gefühl eines GrPat, weil das offenkundig ein wichtiges Ergänzungsstück zum Vorherigen darstellt, sodass gemeinsam etwas verständlich werden kann. So kann Eifersucht durch starke Selbstunsicherheit einer Person in einer Dreiecksbeziehung mit Rivalität und Neid nachvollziehbarer werden.
4. Als »Deutung«, die latente Gefühle und Bedeutungen in den manifesten Bereich holt, ist eine weitere zentrale Intervention benannt. Eine Deutung, die einen aktuellen Konflikt in der Gruppe mit einem biografisch frühen Ereignis verknüpft, eröffnet einen möglichen Erklärungsversuch. Solche Gedanken können als Frage an die Gruppe oder stellvertretend an die Person, mit der sich die Lokalisation ereignet, formuliert werden.
5. Keine »unmittelbare Reaktion« in Form schweigender Beobachtung durch den GrT.
6. Die »Handlung« als gezeigtes körperliches Verhalten des Gruppentherapeuten.
7. Die »Selbstenthüllung« des GrT. Der GrT verwendet ein eigenes Gefühl in Verbindung mit seiner eigenen Lebenswirklichkeit.

8. Die »Modellfunktion« als Aktivität des GrTen mit der Intention, als mögliches Vorbild zur Identifikation zu dienen.
9. Beim Fokus von Problemen der Patienten in der Gruppe bleiben (»Staying with the focus« Lorentzen, 2014, S. 54).
10. Ins Hier und Jetzt des Gruppenthemas wechseln und fokussieren (Switching to the here-and-now«, ebenda).
11. Differenzierung der Körperwahrnehmung, beispielsweise wo und wie der Schmerz zu spüren ist und die Sensibilisierung für Sinneskanäle als Wahrnehmungsebenen wie Sehen, Hören, Riechen, Schmecken, Tasten und Orientierung im Raum.

Beginnen wir mit der **ersten: »Interventionen zur Aufrechterhaltung der Struktur«.** Diese Interventionen haben das Ziel, wichtige Gruppengrenzen zu klären bzw. sie den Gruppenmitgliedern deutlich zu machen. Diese Grenzen können den Ort, die Zeit, die Teilnahme, die Aufgabe oder erlaubtes Verhalten betreffen. Dabei kann es um die Grenzen der ganzen Gruppe oder einzelner Mitglieder einschließlich des Gruppentherapeuten gehen. Das von Foulkes beschriebene Konzept der dynamischen Administration findet sich in dieser Kategorie wieder, weil es einen Aspekt der Interventionen zur Aufrechterhaltung der Struktur ausmacht. Wichtig ist mir an dieser Stelle zu betonen, dass selbst so eine scheinbar klare gruppentherapeutische Technik, wie auf die Rahmenbedingungen zu achten, immer etwas mit dem Verwobensein der Gruppenmitglieder und des Gruppentherapeuten mit den noch unbewussten Themen der Gruppe zu tun hat. Eine Bemerkung des Gruppenleiters, dass die Therapiesitzung bereits begonnen hat oder in fünf Minuten enden wird, verstehe ich als Intervention, die auf die Rahmenbedingungen achtet, als intersubjektive Realisierung in einem gruppalen Feld und als darin enthaltene eigenständige Szene. Es kann auch sein, dass aufgrund einer dramatischen Schilderung eines Lebensereignisses das Stundenende übersehen wird und die ganze Gruppe die Zeitgrenze überschreitet. Das ist eine Inszenierung (Reinszenierung)[49], die typisch für Themen ist, bei denen es um Grenz-

---

49 Eine solche Re-Inszenierung kann durch das Konzept vom »traumatischen Wiederholungszwang« als Motivationssystem oder »Trieb par excellence« (Türcke, 2008, S. 234) gedacht werden.

3.4 Ziele und Interventionen in der (intersubjektiven) Bezogenheit

verletzungen geht, die dann mit Schuldgefühlen, mit Beschämung und anderen Verletzungsfolgen zu tun haben. Wenn man das als Gruppentherapeut bemerkt, empfiehlt es sich, das zu benennen. Dann kann dieses Geschehen als Szene in der darauffolgenden Therapiesitzung erinnert, durchgearbeitet und als Verbindung von Vergangenheit und gegenwärtiger Inszenierung in der gemeinsam gestalteten Gruppensituation von allen Beteiligten anerkannt, bezeugt und gedeutet werden (Benjamin, 2019, S. 24 ff.).

Die zweite Intervention: die »**offene Erleichterung**« ohne Deutung oder Bezugnahme auf unbewusste Prozesse umfasst den Prozess oder einzelne Patienten unterstützende Äußerungen des Gruppentherapeuten wie, »ach, das ist interessant« oder ein interessiertes »Hm«. Ebenso kann ein Gruppenmitglied oder der Gruppentherapeut ein Gefühl oder eine Szene aufgreifen und damit etwas Heikles anerkennen und beruhigen.

Zur dritten Interventionsweise: Bei der »**gezielten Erleichterung**« folgt der Gruppentherapeut einer Idee oder Hypothese, wie beispielsweise derjenigen, dass die geschilderte Beziehung eines Patienten zu einer Außenperson etwas mit jemandem in der Gruppe, im Zweifelsfall mit dem Gruppenleiter zu tun hat. Ebenso kann die Hypothese darin bestehen, dass es um Gefühle wie Angst und Scham geht, die gemeinsam im Rahmen der Gruppe benannt, ausdifferenziert und besprochen werden können. Neben der Verbindung zwischen dem Innerhalb und dem Außerhalb der Gruppe kann es auch um Verbindungen zwischen Gegenwart und Vergangenheit gehen. Klärung von Zusammenhängen, Benennen und Konfrontation stellen einen fließenden Übergang zur **vierten Form** der Intervention her: **Deutung** ist ein zentraler Begriff der Gruppenanalyse und Psychoanalyse und bezeichnet traditionell die Verknüpfung von biografisch bedeutsamen vergangenen Erlebnissen des Patienten mit anderen Ereignissen oder Gefühlen, um Unbewusstes bewusst denken zu können. Freud nutzte den Begriff bereits 1900 in der »Traumdeutung« zur Bezeichnung eines Verfahrens, um latente Inhalte wie unbewusste Wünsche oder Ängste des Subjekts manifest und eben bewusst zu machen (Roudinesco & Plon, 2004, S. 183). Mit Knox verstehe ich unter dem Begriff »Deutung« die narrative Verknüpfung von Vergangenem mit Gegenwärtigem und von äußerem intersubjektivem mit innerem intersubjektivem Geschehen. Man kann auch die drei immer existierenden Ebenen in einem Gruppenprozess verknüpfend ansprechen: Gruppe als Ganze mit ihrem Muster, individuelle lebensgeschichtliche Perspektive, ggf. aktualisiert in der Übertragung-Gegenübertragung auf den Gruppentherapeuten und ein intersubjektiv szenisches Geschehen zwischen zwei oder drei Gruppenpatienten. Als Gruppentherapeuten können wir – wenn es sich anbietet – auch eine narrative Verknüpfung vom Patienten/Teilnehmenden mit der Zeit und dem Raum vornehmen.

»**Keine unmittelbare Reaktion**« lautet die **fünfte Möglichkeit** einer Intervention. Sie ist besonders interessant, weil sie eine Stille ermöglicht, die ihre eigene Qualität hat. Was höre ich und was spüre ich in mir, wenn ich mich auf die Stille einlasse? Nicht unmittelbar reagieren bedeutet auch, weiter zuzuhören, weiter zu warten, weiter Gefühle und das Erzählte zu halten, möglicherweise auszuhalten und diese Zustände auf ihren Gehalt an Gefühlen, Gedanken, Körperreaktionen und inneren Bildern zu befragen. Mir selbst hat einmal die Frage danach geholfen, was ich hinter der Stille wahrnehme? Allerdings, und das muss hier dick unterstrichen werden, ist vom Gruppentherapeuten immer zu bedenken, dass für unsichere Patienten das Ausbleiben einer Resonanzreaktion von einem Gruppenmitglied oder/und der Gruppenleiter extreme Scham auslösen kann. Es folgt prompt der Gedanke, wie eine Patientin mir später mitteilte, entweder zu viel oder nicht richtig zu sein und dabei zu viel Raum eingenommen zu haben. Das Schweigen des Gruppentherapeuten kann vom Patienten als Desinteresse, als Langeweile oder als ein Abgestoßen sein gedeutet werden. Weil das so ist, muss immer wieder vom Therapeuten nachgefragt und ggf. das eigene Erleben, wie positiv Schweigen sein kann, zur Verfügung gestellt werden.

Wir finden hier eines der von Hobson beschriebenen Gruppenmuster: die gemeinsame Zentrierung zur Mitte der Gruppe, zur Mitte des Kreises (Hobson, 1959, S.140) (▶ Kap. 3.6.2). Immer wieder einmal empfehle ich den Patienten, das Bedrohliche, das Unklare oder schmerzhaft Belastende imaginär in die Mitte der Gruppe zu legen. Manchmal ist das möglich. Aus dieser kontemplativen Aufmerksamkeit, die für begrenzte Zeit alle Gruppenmitglieder einzubeziehen scheint, entsteht meist etwas Neues, ein neues gemeinsames Bild, eine Einsicht bekommt eine Stimme und Worte, vielleicht ist es ein neuer Konflikt mit einem schambesetzten Tabubruch, der ausgesprochen werden kann. Meistens jedoch wird die Mitte der

3.4 Ziele und Interventionen in der (intersubjektiven) Bezogenheit

Gruppe, die alle sehen und unter der sich alle etwas vorstellen können, ohne dass dies zu nah kommen muss, als akzeptable Lösung angenommen, um Belastendes und Ängstigendes loswerden zu können.

Zur sechsten Interventionsform »Handlung oder handeln« zählt jede körperliche Aktivität, die vom Gruppenpsychotherapeuten ausgeht, sei es in seiner Funktion als *Organisator* (dynamische Administration), als Gruppenpsychotherapeut im engeren Sinn, den Foulkes gern »conductor« (zu Deutsch: Dirigent oder Verbindender) nannte, der auf Ko-Übertragungen reagiert und eigenes Handeln in der Ko-Übertragung oder als Gegenübertragungsreaktion vorab oder nachträglich bedenkt. Zu diesen Handlungen gehören gemäß Roberts beispielsweise eigenes »Aufstehen oder die Berührung eines Gruppenmitglieds« (Roberts, 2000, S. 21), jemandem aus der Gruppe ein Taschentuch zu reichen oder selbst zu Beginn der Gruppensitzung die Tür zu schließen oder ein Fenster zu öffnen. Solche Handlungen als Interventionen zu verstehen, verdeutlicht und markiert die hohe Bedeutung, die aktives Tun eines oder einer Gruppentherapeutin den Gruppenpatienten vermittelt.

Die **siebente Interventionsart** »Selbstenthüllung« wird auch als **»Selbstöffnung«** bezeichnet. Darunter versteht man jede Äußerung des Gruppentherapeuten, die den Gruppenmitgliedern etwas aus dessen innerer oder äußeren psychosozialen Welt mitteilt und nicht in eine der anderen Kategorien passt. Selbstöffnungen bzw. Mitteilungen über eigene Gefühle, Gedanken oder Erfahrungen können von den Gruppenpatienten sowohl als Organisatorisches (Convenor, zu deutsch: Zugschaffner, vgl. Schlapobersky, 2016, S. 301 ff.), als Mitteilung von der idealisiert oder entwertet imaginierten Übertragungsfigur »Gruppentherapeut« oder vom Gruppentherapeuten als vielleicht selbst betroffenem Gruppenmitglied (vgl. ebenda, S. 311) gehört werden.

Die **»Modell-« oder »Vorbildfunktion«** ist eine Aktivität des Gruppentherapeuten (**die achte**), die mit der oder ohne die Absicht erfolgt, dass die Patienten/die Teilnehmenden sich mit seinem Denken, Fühlen oder Verhalten beziehungsweise seiner Mimik und Gestik identifizieren, falls ihnen diese Eigenschaften nicht schon vorher zur Verfügung standen. Idealerweise wird an dieser Stelle an »die Modellfunktion einer analytischen, fragenden und besorgten Haltung« gedacht und daran, diese einzunehmen (ebenda). Intersubjektiv verstanden ist die Modellfunktion des

Gruppentherapeuten eine durchaus gemeinsam hergestellte Leistung. So ist es denkbar, dass auch der oder die Gruppentherapeutin von der Gruppe oder einzelnen Patienten/Patientinnen etwas identifikatorisch übernehmen kann und wird.

Die neunte Form der Intervention zielt darauf ab, **beim Fokus** von Problemen der Patienten in der Gruppe zu **bleiben.** Diese Aufgabe übernehmen gern Patienten, die schon mehr Erfahrungen haben. Da möchte beispielsweise jemand das Thema vom Anfang der Stunde wieder aufnehmen oder eine Patientin macht die Gruppe darauf aufmerksam, dass eine andere Patientin aus ihrer Sicht wahrscheinlich dissoziiert ist, und sie fragt nun, wie wir ihr helfen können. *Was ist der Fokus?* Einerseits kann dies ein festgelegtes Thema und Ziel sein, zum Beispiel auf das Gefühl von Scham und Angst oder auf dissoziierte Zustände zu achten. Es kann aber auch der unbewusste Fokus der Gruppe bedacht werden, der sich zeigt, quasi oben aufliegt, obwohl ein anderes Thema vereinbart war. So kann es versteckt oder im Schatten um Suizidalität gehen, während die Angst, den Kontakt zu anderen Menschen zu verlieren, das vereinbarte Thema war.

Die **zehnte Interventionsform** führt zum »**Hier und Jetzt des Gruppenthemas«.** Es ist nicht selten, dass im Fluss der Kommunikation einer Gruppe gern von Ereignissen aus der Arbeitswelt, aus der eigenen Familie oder von einem Freund erzählt wird. Das kann wichtig sein, um die Dynamik und den Konflikt zu verstehen. In der Regel stellt sich dieser Konflikt auf eine sehr interessante und meist hilfreiche Weise her, so wie wir uns Resonanzprozesse vorstellen können. Manchmal sagen wir Psychotherapeuten dazu, dass ein Konflikt sich in der Gruppe »konstelliert« im Sinne von Resonanz, Lokation und Spiegelung. Es gibt entweder eine Verstärkung oder eine Abschwächung bis hin zu einer Auslöschung. Auch kann sich das konflikthafte Thema einer Person zu einer anderen lokalisieren. Auf jeden Fall lohnt die Technik, vom Außen zum Innen zu wechseln, also die Frage: Was bedeutet das für uns hier und jetzt in der Gruppe? (Lorentzen, 2014, S. 54).

Die elfte Intervention. Der **Differenzierung der Wahrnehmungsebenen** wie Sehen, Hören, Riechen, Schmecken, Tasten und der Orientierung im Raum dient die elfte von mir dieser Liste hinzugefügte Interventionsform. So wie wir auf die Wahrnehmung der Gefühle mit ihren Körperreaktionen und intersubjektiven Bedeutungsfeldern zu achten lernen, ist es wichtig, die Wahrnehmungsebenen, die wir Menschen zur Verfügung zu haben, gezielt in die bewusste Reflektion einzubeziehen[50]. Wir können als Gruppentherapeuten in bestimmten Situationen auf das Sehen achten. Wie sehe ich den anderen oder mich selbst? Wie höre ich den Anderen oder auch mich selbst? Wie rieche ich, wie schmecke ich und wie taste ich den anderen, die Atmosphäre der Gruppe oder/und mich selbst? Das sind hochbedeutsame Wahrnehmungskanäle, die zur Selbst- und Fremdwahrnehmung, zum Selbstbild (Imago von sich selbst) und zur Imago des Anderen viel beitragen. Nicht zuletzt sind die Orientierung und Verortung im Raum von Bedeutung. Wo und wie verorte ich mich räumlich, wie finde ich mich zeitlich? Das kann dann wieder intrapsychisch, intersubjektiv, intra-gruppal und in Abgrenzung zu anderen Gruppen bedacht werden. Beispielsweise spüre ich meine Körpergrenze (intrapsychisch). Diese Körpergrenze erlebe ich in Bezug zu den zwei anderen Gruppenmitgliedern (intersubjektiv), die neben mir sitzen, wobei ich die drei, die mir gegenübersitzen, einbeziehe. Dadurch bildet sich so etwas wie eine Gruppengrenze.

3.4.8 Ziele, Interventionen, (therapeutische) Beziehung

Zusammenfassung

Wenn therapeutische Ziele mit therapeutischen Interventionen in Verbindung mit den hergestellten therapeutischen Beziehungen in einer Therapiegruppe reflektiert werden, entsteht anwendungsbezogen eine konzeptionelle Zusammenschau.

Es ist eines der Ungewissheiten und Geheimnisse der Psychotherapie, dass wir zwar Vorstellungen darüber entwickeln, was im Sinne einer klar formulierten Zielstellung plausibel erscheint, auch im Konsens zwischen Therapeuten und Patienten, gleichwohl kann etwas Anderes entstehen. So

---

50 Auf diese Ebene wies mich in einem Gespräch Katrin Stumptner, Kinder- und Jugendlichenpsychotherapeutin und Gruppenanalytikerin, hin.

mag die Minderung der Angst vor eigenem Versagen vordergründig erscheinen, dann stellt sich heraus, dass die Scham, über ein bestimmtes Thema zu sprechen, so groß ist, dass zuerst über ausreichend Vertrauen und Sicherheit gesprochen werden muss. Dafür wiederum bedarf es ausreichender Gefühlsregulation und Erfahrungen der entwickelten Selbstwirksamkeit (Knox, 2009; 2011) und Mentalisierungsfähigkeit (Schultz-Venrath, 2013; 2020; Kirsch et al., 2016), um die Scham zu überwinden und sich der angstmachenden Konfrontation, welchen wichtigen anderen Personen gegenüber die Versagensangst besteht, zu stellen.

Diese Ziele der Behandlung können mit einer Reihe therapeutischer Zugänge (Interventionen bzw. Techniken) verknüpft werden. Das sind: Deutung, neue Beziehungserfahrung, Regression, Klären, Konfrontieren und Benennen und supportive Techniken wie Stabilisieren, Ich-unterstützend Sein und das Selbstwertgefühl fördern. Hierbei folge ich zwar der Einteilung zu therapeutischen Zielen und Interventionen (»analytic goals and techniques«) von Jean Knox (Knox, 2011, S. 181), welche dem Paradigma der Intersubjektivität und dem der Mentalisierung verpflichtet sind, ergänze diese jedoch um die konfrontierenden und supportiven therapeutischen Vorgehensweisen. Schließlich sind all diese sieben Interventionen für die jeweils konkrete therapeutische Gruppe zu bedenken. Welche sind das?

a) Die *Deutung* – narratives Verbinden – erlaubt die Verknüpfung von verdrängten oder dissoziierten mentalen Zuständen und Inhalten mit bewussten Anteilen. Dieses Deuten erfolgt in Gruppen durch jedes Gruppenmitglied füreinander und durch den Gruppentherapeuten. Das narrative Verbinden von biografischen Inhalten und intersubjektiver Gegenwart als Interaktionserfahrungen in der Gruppe fördert Erfahrungen von Selbstwirksamkeit. So werden Symptome, Fantasien oder Träume als intentionale und kreative Versuche verstanden, sich auszudrücken und mitzuteilen.

b) *Neue interpersonale Beziehungserfahrungen*, bei denen der Gruppentherapeut und die Gruppenmitglieder als neue wichtige Bezugspersonen sowie die Therapiegruppe als neue Bezugsgruppe Teil der psychischen Landschaft des Einzelnen werden, ermöglichen nachhaltige psychische Entwicklungen. Dazu zählen neue sichere Bindungserfahrungen zur

3.4 Ziele und Interventionen in der (intersubjektiven) Bezogenheit

Gruppe und zu einzelnen Personen der Gruppe, eine bessere Symbolisierungsfähigkeit und strukturelle Differenzierungen sowie der schrittweise Prozess zu einer Fähigkeit der Patienten, den Gruppentherapeuten und die Gruppe hinreichend positiv als inneres Gespräch und inneres Gegenüber im Sinne der Objektkonstanz zu verinnerlichen. Dazu gehört zudem die Fähigkeit, zwischen innen und außen, eigener Person und anderen sowie der Gruppe denkend unterscheiden zu lernen und diese Unterschiede aussprechen zu können.[51]

c) *Regression.* Die Förderung von regressivem Erleben öffnet und erlaubt Patientinnen und Patienten auf andere zu projizieren, um sich zu sich selbst – oft ist es das »innere Kind« (Herbold & Sachsse, 2007, S. 1; Bolle, 2007, S. 26) oder eine »wichtige Bezugsperson« – in Beziehung zu setzen, sich zu vergewissern, um sich zu erinnern und somit wirksame innere Arbeitsmodelle (Bowlby in Gloger-Tippelt & König, 2009) zu erleben. Das kann Veränderungen von intrapsychischen Repräsentationen zur Folge haben. Die Methoden der aktiven Imagination und des spielerischen Gestaltens (Malen, Bewegung, Musik, Arbeiten mit Ton, Stein etc.) können einbezogen werden.

d) *Klären* (Klarifizieren) und Fragen. Mit Klären sind kommunikative Versuche gemeint, innere und äußere Realität zu überprüfen. Dazu gehört, die Gefühle, Gedanken und Körperreaktionen zu untersuchen, die interpersonale konflikthafte und traumatische Szenen prägen. Die dazugehörige Frage lautet: In Bezug zu wem in der Gruppe tritt das Gefühl oder der Gedanke auf? Der Schleier des Nebulösen oder Verhüllenden wird gelüftet. Zudem ist eine fragende Haltung hilfreich, um etwas besser verstehen und klären zu können. Klären bedeutet einen Sachverhalt in seiner intersubjektiven Bezogenheit und Geschichte zu begreifen, zu verstehen, sich vorzustellen und mitfühlen zu können. Schließlich wollen wir als zuhörende Gruppentherapeuten erfassen, welches zentrale motivationale Thema aus der Lebenssituation für den betroffenen Patienten aktuell ist, was das mit der Gruppe zu tun hat und wie sich das Ganze in möglichen ko-kreativen Übertragungsbeziehungen in der Gruppe abzeichnet.

---

51 Weiteres im Kapitel zur psychischen Struktur (▶ Kap. 2.4.3 Achse IV Struktur).

e) *Konfrontation.* Bei der Konfrontation geht es um eine Gegenüberstellung des betreffenden Patienten mit widersprüchlichen Teilen seiner Mitteilungen. Als weiterer Punkt sind es immer Ängste, die auf eine Konfrontation mit einer Art von Realität warten. Jede Angst benötigt zur Balance die Gewissheit von Sicherheit. Wenn diese in der Gruppe ausreichend und in der betroffenen Person gefunden ist, kann der Wunsch nach Klärung und mit der Klärung eine Konfrontation mit dem Gefürchteten und Ersehnten gewagt werden.

f) *Benennen.* Eine Sonderform der Klärung und Konfrontation ist das einfache Benennen von Gefühlen, von Personen, die einen Namen bekommen, von Szenen, die eine Geschichte umgibt. So ist es für manche Menschen völlig erstaunlich, dass jemand sie beim Namen nennt. Für andere ist das Benennen von Gefühlen eine Offenbarung. Wieder andere erleben eine große Erleichterung, wenn Zustände wie sich isoliert fühlen, Verrat, Konkurrenz, aber auch so etwas wie Dissoziation, Sadismus oder Masochismus einen Namen bekommen. Wenn es um das Benennen von Schuld der Erwachsenen und der Unschuld von Kindern geht, könnten wir das als einen Aspekt der Klärung benennen. Es ist aber nicht dasselbe. Ich folge in meiner Beschreibung dem Verständnis von Wolfgang Wöller und Johannes Kruse, die davon ausgehen, dass Benennen, Klären und Konfrontation der Deutung vorausgehen und diese vorbereiten (Wöller & Kruse, 2006, S. 118). Das Benennen ist sowohl Bestandteil des Klärens, als auch der Konfrontation und der Deutung. Ich gebe dieser Intervention »Benennen« eine eigene (intersubjektive) Wertigkeit, weil damit das anerkennende Ansprechen, das Gesehen- und Gehörtsein des Anderen im Kontext einer Gruppe enthalten ist.

g) *Supportives,* also den Patienten unterstützendes Intervenieren. Hierbei geht es stets um die grundsätzliche Anerkennung der Würde des anderen. Seine Anerkennung und Bestärkung, dass sie da ist und er es wert ist, stellen eine wichtige Aufgabe dar. Der Existenz und der Wertigkeit des Einzelnen (Patienten), was Ich stützend ist, werden Bedeutung und Sinn zugesprochen (Wöller und Kruse, 2001, S. 231 f.). Weil das individuelle Subjekt (Selbst) genauso Teil, Bestandteil einer Gruppe ist, gilt es bei Bedarf eben dieses Wir zu unterstützen, indem beglaubigende Anerkennung und Zeugenschaft von uns als Gruppenpsychothera-

3.4 Ziele und Interventionen in der (intersubjektiven) Bezogenheit

peuten sprachlich deutlich ausgedrückt werden. Mit der relationalen Psychoanalytikerin Jessica Benjamin verbinde ich dieses supportive Vorgehen auch mit der »psychoanalytischen Theorie der Anerkennung« (Benjamin, 2019, S. 62 ff.).

Die Verbindung der gruppenanalytischen Interventionsmöglichkeiten, wie ich sie hier dargestellt habe, und der allgemeinen analytischen Ziele mit ihren Techniken des Umgangs zwischen Gruppentherapeut und Patient stellt eine hohe Komplexität dar. Kommen dann noch die durch gruppale Widerstände entstehenden Konstellationen dazu, wie sie Hobson (1959) oder Bion (1961) beschrieben haben, wird deutlich, wie viel man nachdenken und wie viel Neues man immer wieder in dieser spannenden Arbeit für die Patienten und sich selbst entdecken kann.

Die tabellarische Abbildung in Tabelle 3.1, die aus Gründen der Darstellung auf die Techniken des Benennens, der Klärung und Konfrontation verzichtet, aber auf deren Bedeutung hinweist, geht detaillierter auf die Komplexität des Zusammenspiels von Zielen und Interventionen (Techniken) der gruppentherapeutischen Behandlung ein (▶ Tab. 3.1).

Tab. 3.1: Therapeutische Ziele und Interventionen.

	A) Deutung als narratives Verbinden	B) Neue relationale emotionale Erfahrungen in Bezug zu anderen und zur Gruppe	C) Ermöglichen von Regression
1. Anbieten sicherer Rahmenbedingungen als sichere Gruppengrenzen und Anbieten einer sicheren Bindung (gutes Arbeitsbündnis)	Übertragungsdeutung im Hier und Jetzt. Ko-kreative Übertragungsdeutung, interpersonal und intergruppal zwischen verschiedenen Klein-, Mittel- und Großgruppenzugehörigkeiten	Empathisches bzw. markiertes Spiegeln, Einstimmen und Containment. Modelllernen. Interventionen zur »Aufrechterhaltung der Struktur«; »Selbstoffenbarung«	Ermöglichen von Projektion: Erleben der Vergangenheit in der Gegenwart. Ermöglichen von Idealisierung, Entidealisierung und neuer Idealisierung

Tab. 3.1: Therapeutische Ziele und Interventionen. – Fortsetzung

	A) Deutung als narratives Verbinden	B) Neue relationale emotionale Erfahrungen in Bezug zu anderen und zur Gruppe	C) Ermöglichen von Regression
2. Entwicklung und Förderung eines Fühl- und Denkraumes; Förderung der reflexiven Funktion	Übertragungsbezogene Interaktionen verknüpfen Vergangenheit und Gegenwart, klären Gruppengrenzen zwischen innen und außen entlang der Gruppengrenze und entlang individueller Grenzen zwischen Ich-Du-Wir-Ihr/Sie-Gruppe	Therapeut fokussiert eher auf innere gefühlsbetonte Bilder in möglichen Szenen, Körperwahrnehmungen und mehr auf Symbolisches als auf Konkretes	Erinnern, Wiederholen und Durcharbeiten schmerzhafter vergangener Erfahrungen, symbolisiert als »inneres Kind« in Bezogenheit zum »inneren Erwachsenen«, Differenzieren von Wahrnehmungsebenen wie Tasten, Riechen, Hören und Sehen.
3. Entwicklung von Selbstwirksamkeit, Selbsturheberschaft	Deutungen von Träumen, Fantasien und Symptomen als intentional und kreativ	Therapeut überlebt destruktive Angriffe in der Gruppe (Kipp-Prozess)	Aktive Imagination, Kunsttherapie (non-verbale Methoden wie Malen, Musik, Bewegen)

3.4 Ziele und Interventionen in der (intersubjektiven) Bezogenheit

Tab. 3.1: Therapeutische Ziele und Interventionen. – Fortsetzung

	A) Deutung als narratives Verbinden	B) Neue relationale emotionale Erfahrungen in Bezug zu anderen und zur Gruppe	C) Ermöglichen von Regression
4. Förderung von Wahrnehmung von Gefühlen, Gefühlsregulation, Körperreaktionen, Gedanken und Handlungsszenen	Ausbildung einer emotionalen Kompetenz, verbunden mit einem lebendigen Körperbild in Bezug zu Interaktions-erfahrungen	Spiegelung, vom Konkreten zum Symbolischen	Zugang zu lebensgeschichtlich früheren Erfahrungen in Dyaden/Triaden mit Bezug zu inneren Gruppen und Bedeutung für die Gegenwart

Hier werden analytische Ziele und Interventionen in Anlehnung an Knox (Knox, 2011, S. 182) für die Anwendung von Gruppenpsychotherapie dargestellt. Die oberste Zeile bezeichnet drei psychodynamische Interventionen (A, B, C). Die linke Spalte bezeichnet vier therapeutische Ziele (1., 2., 3., 4.). Sie gelten gleichermaßen für die Dyade wie für das Gruppensetting. Im Text werden die Felder 1-A bis 4-C ausführlicher beschrieben, die das Ineinanderwirken von Interventionen und therapeutischen Zielen illustrieren.

An dieser Stelle sei darauf hingewiesen, dass der gruppenanalytische Ansatz von Foulkes, seines Vorgängers Burrow, sowie die Konzepte von Hobson durchaus Gedankenansätze des intersubjektiven Paradigmas vorwegnahmen. Diese innere Aufmerksamkeitsrichtung wechselt und oszilliert zwischen der Empathie mit anderen Gruppenmitgliedern und sich selbst, zur Introspektion oder zur Empathie mit sich selbst auf allen Ebenen – den bezogenen Gefühlen, den Gedanken, inneren szenischen Bildern und Körperreaktionen. Das ist eine Art, den reflexiven Raum, wie er bei Knox benannt wurde, zu gestalten. Bereits der Jungianer Hobson wies 1959 ausführlich darauf hin, dass der Gruppentherapeut die Patienten in der Gruppe sowohl als Subjekte, die in Beziehung zu anderen Gruppenmitgliedern stehen, als auch als Teile der Gruppe in sich aufnehmen und reflektieren sollte[52]. In diesem Sinn fühlen wir uns als Gruppentherapeuten einer gruppenanalytischen Haltung verpflichtet, das heißt immer wieder über »das unvermeidliche Verwickelt-Sein in die persönlich-subjektiven und theoretischen Annahmen, die auf die laufenden Prozesse einwirken« nachzudenken und wieder innerlich loszulassen (Stolorow & Atwood, 2002, S. 198, in: Jacoby, 2005, S. 21; vgl. Orange, Atwood, Stolorow, 2015).[53] Diese Haltung lässt einen eigenen Freiraum mit Abstand und einen Ruhepunkt in sich selbst entstehen. Von diesem Ruhepunkt ausgehend sind sowohl Bezüge zu den Gruppenteilnehmenden als auch zur Gruppe als Ganzer und schließlich zu eigenen Resonanzreaktionen möglich.

3.4.9 Kipp-Prozess oder aggressiv-destruktive ko-kreative Übertragung

Zusammenfassung

Die negative Übertragung auf die Gruppenleitenden und die Gruppe gehört zu den produktivsten Vorgängen aller psychosozialen Wandlungsprozesse. Zugleich sind diese destruktiven, nihilistischen und entwertenden Gefühle anstrengend, nicht zu kontrollieren aber zu begrüßen.

Grundsätzlich geht es um die relational individuelle und gruppale Auseinandersetzung mit den Beziehungsfantasien untereinander, einschließ-

---

52 »Eine Gruppe ist auf zwei unterschiedliche Arten zu beschreiben und zu verstehen, entweder hinsichtlich der psychologischen Mechanismen jedes ihrer Mitglieder oder hinsichtlich der dynamischen Muster, die in der Gesamtgruppe zu beobachten sind. Diese könnten wir jeweils als «persönliche» und «Gruppen-» Beschreibung bezeichnen« (Hobson, 1959, S. 140).

53 Von Bion ist eine sehr pointierte Position bekannt, die hier erneut erwähnt werden soll. In diesem Zustand wird alles vergessen (kein Erinnern), nichts gewollt (kein Begehren) und nichts gewusst (kein Verstehen). So beschrieb es Bion mit den bekannten Worten: »KEINE Erinnerung, KEINEN Wunsch, KEIN Verstehen« (Bion, 2009, S. 147) (▶ Kap. 3.2.3).

3.4 Ziele und Interventionen in der (intersubjektiven) Bezogenheit

lich, meist insbesondere, zum Gruppenleiter bzw. Gruppentherapeutin. Die Konfrontation und Klärung von Übertragung, die ko-kreativ von den Beteiligten hergestellt wird, führt zur zentralen Arbeit für Gruppenpsychotherapeuten und Patienten. Wir arbeiten bewusst und reflektiert an der Übertragung und in der Übertragung, die gemeinsam intersubjektiv und ko-kreativ hergestellt wird. Damit möchte ich an die ständige Auseinandersetzung erinnern, die Beziehungsarbeit intersubjektiv und in der Gruppe ausmacht. Miteinander wird geprüft, ob die Fantasien, Gefühle, Denkfiguren und Körperreaktionen als Ausdruck der Beziehungsgestaltungen in der Matrix der Gruppe der gemeinsam bestätigten Realität im Hier und Jetzt entsprechen oder ob sie der Vergangenheit angehören. Dieser ständige Abgleich führt zu einem »Kippen« von (neurotisch verdrängten, dissoziierten oder psychotischen) Überzeugungen zum Erkennen von dieser verzerrten Wahrnehmung hin zu mehr intersubjektiv validiertem Realismus. Das kann schmerzhaft traurig sein. Das kann aber auch erleichternd wirken (»Ein Stein fällt mir vom Herzen«).

Ich möchte hier den Kipp-Prozess, wie dieser in der gruppentherapeutischen Schule durch den DDR-deutschen Psychotherapeuten Kurt Höck gemeinsam mit seinen Mitarbeitenden konzipiert wurde, beschreiben (Höck, 1981, S. 11). In der nach der Anwärm- und Orientierungsphase folgenden Abhängigkeits- und Labilisierungsphase folgt ein Prozess der Aktivierung und Differenzierung (Vorarbeitsphase) eines therapeutischen Gruppenprozesses. Nach einer anfänglichen Idealisierung der Gruppenleiter kommt es zu einer zunehmend kritischen Überprüfung derselben. Angriffe auf die anderen Gruppenmitglieder und auf den oder die Gruppenleitenden führen zu einer Differenzierung vom Selbst zum Anderen, zwischen psychisch Innen und Außen der Gruppe und der Gruppenpatienten sowie psychohistorisch zwischen Gegenwart und Vergangenheit. Höck beschreibt es wie folgt:

> Der Kippprozess ist nach unserer Konzeption ein unbedingt anzustrebendes, eindeutig erfassbares Gruppenphänomen. Es kennzeichnet den Übergang einer Gruppe aus der Vorarbeitsphase in die Arbeitsphase, bildet den Abschluss des Gruppenbildungsprozesses und zugleich den Beginn der eigentlichen therapeutischen Gruppe im Sinne eines qualitativen Sprunges.– (Höck, 1984, S. 11)

3 Praxisteil

Ein stattfindender Kipp-Prozess führt im Gruppenprozess aus der psychischen Not, die in Anlehnung an den deutschen Philosophen der Aufklärung, Immanuel Kant (1724–1804), etwas von einer »Unmündigkeit« hat, zu Selbstvertrauen und Selbständigkeit. Mündigkeit hat etwas mit einem Für-sich-und-zu-anderen-Sprechen zu tun. Den Anderen beglaubigende Aufmerksamkeit durch die Gruppentherapeuten, gegenseitige Anerkennung und Begrenzung destruktiver Prozesse, all das gehört zum Kipp-Prozess. Die sich daran anschließende Arbeitsphase kann im besten Sinne Bezogenheiten und Konflikte im Hier und Jetzt in der Gruppe, im Draußen und Damals bewusst werden lassen.

Werden jedoch die Rahmenbedingungen durch unkommentiertes Wegbleiben von Patienten, Verletzen der Schweigepflicht oder regelmäßiges Zuspätkommen beschädigt, ist der Gruppentherapeut bzw. die Gruppentherapeutin herausgefordert. Wird die Gruppenleitung direkt angegriffen, weil er oder sie zu missverständlich, zu emotional unbezogen, zu unzuverlässig, zu mächtig oder zu ohnmächtig erlebt wird, sind das szenische und intersubjektive Herausforderungen, die eine Chance zu einer wichtigen Entwicklung beinhalten, einer heilsamen Entwicklung der Personen (Patientinnen und Patienten) und der Gruppe als Ganzer einschließlich der Gruppenpsychotherapeuten.

Der Umgang mit Wut, Hass, mörderischen Impulsen und triumphierender Destruktion in der Gruppe ist ein zentrales praktisches Thema für Leitende. Bereits 1912 schrieb Sabina Spielrein über »Die Bedeutung der Destruktion als Ursache des Werdens« (Spielrein, 1912/1987, S. 98). Diese Kraft zerstöre und schaffe Neues.[54] In der Ko-Übertragung oder in der Übertragung-Gegenübertragungs-Perspektive geht es dabei um die Zuschreibung von Autorität als wirkmächtiger Instanz, die der Gruppentherapeut oder die Gruppentherapeutin repräsentiert. Da diese Wirkmacht (Autorität) auch ein Anteil der Patientinnen und Patienten ist, betrachten

---

54 Anja Khalil und Carla Weber greifen die Überlegungen von Sabina Spielrein in ihrem Aufsatz »Muss ich denn ein Bösewicht werden? – vom Sinn der Destruktion in existenziellen Auseinandersetzungen« auf (Khalil & Weber, 2022, S. 149 ff.) Sie betonen eine »entwicklungsfördernde Spannung« und eine »entwicklungshemmende Spannungslosigkeit« (ebenda) die zwischen dem Streben nach Trennung und Verbindung bestehen. Sigmund Freud bezog sich auf Sabina Spielrein, als er das Konzept vom Todestrieb einführte.

3.4 Ziele und Interventionen in der (intersubjektiven) Bezogenheit

wir Psychotherapeuten es als ein Ziel, dass diese Selbstautorisierung bzw. die Ermächtigung als Prozess, die die Ohnmacht und die Allmachtsfantasien überwinden helfen, in der Gruppe gemeinsam durchlebt werden. Wir können zu Beginn zwei entgegengesetzte Annahmen unterscheiden. Neben der Annahme, dass die Autorität und Idealisierung der Gruppentherapeuten durch einen symbolischen Umsturz verändert und überwunden werden muss (»Kipp-Prozess nach Höck, Vatermord nach Freud, Angriff auf den Leiter nach Slater«, Seidler, 2014, S. 34), steht alternativ das den Anderen anerkennende Denken der relationalen Psychologie (Benjamin, 2019, S. 62 f.). Die symbolische Umsturztheorie führt zur Konzeption des Kipp-Prozesses, der als symbolischer Vater- oder Muttermord verstanden wird, also zur Vorstellung, dass es nach einer Idealisierung des Gruppentherapeuten bzw. der Gruppentherapeutin zu einer Entidealisierung kommt. Das ähnelt der Beschreibung in der OPD-3. Hier wandelt sich die Vorstellung, dass Gruppentherapie oder die Gruppentherapeuten selbst übermächtig seien hin zu einer realistischen Wirkmächtigkeit (siehe Beziehungsdynamik in der OPD-3), die von meist neuen Illusionen gefolgt wird. Dieser Angriff auf den Gruppentherapeuten bzw. auf die Gruppentherapeutin muss von allen Beteiligten »überlebt«, symbolisiert und mentalisiert werden. Die Psychologie der Anerkennung (Benjamin, 2019, S. 33 f.) ringt um einfühlsamen Kontakt durch gegenseitig beglaubigende Anerkennung. Sie folgt einer Logik wechselnder Zustände in Individuen und Gruppen, zum einen der angsterfüllten Spaltung und Dissoziation in Anlehnung an Melanie Kleins »paranoid-schizoider Position«, in der es böse und gute Objekte gibt, die sich durch die wechselseitige beglaubigende Anerkennung des Einen durch den Anderen wandelt, hin zur »depressiven Position«. Die »depressive Position« ist gekennzeichnet durch die Anerkennung des Anderen, durch die Trauer und den Schmerz. Gefühle der Schuld können akzeptiert werden. Die Bitte um Wiedergutmachung ist möglich. Der Andere wird nicht zerstört, sondern in der Differenz meist schmerzhaft und trauernd, aber auch mit Freude wahrgenommen und wertgeschätzt. Das meint den gegenseitigen Prozess der Anerkennung in der Differenz durch Beglaubigung, Zeugenschaft und Schaffung eines »moralischen Dritten« (ebenda). Nicht nur einer oder ein Teil einer Gruppe überlebt und der Andere oder der andere Teil der Gruppe stirbt, sondern in der Psychologie der Anerkennung (Acknowledgment) sind beide Seiten zum Dasein in Würde berechtigt. Über diesen Zugang werden Spaltung und Dissoziation zuerst anerkannt und dann bestenfalls überwunden.

Beide Annahmen – der mörderische Umsturz bzw. das aktive Kippen von meist infantilen Fantasien in Bezug zum Gruppentherapeuten und die Psychologie der gegenseitigen Anerkennung – durchdringen einander, weshalb ich sie zuerst getrennt beschreiben möchte. Das hat praktische Konsequenzen für uns Gruppenpsychotherapeuten.

Zum »Umsturz« und »Kippen«: Hilfreich sind hier meines Erachtens die Vorstellungen von Donald W. Winnicott (1896–1971) zum Umgang mit Aggression und Destruktivität in der therapeutischen Situation. Für ihn ist zu Beginn in der therapeutischen Situation das Geschehen zwischen dem Therapeuten und seinem Patienten ein »primitiver Liebesimpuls des Es« (Winnicott, 1997, S. 101).[55] Das wende ich auf die Gruppensituation an. Erst wenn der Patient den (Gruppen-)Therapierenden verbal wütend oder destruktiv angreifen kann und der Gruppentherapeut den Kontakt nicht versagt, ihn nicht wegschickt oder gar erstarrt, kann der Patient in der Bezogenheit zum Therapierenden erleben, dass er nicht nur ein Teil von ihm ist, – im Sinne der Äquivalenz, der unbewussten Projektion/Übertragung bzw. der unbewussten Identität –, sondern ein anderes Subjekt, eine eigene Person, die intrapsychisch getrennt vom Patienten existiert. Das wiederum ist ein wichtiger Gedankenschritt im Konzept der Antigruppe (Anti-Group), wie Moris Nitsun es in seinem Konzept vorgeschlagen hat (Nitsun, 2006, S. 43). Alle Kräfte und Vorgänge in einer Gruppe, die den Zusammenhalt und den Wert der Gruppe beschädigen oder zerstören, werden zu den Kräften der Anti-Gruppe gezählt. In einem

---

55 Auf Melanie Klein bezogen beschreibt Winnicott mithilfe des Konzepts der »depressive Position« die Situation zwischen Mutter und Kind als eine Entwicklung von unmittelbarer Triebbefriedigung durch das Kind/Säugling hin zu der Fähigkeit von »Erbarmen und Besorgnis«, was von der Mutter (Therapeuten) und auch vom Kind (Patienten) ausgeht (Winnicott, 1997, S. 281). Der Begriff »primitiv« wurde häufig von Psychoanalytikern in rassistischer Weise für das Denken von Kindern und Ureinwohnern bzw. Personen indigener Herkunft verwendet (Samuels, 2019, S. 317 ff.; Heinz, 2023, S. 83). Bereits 1909 vertrat der Anthropologe Franz Boas die begründete Position, wonach es keine »rassistischen« Unterschiede im Denken und Fühlen gebe (Samuels, 2019, S. 322 f.)

3.4 Ziele und Interventionen in der (intersubjektiven) Bezogenheit

Definitionsversuch fasst Nitsun drei Eigenschaften der Gegenkräfte von Gruppenkohäsion zusammen. Das sind »erstens die Weigerung an den Gruppensitzungen teilzunehmen [...], zweitens gegen einzelne oder gegen die ganze Gruppe gerichtete Feindseligkeit und Ärger [...] und drittens spiralförmige destruktive Prozesse, die nicht durch das übliche klinische Management gehalten werden können« (Nitsun, 2006, S. 43, übersetzt von S. Alder).

Mit seiner gruppenanalytischen Theorie knüpft Nitsun an Winnicott an. Folgender Vorgang führt zu einem Differenzierungsfortschritt, um zwischen Innen- und Außenwelt und zwischen Selbst und Anderem zu unterscheiden, was in der praktischen psychotherapeutischen Arbeit auch in der Gruppe – hier unter »Zeugen«, den Mitpatienten – geschehen und erlebt werden kann. Im Vorwort des von Nitsun geschriebenen Buches zur Anti-Group findet sich folgendes Zitat, das die Verbindung zu Winnicotts Verständnis der Differenzierung zwischen Selbst und Anderem (Objekt) herausstellt:

> Die Verwendung eines Objekts ...: ist so wichtig, dass ich dies hier hervorheben möchte: 1) Das sich entwickelnde Kind erlebt den Wunsch, ein Objekt in der Fantasie zu zerstören und wird sich dieses Wunsches bewusst, und 2) das Kind erkennt, dass das Objekt den Zerstörungsimpuls in der Fantasie überlebt. Erst nachdem das Kind diese Abfolge gelernt hat, kann es beginnen, die lebenswichtige Vorstellung zu begreifen, dass es eine äußere Realität außerhalb des Bereichs seiner Fantasie gibt. Es gibt sowohl »reale« Objekte als auch Fantasien und Impulse. Durch solche Prozesse wird nach Wiederholung phasenspezifischer Erfahrungen deutlich, dass aggressive Fantasien nicht gefährlich sein müssen und dass es reale Unterschiede zwischen Gefühlen und Handlungen gibt. Schuldgefühle und die Angst vor Vergeltung lassen nach, da sich die Realität verbessert, wenn das Kind lernt, Gefühle von Handlungen zu unterscheiden, die mit Aggression und Feindseligkeit verbunden sind. (zit. aus Nitsun, M. 2006, The Anti-Group und dem Vorwort von Saul Tuttman, der auf Winnicott verweist. S. xi, übersetzt von S. Alder)

Diese Dynamik der Entwicklung der psychischen Struktur wird von der jungianischen Analytikerin in Verbindung mit der Forschungsgruppe um Peter Fonagy ihren Ausdruck (vgl. Knox, 2009, 2011). Bei Jean Knox findet sich dieser so besondere Entwicklungsschritt in der Herausbildung der Selbstwirksamkeit und dem Erleben der Selbsturheberschaft von den Phasen der teleologischen (nur Handeln auf ein Ziel hin zählt) und intentionalen (zwischen Intention und Handeln ist Abstand) zur reflexiven bzw. repräsentativen (der andere und man selbst ist Teil der Wahrnehmung und Überlegung) Selbstwirksamkeit (Knox, 2009, S. 310 f.) In der Gegenüberstellung von Therapiezielen und Techniken (Interventionen) werden in einer Übersicht zwölf Felder beschrieben, von denen hier auf das Zusammenführen der Entwicklung der Selbstwirksamkeit und neuen Erfahrungen mit dem Therapeuten Bezug genommen wird: »Der Therapeut überlebt destruktive Attacken« (hier in der Übersicht und bei Knox, 2011, S. 178 ff.). J. Stork formuliert die Gedanken von Winnicott dazu so: »Die Eigenschaft, ständig von Neuem zerstört zu werden, macht die Realität des überlebenden Objektes überhaupt erst erlebbar, verstärkt die Gefühlsbeziehung und führt zur Objektkonstanz (Thomä & Kächele, 2006, S. 267, Dornes, 2012, S. 301). Erst danach kann das Objekt verwendet werden (1971, S. 109 Fußnote: Stork in Einführung zum Werk von Winnicott). Dieser Gedanke entspricht dem obigen Zitat aus dem Einführungstext zu Morris Nitsun's Klassiker »The Anti-Group«. »Destructive forces in the group and their creative potential« (Nitsun, 2006, S. X). Diese Theorie von Winnicott findet zwar unterschwellig Anwendung in der psychodynamischen Gruppentherapie, ist jedoch meines Wissens nicht konzeptionell beschrieben. Die Gruppentherapieschule der Intendierten dynamischen Gruppenpsychotherapie (Höck, 1981, S. 13 ff.) hat diesen Prozess der Auseinandersetzung mit der Autorität in der Gruppe als Entwicklungsmarker für individuelle und gruppale psychische Entwicklung über viele Jahre untersucht. Aus den Jahren von 1979 bis 1984 stammen allein zweiundzwanzig Psychotherapieberichte, die von Kurt Höck über die Jahre herausgegeben wurden (Höck, 1984, S. 2 f.)[56]. Der Kipp-Vorgang, auch »Kipp-Prozess« genannt, wird ursprünglich von Höck (1981) und von Froese & Misselwitz (2001, S. 93) symbolisch mit dem ödipalen Konflikt und dem Vatermord (Freud, »Totem und Tabu«) in Verbindung gebracht. Danach muss der Protagonist Ödipus oder gruppal die Bruderhorde den Vater töten, um ihn zu überwinden. Schuldgefühle lassen im Prozess der Verarbeitung gemeinsame Normen entstehen, die ein weiteres metapho-

---

56 Für diesen Hinweis danke ich meinem Freund Michael Froese, der selbst in den 1980er Jahren im Haus der Gesundheit mit Kurt Höck als Psychotherapeut gearbeitet hatte.

3.4 Ziele und Interventionen in der (intersubjektiven) Bezogenheit

risches Töten verhindern sollen. Das Über-Ich als Instanz bzw. Repräsentanz mit diesen gruppal vermittelten sozialen Normen entsteht. Mit Freud und der Metaphorik des Vatermordes bewegen wir uns symbolisch und entwicklungspsychologisch betrachtet, auf der ödipalen triangulierenden Ebene. Darin können Personen und Gruppen gedacht werden. Mit Winnicott und seinem entwicklungspsychologisch fundierten Beispiel eines Kleinkindes mit seiner Mutter, bewegen wir uns sowohl in der präödipalen als auch ödipalen Entwicklungsphase. Wir gehen mit Winnicott davon aus, dass der Patient (das Kind) mit dem Therapeuten (der Mutter, oder einer anderen Bezugsperson) spielt, dann spricht bzw. spielt der Patient (das Kind) mit dem Therapeuten (der Bezugsperson) so, dass es den anderen oder die andere durch »reine Aggression« tötet, wobei manchmal Fantasie und Realität nicht getrennt erscheinen, und, fundamental wichtig (!), der Therapeut (die Bezugsperson) überlebt den Angriff (Winnicott, 1997, S. 305; Knox, 2011, S. 178). Das hat zur Folge, dass zwischen der Fantasie des Patienten (des Kindes), in der es zur Als-ob-Tötungshandlung des Therapeuten (der Bezugsperson Mutter oder Vater) kommt, und der äußeren Realität, in der es nicht dazu kommt, unterschieden werden kann. So konzipiert Winnicott den Entwicklungsschritt, der es dem Patienten (wie dem Kind) in Bezogenheit zum Psychotherapeuten (zur Mutter) ermöglicht zwischen Ich und Du/Anderem, zwischen Selbst und Objekt, zwischen psychisch Innen und Außen einschließlich dem Nutzen von Übergangsobjekten zu unterscheiden (Winnicott, 1997, S. 300ff.).

Beide psychischen Ebenen sind in dem von Höck und Mitarbeitern beschriebenen Kipp-Prozess enthalten. Die Prozesse hat die Psycho- und Gruppenanalytikerin Irene Misselwitz praxisnah dargestellt (Misselwitz, 2001, S. 106 f.) In einem Gespräch mit einem engen Mitarbeiter von Höck, Roger Kirchner (1946 geb.)[57], beschrieb mir dieser den Kipp-Prozess aus einer (eher analen) Dynamik der Gruppe heraus[58]. Diese bezog er auf die

---

57 Ich danke Roger Kirchner für seine E-Mail, in der er mir am 04.01.2025 schrieb: Das Phasenmodell von Kurt Höck, welches ich von 1976 bis 1986 mit Höck und 1981 bis 2013 alleinverantwortlich in Cottbus (mit manchen Modifikationen praktiziert habe, [...]. Diagnostisches Instrument, auch der Phasenkontrolle ist stets die Gegenübertragung der Gruppenleiter. ... Ihr Roger Kirchner
58 Zur Erinnerung unterscheiden wir mit Freud die psychosexuellen Phasen oral-anal-ödipal-genital.

Aktivierungsphase, weil bei Minimalstruktuierung, anfänglich einladender Willkommenshaltung und durch das weitere Gruppenleiterverhalten, welches die Bedürftigkeiten der Gruppenmitglieder versagt, Ärger und Enttäuschung entstehen. Dadurch werde der Raum für Projektionen immer wieder neu geöffnet. Es käme so zu Entidealisierungen des Gruppentherapeuten durch die Gruppe der Patienten, somit zu Ärger, Rückzug aber auch Protest, der in den Kipp-Prozess mündet. Dabei werden der Ärger und der Protest gegen den Gruppenleiter durch Klärung, Konfrontation und Deutung vom Gruppenleiter anerkennend aufgenommen, was zu einer veränderten Wahrnehmung des Gruppenleiters durch die Patienten führe. Ödipale Themen als Ängste und Wünsche (Ödipuskomplex) können erlebt und besprochen werden. Der Gruppenleiter ist gar nicht so bedrohlich, Andersdenkende ausschließend oder er ist nicht so verachtend, sondern eher Not und Angst anerkennend, also doch anders als die dysfunktionale Mutter- oder Vaterübertragung mit all ihren Gewissheiten vermuten ließ, was zu neuen Einsichten und Erfahrungen auf der Seite der Patienten führe (Mündliche Mitteilung R. Kirchner, 09.12.2022).

Siegmund H. Foulkes stellt dazu eine passende konflikthafte Erfahrung aus seinen Gruppenpsychotherapien zur Verfügung. Dabei weist er auf die affektive Intensität und Kraft (Hauptwucht) eines stellvertretenden (vikariierenden) Angriffs gegen den Sündenbock in der Gruppe hin, der oft dem Gruppentherapeuten gilt. Es ist deshalb wichtig, solche meist aggressiven oder entwertenden Angriffe von einem Gruppenmitglied gegen ein anderes zunächst auf den Gruppentherapeuten bezogen zu denken und dann auf ihn zu lenken.

Foulkes schreibt:

> Zu wiederholten Malen habe ich Mitglieder an Stelle des Leiters den Sündenbock spielen sehen. Die Gruppe, die auf den Leiter böse ist, aber nicht wagt, ihn direkt anzugreifen oder offene Feindseligkeit zu zeigen, wird ihrer Erregung Luft machen, indem sie gegen ein anderes Mitglied, meist ein schwaches oder abwesendes, wütet. Der gewählte Sündenbock muss die Hauptwucht einer vikariierenden Attacke auf den Leiter ertragen. Es erweist sich daher oft als richtig, dass der Leiter sich überlegt, ob latente und unterdrückte Feindseligkeit gegen den Sündenbock sich eigentlich gegen ihn selbst richtet. (Foulkes, 1992, S. 169)

Mit anderen Worten geht es um die intrapsychische und interpersonale Kapazität des Gruppentherapeuten für Hass und destruktive Fantasien in

3.4 Ziele und Interventionen in der (intersubjektiven) Bezogenheit

der gegebenen Gruppe. Wenn diese Fähigkeit und intrapsychische Kapazität entwickelt sind, haben die Patienten als Gruppe eine Chance, diesen Entwicklungsschritt gemeinsam zu gehen. Das von Morris Nitsun vorgeschlagene Konzept der Anti-Gruppe umfasst alle Tendenzen in einer Gruppe und als Gesamtgruppe, die Struktur der Gruppe, den Prozess und Inhalte anzugreifen, infrage zu stellen und zu zerstören. Zugleich werden die Bereiche gerade durch diese Angriffe für viele Menschen erst real und wertvoll, wenn es der Gruppe und den Gruppentherapeuten gelingt, all das zu halten, aus- und durchzuhalten, anzuerkennen und ein Verständnis zu ermöglichen – durch einfühlsam markiertes Spiegeln oder Konfrontation. Mit anderen Worten: Die gegen Kohäsion und Kohärenz einer Gruppe gerichteten Kräfte müssen, so Morris Nitsun, anerkannt und von der Gruppe kreativ genutzt werden.[59]

In der Gruppentherapie-Situation geht es, wenn eine Verbindung zu den Gruppentherapeuten erlebt wird, darum, die Liebe und Macht des Leiters oder der Leiterin anzugreifen, auf diese Weise herauszufordern, vielleicht zu »kippen«, um als Gruppenmitglied, als Patient eigenen Gestaltungsspielraum in Bezug zum und in Abgrenzung vom wichtigen anderen Menschen zu gewinnen. Es geht damit um das Erlangen von Selbstwirksamkeit vor allem im Kontext von Macht, Ohnmacht hin zu Vollmacht und Ermächtigung mit der Fähigkeit zu wechselseitiger Anerkennung, Differenzierung, aber auch um Zuneigung, Liebe und Mitgestaltung. So gelangen wir von den ersten Phasen der Gruppenentwicklung hin zur Arbeitsphase.

---

59 Bemerkenswert ist, dass in der Konzeption der Intendierten dynamischen Gruppentherapie der Kipp-Prozess einer der am meisten beforschten Vorgänge in der damit befassten Psychotherapieforschung in der DDR ist. Es geht dabei um die Macht des Leiters in der Gruppe als Übertragungsfigur, die von ihm angenommen wird. Diese machtvolle Position, meist patriarchal gedacht, erhält in gesellschaftlichen Verhältnissen, die durch die Diktatur eines Staates geprägt sind, eine Akzentuierung. Ende der 1970er und in den 1980er Jahren begann sich in der DDR im sozialen Bewusstsein und sozialen Unbewussten der Gedanke zu verstärken, dass diese Diktatur verändert und überwunden werden müsse (Seidler, 2014, S. 38 ff.).

3.5 Aufgaben und Bedeutung der Gruppenleitung in Klinik und Praxis

Zusammenfassung

Ganz gleich mit welcher Gruppenform wir es zu tun haben, stellen sich für uns als Gruppentherapeuten drei Aufgaben:

- Erstens die Organisation für die Gruppenmitglieder und die Gruppe als Ganze im Blick zu haben (Organisator bzw. »convenor«, Schlapobersky, 2016, S. 307),
- zweitens sind wir die Therapeuten als reflektierend Moderierende (therapist – ebenda, S. 309), im therapeutischen Verlauf und
- drittens sind wir zugleich Mitglieder der Gruppe (group member, ebenda, S. 311).

In jedem Bereich werden uns spezifische Projektionen zugeschrieben, die auch als Übertragungen von Wünschen, unbewussten positiven und negativen Erwartungen verstanden werden dürfen, können und manchmal müssen.

Der Gruppenanalytiker Hobson schreibt bereits 1959 dazu:

Der Analytiker kann viele Gestalten repräsentieren, oft verkörpert er jedoch eindeutig die Kohäsion der Gesamtgruppe. Die Gruppe als Ganzes kann Trost und Schutz der Mutter bedeuten, die Autorität des Vaters, aber auch einen übergeordneten Zustand, der das Individuum erschafft und nährt, in dem es eingeschlossen ist, auf den es sich aber auch beziehen kann. (Hobson, 1959, S. 140 f.).

Diese Vorstellungen bzw. funktionalen Projektionen sollte man sich als Gruppentherapeut immer einmal vor Augen führen, um die eigenen Aufgaben und die Bedeutung im gruppentherapeutischen Kontext zu rekapitulieren. Die negativen Erfahrungen mit Blick auf Trost und Schutz, also verlassen und bestraft werden, schutzlos dem Machtmissbrauch durch Autoritäten ausgesetzt zu sein, sind dabei als Übertragungserwartungen zu bedenken.

3.5 Aufgaben und Bedeutung der Gruppenleitung in Klinik und Praxis

Für Gruppentherapeuten in Kliniken und in Vertragsarztpraxen gilt es, mehrere zentrale Aufgaben nacheinander im Blick zu behalten. Ich habe im Folgenden mehrere Punkte als eine Art Checkliste dafür zusammengestellt, was vor Beginn einer Gruppensitzung zu bedenken ist:

- Die Rahmenbedingungen der Therapie für die Patienten ggf. formulieren, einhalten und auf Störungen achten. Hierbei sind die institutionellen und hierarchischen Strukturen der Klinik für Psychiatrie, für Psychosomatik und Psychotherapie, der psychosomatischen Rehabilitations-Klinik und Tageskliniken zu berücksichtigen. Für die ambulanten Rahmenbedingungen mit den vertraglichen Vereinbarungen (Ärzte- oder Psychotherapeutenkammer, Kassenärztliche Vereinigung) einschließlich der Richtlinienpsychotherapie gilt das analog.
- Zu Beginn den Patienten in einer sie willkommen heißenden Haltung die Arbeitsweise der therapeutischen Gruppe erklären. Es ist dabei ein großer Unterschied, ob nur eine oder zehn oder mehr Sitzungen gemeinsam zu erwarten sind. Die Patienten sind meist verunsichert, es ist ihnen peinlich von sich zu sprechen und sie haben Angst (abhängig von Vorerfahrungen mit Gruppen und abhängig vom psychischen Strukturniveau und dem Schweregrad der Störung bzw. Symptomatik). Zugleich können Patienten interessiert, aufgeschlossen und gut motiviert sein, weil ja gerade durch und in Gruppen viel Neues und Heilsames gelernt werden kann.
- Die Hauptaufgabe eines Gruppentherapeuten ist es, die Kommunikation in der Gruppe zu fördern. Dazu gehört es, das Schweigen reflektiert zu begrenzen und zugleich zu nutzen, das Zu-viel-Reden zu begrenzen und zu nutzen, die Kommunikation vom Monolog, zum Dialog, zum Trialog hin zum Diskurs geduldig zu beachten und zu unterstützen. Das kann, wenn vom Gruppentherapeuten gefördert, durch gegenseitiges Geben von Feedback unterstrichen werden.
- In der Funktion der Gruppentherapeuten die Wünsche der Teilnehmenden in der Gruppe nach Zugehörigkeit, Selbstwirksamkeit und Vertrauen unterstützen sowie die Ängste vor einem Verlorengehen in der Gruppe oder einem Ausgestoßen werden aus der Gruppe aufgreifen.
- Es gibt neben Scham zwei fundamentale Ängste in Gruppen. Die eine Angst besteht darin, sich in der Gruppe aufzulösen, was wie ein Sterben

in der Gruppe erlebt werden kann. Die andere Angst besteht darin, von der Gruppe ausgeschlossen zu werden und deshalb außerhalb der Gruppe zu sterben.[60] Beides können wir als Psychose nahe Ängste identifizieren oder Traumafolgestörungen stellen sich verursachend heraus. Hier geht es darum Folgendes zu bedenken: Wenn jemand etwas Traumatisches von sich mitteilt, obwohl er oder sie eigentlich ein Schweigegelübde gegenüber »dem Täter« abgelegt hat, kann diese Person hinterher mit selbstverletzendem Verhalten reagieren, auch mit Todesangst. Katharsis, also etwas Belastendes der Gruppe anvertrauen, kann zu selbstverletzender Bestrafung führen. Zum Vertiefen der Thematik sei an dieser Stelle auf die vierte Grundannahme von Earl Hopper hingewiesen. Hopper konzipiert diese Grundannahme Zerfall (Incohesion) mit den Polaritäten von Annihilation/Vernichtung als Massification vs. Aggregation/Verklumpung – sich in der »Masse« auflösen vs. unverbunden sich verlieren (Hopper, 2003, S. 55 ff.). Dabei steht die Angst vor Vernichtung (annihilation) als Kernaffekt im Zentrum der Gruppenmatrix bzw. in den Betroffenen. (▶ Kap. 3.6.1)
- Nachdenken über Kontrolle/Macht vs. Kontrollverlust/Ohnmacht. Wenn eine Gruppe geprüft hat, dass alle Gruppenmitglieder anwesend sind und geklärt ist, weshalb die Fehlenden nicht da sind, wird darüber gesprochen, welche Regeln in der Gruppe gelten. Schon im Prozess der Klärung, wer zur Gruppe gehört, wird deutlich, wer von den Patienten sich um dieses Thema kümmert, wer das Wort erhebt und wie danach gefragt wird. Damit werden eigene Bedürfnisse nach Aufmerksamkeit, nach Sorge und nach Respekt ausgedrückt. Je nachdem, wie die Resonanz darauf ist, werden *Normen* geprägt, die charakteristisch für diese Gruppe sind. Sowohl die Gruppe als Ganzes als auch die einzelnen erleben sich bei den besprochenen Themen als selbstwirksam, als wirkmächtig oder erleben ihre Ohnmacht. Wenn das im Hier und Jetzt des Gruppenprozesses zumindest annähernd geklärt werden kann, gewinnen alle Beteiligten an Verständnis für sich und die anderen.

---

60 Mündliche Mitteilung von Sebastian Murken (18.10.2020):» Es gibt zwei fundamentale Ängste in Gruppen: erstens der ›Tod in der Gruppe‹ und der ›Tod außerhalb‹ derselben.«

- Die Gruppe als Therapiegruppe wird gern mit der Reinszenierung der Herkunftsfamilie verbunden. Es lohnt sich, dies, wie es bereits Foulkes tat, als eine Fantasie und als einen Widerstand zu markieren, weil eine Therapiegruppe keine neue Familie ist. Eine Therapie- oder Selbsterfahrungsgruppe ist vielmehr verknüpft mit einer, wie es Haubl schreibt, Kulturimago. Er schlägt hierfür die »Imago einer demokratischen Kultur« vor (Haubl, 2019/2007, S. 5).[61]
- Schließlich ist die Verknüpfung zur Therapiegruppe wichtig, wie zugewandt die Gruppenmitglieder untereinander tatsächlich sind und erlebt werden, natürlich auch wie die Gruppentherapeuten wahrgenommen werden.
- Nachdenken über Zuneigung (affection), Nähe, Distanz, Intimität und Fremdsein. Der fließende Übergang zum Themenfeld der Öffnung gegenüber anderen in der Gruppe wird nun erlebt und kann reflektiert werden. Wie viel Nähe kann ich zulassen oder wie viel Distanz stelle ich her? Wenn von einer Patientin eine Trennung von einem Partner besprochen wird, erhebt sich die Frage, wer dafür die Schuld und Verantwortung trage. Und ob dieser mögliche Selbstvorwurf in der Gruppe erlebt werden kann. Werfe ich mir etwas selbst vor oder erwarte ich

---

[61] »Indem die Bewußtwerdung der Individualität zwar der natürlichen Bestimmung entspricht, so ist sie dennoch nicht das ganze Ziel. Es kann nämlich unmöglich die Absicht der Menschenerziehung sein, ein anarchisches Konglomerat von Einzelexistenzen zu erzeugen. [...] Die Individuation ist ein Einswerden mit sich selbst und zugleich mit der Menschheit, die man ja auch ist. Ist der Bestand des einzelnen so gesichert, dann besteht auch die Gewähr dafür, dass die organisierte Anhäufung der einzelnen im Staate, [...,] nicht mehr zur Bildung einer anonymen Masse, sondern zu einer bewußten Gemeinschaft wird. [...] Ohne diese Freiheit und Selbständigkeit des einzelnen gibt es keine wahre Gemeinschaft, und – wie wir sagen müssen – ohne solche Gemeinschaft kann auch das in sich begründete und selbständige Individuum auf die Dauer nicht gedeihen. Überdies ist die selbständige Persönlichkeit auch der beste Diener am Gemeinwohl.« (Jung, 1941/1999, GW 16, S. 116, § 227). C. G. Jung dachte bereits 1941 im Zusammenhang mit seinem umfangreichen Konzept der Individualisierung, das er Individuation nannte, auch über die Konsequenzen und positiven Möglichkeiten für eine Gesellschaft und einen Staat nach, was er allgemein als eine anzustrebende Imago einer »bewussten Gemeinschaft« beschrieb (ebenda).

diesen Vorwurf auch von anderen aus der Gruppe und von wem? Damit ist – metaphorisch ausgedrückt – die Tür geöffnet, das Intrapsychische in die Gruppe zu projizieren und zu übertragen. Meist ist dies längst schon geschehen, nur gab es dafür noch keine Sprache. Für unbewusste Projektionen und Übertragungen bedarf es einer Öffnung im Fühlen und Denken, diese auch in der Gruppe zu fühlen und zu denken, schließlich auch anzusprechen.
- Relational – Reflection – Reparative/Change (Schlapobersky, 2016, S. 59 ff.). Bezogenheit – Nachdenken – durcharbeitendes Korrigieren/Veränderung. Aktive Zeugenschaft, markiertes Spiegeln sind wichtige Techniken, um das mitgeteilte Erleben der Teilnehmenden als bedeutsam und zu ihm bzw. zu ihr zugehörig zu verdeutlichen. Somit sind das Aspekte der Gefühlswahrnehmung verbunden mit einer Markierung, dass beispielsweise das Kind/der Patient schmerzlich trauert und der Therapeut das benennt und ggf. deutend in einen situativen oder biografischen Zusammenhang bringt. Dabei ist es wichtig, als Gruppentherapeut ausreichend neutral, abstinent, anonym und mit sich selbst in Übereinstimmung zu sein. Zugleich gilt es, sich als Therapeut für die Patienten erkennbar bezogen, emotional spürbar und als reagierender Mensch berührbar zu zeigen. Das sind Ambivalenzen in der therapeutischen Haltung, die konkret und im gegebenen Kontext der Gruppe diskutiert werden können.
- Teilnehmende, die in die Rolle des Sündenbockes im Gruppenprozess geraten (Omega-Position nach Schindler, 1957) sind »Chefsache«, fallen in die Zuständigkeit des Gruppentherapeuten! Wenn sich ein Patient in die Gruppentherapeutin verliebt, ist er entweder auf dem Weg in eine privilegierte Liebhaberposition zur Gruppenleiterin, die miteinander gehalten, anerkannt wird oder er gerät in die Position des Sündenbockes, weil er sich etwas nimmt, was ihm vielleicht nicht zusteht, wofür ihn die Gruppentherapeutin oder die Gruppe ausschließen möchten, wenn er nicht davon ablasse. Hier droht eine ödipale Verstrickung. Mit der Psychologie der Anerkennung (Benjamin, 2019, S. 62 f.) wird es möglich, diese Gefühle und Übertragungen gemeinsam zu untersuchen.
- Ein Beispiel ist es, wenn eine Patientin alle Menschen hasst. Sie versteht nicht, weshalb es so etwas wie Zuwendung und Interesse füreinander gibt. Der einzige Grund für Zuwendung ist es Geld zu verdienen. Das

wirft sie dem Gruppentherapeuten auch vor, jedoch hat sie zugleich Verständnis dafür, weil ja sonst keine Therapie stattfände und sie nicht zu kommen bräuchte. Von den anderen erwarte sie nichts. Deren Anteilnahme sei für sie unklar. Die anderen versuchten sie verbal und nonverbal zu erreichen. Das kann sich zu Ärger verändern, wenn die Toleranz für den abweisenden Hass überschritten ist. Warum komme sie überhaupt? Das könnte zu einer Ausstoßung der Patientin in die Sündenbockposition führen. Wenn jedoch verdeutlicht und glaubhaft anerkannt werden kann, dass die Wut und der Hass Ausdruck der tiefen Enttäuschung und Verletzung der Patientin sind, die sie bewusst und unbewusst dem Gruppentherapeuten versucht zu vermitteln, kann Beruhigung eintreten. Hilfreich ist es auch, wenn ein anderer Patient mit einer vergleichbaren Erfahrung von Ausschlusserfahrungen in seiner Primärfamilie von sich berichtet. Er fühlt immer wieder massive Schmerzen in seinem Körper und stellt das der Gruppe zur Verfügung, in dem er seinen Schmerz in die imaginäre Mitte der Gruppe legt. Darauf spricht die Patientin von ihrem Hass. Auf diese Weise wird der Hass der einen Patientin zu einem gemeinsam geteilten Erfahrungspol, der von dem anderen Pol, der den Schmerz spürt, anerkannt und zugleich um die Verbindung wirbt, kompensiert wird.[62]

Aufgaben für Gruppentherapierende – eine Zusammenstellung

1. **Alles, was in der Gruppe gesagt wird, gilt auch dem Leiter/den Gruppentherapeutinnen – der Gruppe sowieso!** Wenn die Äußerungen der Gruppenpatienten das übliche Affektmaß überschreiten, dann gilt die Regel, unbedingt all das auf sich als Gruppentherapeuten zu beziehen.[63] Erst wenn diese Bezogenheitsebene in der

---

62 Zu weiteren Herausforderungen und Komplikationen siehe Abschnitt zum Kipp-Prozess (▶ Kap. 3.4.9).

63 Das wird von den Patienten, wie mir mehrfach Patienten mitteilten, allerdings oft nicht geglaubt, sondern als Technik oder Haltung »durchschaut«. Aber trotzdem ist es wichtig, weil die Verletzung – wenn das ausbleibt – noch größer ist. Die Begründung ist folgende: Patienten gehen davon aus, dass der Gruppentherapeut die abwertenden Äußerungen teile.

Gruppe geklärt ist, dann ist die Bezogenheit in der Gruppe zwischen zwei Teilnehmenden (Patienten) risikoärmer zu bearbeiten. Hierzu dient die Standardfrage: Was hat das mit uns hier in der Gruppe zu tun? Das Risiko, wenn das der Gruppentherapeut nicht tut, besteht in der Eskalation, weil es im Zweifelsfall tatsächlich um die Übertragung auf den Therapeuten geht, der ja auch die Gruppe als ganze repräsentiert, was für den Prozess einer Gruppentherapie sehr wichtig ist, durchzuarbeiten.
2. **Geduld und Halten** (aushalten, durchhalten, anhalten, um gemeinsam nachzudenken) sind die elementaren Tugenden eines Gruppentherapeuten.
3. **Metaphern können vom Gruppentherapeuten aufgegriffen werden.** Das fördert den gemeinsam geteilten Gefühls- und Wissensgrund (common shared ground). Die Common-Ground-Aktivität (vgl. Buchholz, 2015, 2016; Alder & Alder, 2019, S. 382 ff.) ist meist während des Gruppenprozesses schwer zu erfassen, trotzdem wirkt sie und kann durch nachträgliches Protokollieren mithilfe der Konversationsanalyse nachgewiesen werden (ebenda).
4. **Destruktive Impulse verbal markieren** und ggf. sich davon distanzieren oder sich dem Destruktiven, dem Bösen entgegenstellen, oder doch sich als Gruppentherapeut damit verbinden und markiert spiegeln, ist wichtig.
5. Nach der Behandlungsstunde ein **Protokoll anfertigen.** Darin sollten enthalten sein: 1. Sitzkreis skizzieren. 2. Jeder Patient bekommt einen Satz zugeschrieben, 3. Angaben zur Gruppe als Ganze. 4. Gefühle, Gedanken, Bilder oder/und Körperreaktionen von sich als reflektierter Gegenübertragung oder doch als Ko-Übertragung verstanden aufschreiben. 4. Von Gruppenteilnehmenden erzählte Träume aufschreiben. 5. Was ist für die nächste Sitzung wichtig? 6. Was war merkwürdig oder ungewöhnlich?

3.6 Gruppenphänomene – Gruppenmuster als Widerstand und kreative Leistung

> **Zusammenfassung**
>
> Muster der Kommunikation entstehen in Gruppen. Sie haben eine Schutzfunktion und ein kreatives Potenzial für die Gruppe und für die Teilnehmenden.

Wenn wir Gruppenpsychotherapie reflektieren, so können die Patienten als Individuen in ihren Beziehungen und zugleich die Gruppen mit ihren Mustern, zu denen die einzelnen Individuen beitragen, betrachtet werden. Mit den folgenden Abschnitten liegt der Fokus auf den Gruppenmustern. Diese wurden von Wilfred R. Bion, von Earl Hopper und von Robert F. Hobson beschrieben. Im Anschluss werde ich alle Muster miteinander in Verbindung bringen und sie dabei mit den drei Dimensionen des interpersonalen Verhaltens – Inklusion, Kontrolle, Zuneigung – von Schutz (1958) mit Verweis auf die Beziehungsdimensionen der OPD (2023, ▶ Kap. 2.4) diskutieren.

Zu fragen ist, welche Bedeutung dem Wissen um Gruppenmuster für uns Psychotherapeuten zukommt?

3.6.1 Grundannahmen von Bion und Hopper

Wilfred R. Bion geht davon aus, dass wir Menschen als Mitglieder einer Gruppe, um existenzielle Angst zu vermeiden, das Zusammensein dieser Gruppenmitglieder als Gruppe fantasieren. Er geht noch einen Schritt weiter und formuliert, dass Gruppenmitglieder in der existenziellen Angst den Zustand der Frustration nicht tolerieren, weil sie sich nicht beruhigen können. Frustration benötige ein Bewusstsein von Zeit und Zeit – so seine Begründung – sei »keine Dimension dieser Grundannahmenzustände«. So schreibt er: »… frustration, which is thus inescapable, cannot be tolerated because frustration requires awareness of the passage of time, and time is not a dimension for basic-assumption phenomena« (Bion, 1961, S. 179f.). Um diese Angst und Frustration zu mindern bilden Gruppenmitglieder unbewusst Gruppenmuster aus, die Bion Grundannahmen (basic assumption) nennt. Diese drei Grundannahmen sind Abhängigkeit, Kampf/Flucht und Paarbildung. Alle drei Muster werden durch typische Verhaltensmuster und Gefühle geprägt. Wenn so etwas wie Abhängigkeit als Muster wirkt, verhalten sich die Gruppenmitglieder so, als ob sie nichts wüssten, während der Gruppentherapeut alles wüsste. Man müsse ihm nur die richtigen Fragen stellen oder das versteckte Wissen entlocken. Dabei geht es um ein ambivalentes Bedürfnis. Einerseits möchten die Gruppenmitglieder für sich einen kompetenten Gruppenleiter herstellen, mit dem sie sich verbunden wissen und Heilung erwarten und andererseits misstrauen sie ihm (Lopez-Corvo, 2003, S. 81).

Die Grundannahme Kampf/Flucht entsteht als ambivalentes Bedürfnis, wenn, aus welcher Enttäuschung auch immer, gekämpft oder vor irgendetwas weggerannt werden muss. Ein Gruppenleiter wird gebraucht, der den Kampf gegen einen Feind unterstützen kann oder mit dessen Hilfe die Flucht vor einer Gefahr Erfolg verspricht. Auch hierbei besteht die Ambivalenz darin, dass dem Gruppenleiter die Omnipotenz zugetraut wird und ihm andererseits misstraut wird. Und all das unter dem großen Druck verbunden mit einem fehlenden Bewusstsein von der Prozesshaftigkeit von Dingen; wobei selbst dieser Gedanke nicht gedacht werden kann, weil dieser Zustand unfassbar plötzlich erlebt wird. Angst und Panik sind charakteristisch für dieses Gruppenmuster.

Die Grundannahme der Paarbildung (Pairing basic assumption) gründet in der Vorstellung, dass in der Gruppe ein Paar entsteht, dessen Verbindung die Lösung der Probleme durch deren »Kind« ermöglicht. Bion spricht dabei von einem »messianischen Führer«, der in absehbarer Zukunft alles Leiden, was durch Gefühle der Hoffnungslosigkeit, durch Hass und Zerstörung entstanden ist, beenden wird. Die Ambivalenz liege hier darin, dass einerseits die erlösende Idee und Person oft in der Person des Gruppentherapeuten da sein soll, andererseits entstehen Wut und Zerstörung, wenn jemand als Retter in Erscheinung tritt (Lopez-Corvo, 2003, S. 2005).

Eine vierte Grundannahme wurde von Earl Hopper (2003, 2010), einem Londoner Gruppenanalytiker, vorgeschlagen. Hopper nennt sie »Zerfall«

3.6 Gruppenphänomene

(incohesion), wobei der strukturelle Zerfall in zwei Formen zu beobachten ist. Diese nennt er Verklumpung (in fixierten Untergruppen verloren gehen) und Vermassung (in der Vereinzelung verloren gehen). Besonders in Situationen, in denen es zu zerfallsartigen Prozessen mit Vernichtungsängsten in der Gruppe kommt, läuft mehrfach jemand aus der Gruppe heraus, andere Gruppenmitglieder kommen zu spät oder gehen früher oder es wird die Zeit entweder deutlich überschritten oder verkürzt. Oft ist dem Gruppentherapeuten bereits klar, dass traumabezogenes psychisches Material sich reinszeniert oder ankündigt. Manchmal liegt es auf der Hand und ist bekannt. Gelegentlich werden traumatische Erfahrungen aber auch erst durch diese Art von »Zerfallsprozessen« angekündigt, die Grenzen einer Gruppe getestet und damit natürlich auch die Belastbarkeit der Gruppentherapeuten, ob sie für die anstehende emotional und inhaltlich hochbrisante Thematik ausreichend stabil sind.

Diese vier Zustände von Gruppen oszillieren zwischen Abschnitten guten kommunikativen Arbeitens und Abwehrzuständen. Die Gruppe, wenn sie gut arbeitet, kann mit Bion als Arbeitsgruppe oder kluge Gruppe (»working group« oder »sophisticated group«) bezeichnet werden. Man geht grundsätzlich von einem häufigen Wechsel zwischen Zuständen in therapeutischen Gruppen, die arbeiten und die im Zustand der Abwehr sind, aus.

Die genannten vier Abwehrfiguren in Gruppen nach Bion (1–3) und nach Hopper (4) sind folgende:

1. Abhängigkeit: Orale Wünsche – Versorgungshaltung versus pseudoautarke Selbstversorgung oder narzisstische Versicherungen (Ich kann alles allein und brauche keinen anderen), die den Anderen nicht brauchen. Dabei fantasieren die Gruppenteilnehmenden zu dem Gruppentherapierenden, dass alle Fragen und alle Probleme von ihm oder von ihr beantwortet und gelöst werden. Sie selbst als Patienten müssen nichts weiter tun als da sein und zuhören.
2. Kampf/Flucht – anale Wünsche nach Kämpfen gegen einen Feind der Gruppe oder Flucht vor einem Feind außerhalb der Gruppe, werden, woher auch immer, fantasiert und so erlebt.

3. Paarbildungen – ödipale – genitale bzw. triangulierende Wünsche nach Verbindung als Schutz vor eigener Auseinandersetzung werden mit der Fantasie gebunden, dass ein Paar in der Gruppe, also ein Gruppenmitglied mit dem Gruppentherapeuten, manchmal auch zwei Gruppenmitglieder als Paar, die Lösung (symbolisches Kind nach Bion, 1961) für die anstehenden Probleme wissen.

4. Zerfall (Incohesion) mit Aggregation oder Massifikation (Hopper) – Zerfallsprozesse in der Gruppe wie Zuspätkommen oder Zufrühgehen von mehreren, Termin vergessen oder aus der Gruppe rausrennen und ähnliches) weisen oft auf traumaspezifische Themen in der Gruppe hin.

3.6.2 Gruppenmuster zwischen Widerstand und kreative Leistung – Hobson

Zusammenfassung

Strukturierende Muster der Kommunikation in einer Gruppe sind in Doppelfunktion zu verstehen: als Widerstand und kreative Leistung. Vier werden mit Hobson in Abgrenzung zur *freien Kommunikation* unterschieden: erstens: *Isolation eines Gruppenmitglieds*, als Marginalisierung oder Ausschluss eines Teilnehmenden; zweitens: *starke Spaltung* als sich ablehnende bipolare Untergruppen, wobei ein Paar ebenso eine Untergruppe bilden kann; drittens: *völlig defensive Muster* – monotone oder einheitliche Reaktionen der Gruppe zum Gruppentherapeuten entweder abhängig oder kämpferisch oder fliehend, jedes in einer Art Blockbildung; viertens: *zentral ausgerichtete Aktivität:* die Gruppe kommt zu einer Zentrierung auf eine imaginäre Mitte im Schweigen oder nachdenklichen Sprechen.

Kommunikative Abwehrmuster in Gruppen wurden fast zeitgleich von W.R. Bion und von Robert F. Hobson beschrieben. Die Beispiele, mit denen Hobson seine gefundenen Kommunikationsmuster in Gruppen illustriert, stammen aus den Erfahrungen und Beobachtungen seiner grup-

3.6 Gruppenphänomene

pentherapeutischen Arbeit in einer psychiatrischen Tagesklinik in UK aus den 1950er Jahren und zuvor aus Gruppenerfahrungen als Mitglied einer Religionsgemeinschaft sowie als Militärarzt. Hobson bezieht sich in seinen Kasuistiken auf verschiedene Kleingruppen mit Patienten zwischen 32 und 50 Jahren und die über mehrere Jahre psychisch krank waren. Deshalb wurden sie in einer Tagesklinik analytisch in Gruppen in einer psychiatrischen Klinik in UK behandelt (Hobson, 1959, S. 140f.). Diese Phänomene von kommunikativen Mustern sind auch nach über 70 Jahren unverändert wahrzunehmen. Sie zeigen die verschiedenen Zustände von Gruppen und deren kommunikative Muster auf, die in diesem Abschnitt dargestellt und zitiert werden. Um es vorwegzunehmen, die von Hobson beschriebenen Abwehrmuster von Gruppen fallen mir, neben denen von Bion und Hopper, im therapeutischen Alltag oft ein und helfen mir, mich in Gruppen zu orientieren. Hobson geht von dem Idealfall einer *freien gegenseitigen Kommunikation* (free intercommunication) zwischen den Gruppenmitgliedern aus, die von einem ungestörten Fluss des miteinander Sprechens – mit Pausen – geprägt ist im Gegensatz zu Störungen bis hin zu Zerfallstendenzen (disruption) der Kommunikation.[64] So entsteht in seinem Verständnis Kohäsion als dynamischer Prozess in der Gruppe zwischen Kohäsion und Störung (cohesion/disruption). Das Konzept von »disruptions und repair« (Marmaroch, 2021, S. 205), das ca. sechzig Jahre später beschrieben wurde, kommt dem sehr nah.

Das Ideal der freien gegenseitigen bzw. aufeinander bezogenen Kommunikation in einer Gruppe:

Bei der freien Kommunikation in einem lebendigen Miteinander (free intercommunication, Hobson, 1959, S. 142) sind freies Sprechen und sich dabei aufeinander beziehen möglich, die im Kreis stehenden Sitzplätze können frei von den Teilnehmenden gewählt werden, Widerstände und Spaltungen sind kommunikativ überwunden, die Gruppe wirkt immer wieder als ein Ganzes mit ihren Individuen und durch sie. Dieser Zustand

---

64 De-Integration und Re-Integration sind Vorgänge des Öffnens und Schließens eines psychischen Systems. Michal Fordham beschrieb dies als die grundlegende Dynamik des Selbst. Die gestörte Öffnung, die ein Schließen blockiert, ist die Des-integration. Fordham, einer der wichtigen Schüler von C. G. Jung war Lehranalytiker von Robert F. Hobson (▶ Kap. 1.5).

3 Praxisteil

einer Gruppe stellt die idealisierte Referenz dar. Die vier Abwehrmuster (1.–4.) stehen dem Ideal der Gruppe in *freier gegenseitiger Kommunikation* (0.) in dynamischer und regressiver Weise entgegen.

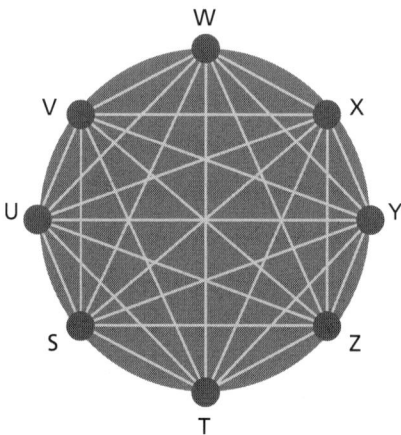

Abb. 3.1: Freie gegenseitige Kommunikation (in Anlehnung an Hobson, 1959, S. 142). Sieben Teilnehmende S, U, V, W, X, Y, Z und ein Gruppentherapeut T sind frei und respektvoll kommunizierend bezogen, was durch Geraden zwischen den die Individuen kennzeichnenden Buchstaben illustriert ist. Wäre keine Linie gezeichnet, bestünde nur geringfügige bis keine verbale oder nonverbale Kommunikation.

Zu den vier kommunikativen Abwehrmustern von Hobson in Gruppen verknüpft mit kommentierenden Fantasien aus eigenen Patienten- und Gruppenbeispielen:

1. Isolation eines Gruppenmitglieds im Sinne des potenziellen Sündenbock-Phänomens (dazugehörige Fantasie: Wenn der Patient die Gruppe verlässt, sind die Probleme und Konflikte gelöst. Es folgt die Angst in der Gruppe, wer als nächstes ausgestoßen werden könnte. ▶ Abb. 3.2)

3.6 Gruppenphänomene

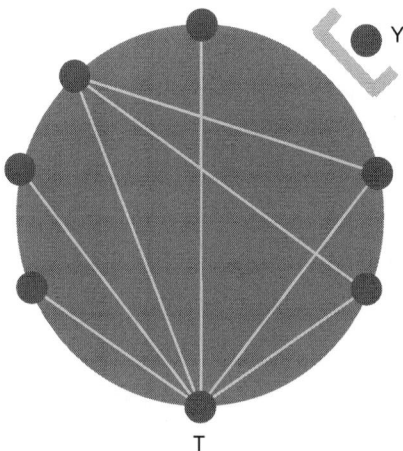

Abb. 3.2: Isolation eines Gruppenmitglieds Y (in Anlehnung an Hobson, 1959, S. 142)

2.1 Große Spaltung (major split) (Fantasie dazu: Nur wir [X, Z, U] sind richtig und die Guten; die anderen [S, V, W, Y] sind falsch und böse. Oder: Es gibt nur uns, die anderen werden verleugnet oder verachtet; ▶ Abb. 3.3).

3 Praxisteil

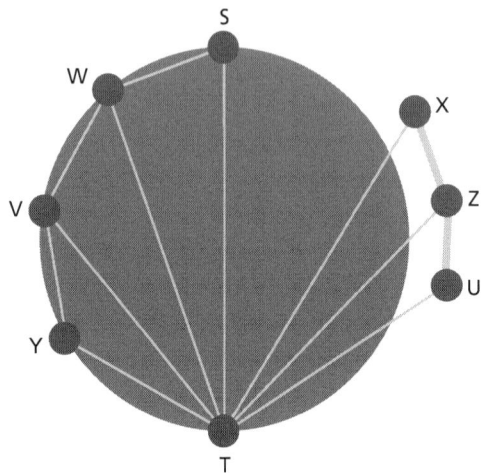

Abb. 3.3: Große Spaltung (in Anlehnung an Hobson, 1959, S. 144)

2.2 Zur Paarbildung als Variante der »großen Spaltung« (Fantasie: Wenn wir zwei [X, Z] uns durch ein gemeinsames Geheimnis vereinen, werden wir unsere Probleme lösen; ▶ Abb. 3.4).

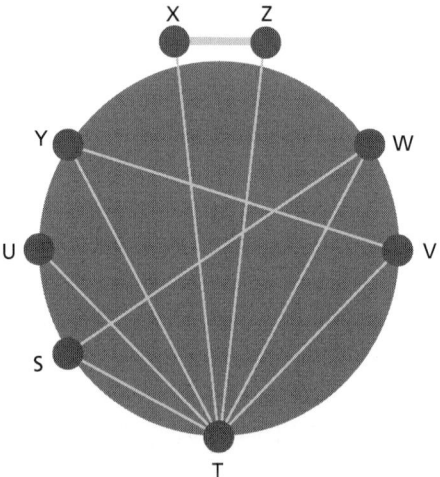

Abb. 3.4: Große Spaltung als Paar (in Anlehnung an Hobson, 1959, S. 144)

3.6 Gruppenphänomene

3. Zu »völlig defensiven Mustern« (total defensive patterns). Gruppe reagiert einheitlich, in meinen Worten, wie ein defensiver Block. Entweder erleben sich alle vom Gruppentherapeuten abhängig (Fantasie dazu: »Nur Sie als Therapeut können uns helfen. Erklären Sie uns doch, wie die Lösung ist!«) oder die ganze Gruppe stellt sich gegen den Therapeuten, weil sie ihn oder sie als Bedrohung erleben oder ihn als inkompetent und die Bedürfnisse der Gruppe vernachlässigend wahrnehmen (▶ Abb. 3.5; ▶ Abb. 3.6).

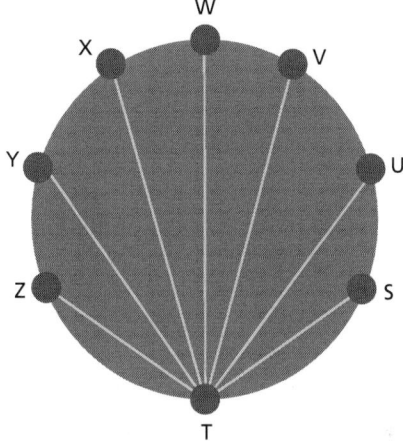

Abb. 3.5: Völlig defensives Muster als Abhängigkeit (angelehnt an Hobson, 1959, S. 145)

3 Praxisteil

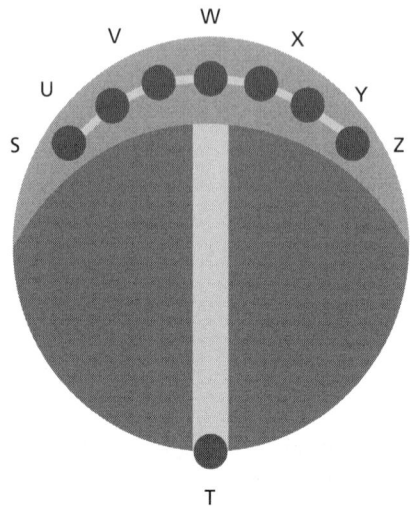

Abb. 3.6: Völlig defensives Muster als Rebellion (angelehnt an Hobson, 1959, S. 145)

2.3 Zentral ausgerichtete Aktivität (centrally directed activity). Die Gruppe ist auf die imaginäre Mitte fixiert. Alle Mitglieder der Gruppe schweigen oder alle sehen, hören oder spüren körperlich etwas, sehen, hören oder spüren nichts, die Leere oder etwas Symbolisches, welches nicht oder noch nicht verbal kommuniziert werden kann (▶ Abb. 3.7).

3.6 Gruppenphänomene

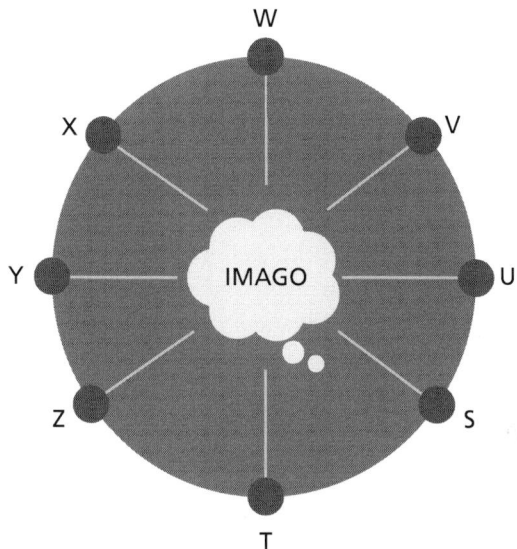

Abb. 3.7: Zentral ausgerichtete Aktivität (hier hatte Hobson auf eine Grafik verzichtet)

Wenn ich die drei fundamentalen relationalen Orientierungen in Gruppen nach Schutz in Erinnerung rufe – inclusion, control, affection (deutsch: Dazugehören, Kontrolle, Zuneigung), lassen sich die Abwehrmuster diesen fundamentalen interpersonalen Reaktionen und Orientierungen (FIRO) (Schutz, 1958, S. vii) anteilig zuordnen. Die Gefahr der Isolation eines Gruppenmitglieds ruft die Themen des Marginalisierens oder Ausschlusses auf (inkludieren/exkludieren)[65]. Spaltungsphänomene sind häufig mit Kontrolle, Macht, Ohnmacht und Rebellion (nach Hobson »große Spaltung«) verknüpft, gelegentlich erotisiert. Ausgeprägte Ängste, Scham und Hilflosigkeit sind immer wieder in »völlig defensiven Mustern« in Gruppen zu finden. Ebenso können Rebellion, Selbstbehauptung und mutiger Kampfgeist sich auf diese Weise vorbereiten. Ein Zustand kann in

---

65 Die inhaltliche Nähe zu den in Gruppen feststellbaren Beziehungsstörungen, die Robi Friedman vorschlägt, ist groß (Friedman, 2018, S. 53 f.; ▶ Kap. 2.4.3, Fußnote).

einen anderen übergehen. Bestimmen jedoch eher angstvolle und schambesetzte bzw. noch unaussprechbar erscheinende Themen die Gruppenkultur verbunden mit Intimität versus Fremdheit oder Nähe versus Distanz bei ausreichendem Vertrauen, dann kann sich so etwas ereignen, was Hobson »zentral ausgerichtete Aktivität« der Gruppe nennt.

Hobson verdeutlicht diese Muster einer Gruppe von vier Patienten mit schematischen Kreisen (Hobson, 1959, S.142 ff.). Die Punkte in einem Kreis, der die Gruppe verdeutlicht, sind die Gruppenmitglieder und der Therapeut. In den von mir entwickelten Grafiken weisen die verbindenden Geraden auf erlebte Kommunikation zwischen den Anwesenden hin. Während Hobson vier Patienten und einen Therapeuten in seiner Darstellung zeigt (ebenda), habe ich mich für sieben Teilnehmende (S, U, V, W, X, Y, Z) und den Therapeuten (T) entschieden, weil dadurch der Unterschied zwischen Spaltung und Paarbildung klarer werden kann und darüber hinaus die hohe Komplexität der Kommunikation. Anhand der jetzt folgenden klinischen Beispiele, die ich von Hobson übernehme, möchte ich die von ihm gefundenen Phänomene in Gruppen mit meinen Erfahrungen verknüpfend beschreiben.

Isolation eines Gruppenmitglieds

Eine Patientin (Y) hatte in einem Einzelgespräch ihrem Therapeuten (T) ein lang gehütetes Geheimnis anvertraut. Es war ihr schmerzlich peinlich, dass sie nicht nur einmal ein Nachbarskind geschlagen hatte und dies auch noch gern getan hatte. Wie sollte sie damit leben können, widersprach dies doch all ihren sonstigen Vorstellungen, wie sie als gute Mutter von sich dachte. Mit diesem Beispiel kommentiert Hobson einen möglichen Hintergrund für eine Art Selbstisolation gegenüber der Gruppe (▶ Abb. 3.2).

So schreibt Hobson:

Ein Stuhl wird eventuell aus dem Kreis genommen; oft macht das ein Gruppenmitglied unbewusst und beklagt sich später über diese Position. In Isolation kann das Mitglied durch ein Hindernis getrennt sein und weder durch Äußerungen oder Bewegungen einen Hinweis auf Einfluss der anderen erkennen lassen (Y in Abbildung […]). Hobson, 1959, S. 142, übersetzt von Brita Pohl)

3.6 Gruppenphänomene

Aus der Beschreibung in Verbindung mit der schematischen Skizze wird sichtbar, wie sich ein Gruppenmitglied erkennbar aus dem Stuhlkreis, der für den Zusammenhalt der Gruppe steht, entfernt. Häufig ist dies nicht äußerlich sichtbar, sondern das Ausschlusserleben vermittelt sich durch Schweigen, fehlenden Blickkontakt oder etwas später drückt die betroffene Person dies verbal aus. Dann werden die Angst, die Scham, auch Schuldgefühle mit aggressiven Entwertungen der eigenen Person oder anderen gegenüber einschließlich des Gruppentherapeuten hörbar.

Große Spaltung:
Das zweite Abwehrmuster einer Gruppe, das Hobson als »große Spaltung« bezeichnet (▶ Abb. 3.3), verdeutlicht Hobson mit folgendem Beispiel. Dabei erzählt Herr X einen Traum, der seine besondere Zuneigung zu einer Frau Z, die auch in der Gruppe sitzt, verdeutlicht. Die Grenzen zwischen Spaltung und Paarbildung sind für Hobson offenbar fließend. Hobson schreibt (▶ Abb. 3.4: »Große Spaltung« als Paar):

> Herr X hatte sich ausgeschlossen gefühlt und verwies als Beweis dafür, dass die Gruppe ihn ablehnte, darauf, wie oft sein Stuhl aus dem Kreis gerückt wurde, [...] Eines Tages erzählte er einen Traum, in dem er einen schwierigen und beängstigenden Pfad an einer Klippe entlang bewältigen musste, sich aber nicht dazu fähig fühlte, bis eine fremde und faszinierende Frau auftauchte und die Führung übernahm. Nachträglich wurde mir klar, dass er eine starke emotionale Beziehung zu Frau Z aufgebaut hatte. Sie saßen eng zusammen, tauschten Blicke und sprachen unauffällig miteinander. Später kam heraus, dass sie sich regelmäßig außerhalb der Gruppe getroffen hatten. (Hobson, 1959, S.143, übersetzt von Brita Pohl)

In dem dazugehörenden Fallbeispiel trennt die Gruppenmitglieder ein Geheimnis, das nur zwei der Gruppe verbindet und die anderen ausschließt. Dem Gruppentherapeuten gelang es, die Kommunikation so zu fördern, dass eine zweite Frau in der Gruppe ihre Neidgefühle zur ersteren kundtat. Schließlich ließen sich die Hintergründe klären und eine hinreichend freie Kommunikation war in der Gruppe wieder möglich. Dazu half auch, dass der zweite Mann in der Gruppe pragmatisch seinen Mitpatienten, Herrn X, unterstützte und konfrontierte.

Völlig defensive Muster:
Das dritte Abwehrphänomen nennt Hobson »völlig defensive Muster«

(Hobson, 1959, S. 144f.). Ich möchte diese defensiven Muster auch »Blockbildungen« nennen. Dabei geht es um Abhängigkeit und Kampf/Flucht der meisten Gruppenmitglieder oder der gesamten Gruppe. Das geschieht entweder mit dem Gruppentherapeuten oder ohne ihn. Das dient ebenfalls dem Motivationssystem Aversion (dem analen Thema) der Macht und Ohnmacht mit den Versuchen der Patienten, sich in einer Position für etwas zu autorisieren. Es bilden sich in diesem Kontext zwei verschiedene Muster heraus. Unterwürfige Abhängigkeit (es werden Fragen gestellt und Bestätigung gesucht) oder kämpferische Rebellion gegen die Autorität. Hobson beschreibt und skizziert sie wie folgt (▶ Abb. 3.5):

> Die Kommunikation zwischen jedem einzelnen Mitglied und dem Analytiker wird vorrangig. Häufig werden Fragen gestellt, wobei oft ohne viel Bezug zu dem, was andere sagen oder tun, Bestätigung im Hinblick auf persönliche Themen gesucht wird. (Hobson, 1959, S. 144f., übersetzt von Brita Pohl)

Die zweite Variante der defensiven Muster (Blockbildungen) zeigt sich in einer ablehnend feindseligen Kampfhaltung oder einer Rebellion gegen den Gruppentherapeuten. In den Worten von Hobson (▶ Abb. 3.6):

> Die Gruppe nimmt manchmal eine kollektive Haltung ein, bei der sich alle mit geringer oder keiner Variation einig sind und Klischees und Plattitüden überhandnehmen. Die Einstellung wird meist von der Gruppe gegenüber dem Analytiker eingenommen, entweder in Übereinstimmung oder Ablehnung dessen, was die Mitglieder für seine Ansichten halten, z. B. durch Ablehnung von Psychologie oder durch Wiederholung von »salonfähigem« psychologischem Gerede. Oft werden die Stühle als Reihe vor dem Lehrer oder als feindliche Kampflinie ausgerichtet. (Hobson, 1959, S. 145, übersetzt von Brita Pohl).

Schließlich weist die vierte Abwehrgestalt – zentral ausgerichtete Aktivität – auf einen wiederum besonderen Zustand einer Gruppe hin (▶ Abb. 3.7). Dieser Zustand bzw. dieses Muster einer Gruppe entspricht einer Gestimmtheit von misstrauischer Zuneigung, der affection, der vorsichtigen oder schon bewährten oder gewährten Sympathie und Nähe, in deren vertrauender Atmosphäre Schweigen möglich ist. In dieser Kommunikationsform als Abwehrmuster, welches ebenso kreativ sein kann, wird eine Haltung möglich, inneren Einfällen zu folgen,

3.6 Gruppenphänomene

ohne sie schon aussprechen zu können, bestenfalls darüber nachdenken zu können. Vielleicht können sie später der Gruppe zur Verfügung gestellt, miteinander geteilt und darum gestritten werden.

Ich stelle mir einen Stuhlkreis vor, in dessen Mitte Imaginatives auftauchen, die von den Mitgliedern der Gruppe sinnlich erlebt, als innere Bilder gesehen, als merkwürdige Einfälle daherkommen und mit ergreifenden Gefühlen benannt werden. Hobson selbst verzichtete in seinem Aufsatz auf eine grafische Darstellung.

Hobson beschreibt diese vierte Abwehrform anhand mehrerer Beispiele:

> Ein seltener Zustand, den ich nur zögernd deute, ist einer, in dem alle, auch ich, in die Mitte schauen und sprechen, wobei das Gespräch assoziativ wird und große Anteile von Fantasie hat. Ich nehme an, dass es sich um einen Zustand der kollektiven Identität handelt, in den auch ich involviert bin. Meine eigene Fantasie war dabei oft das Warten auf etwas Neues, das aus der Mitte geboren würde. [...] Aus Beobachtungen der Bewegungen [...] können Perioden des Schweigens in Übereinstimmung mit den oben skizzieren Beziehungsmustern beschrieben werden. Die häufigsten sind isoliertes Schweigen »wie im Wartezimmer eines Zahnarztes«, ängstliches, abhängiges Schweigen, kollektives Schweigen eines »feindseligen Publikums«, und zentral ausgerichtetes kreatives Schweigen »wie ein gutes Quaker-Meeting«. (Hobson, 1959, S. 145, übersetzt von Brita Pohl)

In meinen eigenen Gruppen kommen solche Abschnitte der »zentral ausgerichteten Aktivität« mehrfach vor. Gern nenne ich diese als ein »tuning in«, ein Einstimmen auf den Beginn oder das Ende einer Stunde. Es ist manchmal wie ein meditatives Abwarten oder doch ein angstvollen Sich zurückhalten. Wenn das Schweigen in einer Gruppe spielerisch als eine Art »stille Post« kommentiert wurde, zeigt dies das Schwanken zwischen magischen Hoffnungen, dass durch die Stille Botschaften geflüstert werden könnten oder doch die Angst vor zu viel fantasierter Nähe, die enttäuscht, zurückgewiesen oder bestraft werden könnte.

3.6.3 Diskussion dieser dynamischen Muster der Abwehr und kreativen Leistung

Mit diesen fünf von Hobson beschriebenen Zuständen oder Mustern von Gruppen liegt neben vier Abwehrzuständen (von Bion und Hopper) ein anzustrebender Idealzustand von Gruppen mit ihren Mitgliedern einschließlich der Gruppentherapierenden vor. Der anzustrebende Zustand, der eine *freie Kommunikation* bzw. eine *freie gegenseitige, aufeinander bezogene Kommunikation* (free intercommunication) zwischen allen Beteiligten verdeutlicht, entspricht dem Zustand, den Foulkes mit der Empfehlung der frei fließenden Diskussion (free floating discussion) beschreibt. Mich beschäftigte u. a. die Frage, weshalb Hobson den Begriff »intercommunication« verwendete und nicht einfach von »communication« spricht? Von britischen Kollegen und fachfremden Personen bekam ich zur Antwort, dass mit »intercommunication« eher an die Kommunikation zwischen Systemen gedacht wird, die dann in Resonanz aufeinander bezogen und miteinander wirken. Und tatsächlich spricht Hobson vom System der Gruppe und von den Systemen der Teilnehmenden. Wörtlich schreibt er:

> Die Mitglieder werden nicht als Subjekt oder Objekt betrachtet, sondern als kontingente Teile eines dynamischen Ganzen. Ich werde zum Beispiel zur Diskussion stellen, eine Gruppe als System mit selbstregulierenden homöostatischen Mechanismen zu betrachten, das sich durch einen Prozess, der mit Spaltung und Neuzusammenstellung einhergeht, auf einen Zustand der Integration hin entwickelt. (Hobson, 1959, S. 140, übersetzt von Brita Pohl)

Dieser ideale kommunikative Zustand der freien Kommunikation in einem Miteinander hat ebenso Ähnlichkeit mit dem Gruppenzustand, den Bion als »work group« bzw. »sophisticated group« bezeichnet (Bion, 1961, S. 143). In diesem Miteinander arbeiten die Mitglieder einer Gruppe und kommen zu kultivierten, klugen und anspruchsvollen Lösungen, wie im Englischen »sophisticated« verstanden werden kann.

Die erste von Hobson beschriebene Abwehrkonstellation ist die »*Isolation eines Gruppenmitglieds*«. Wie bedeutsam das Stellen und Bewegen der Stühle im Raum ist und wie das Herausrücken eines Stuhles aus dem Stuhlkreis auf die kommunikative Isolation einer Person im Prozess hinweist, wird im Fallbeispiel einer Frau deutlich, die mit dem Gruppentherapeuten ein Geheimnis teilt. Durch die Brille der Sündenbockdynamik

3.6 Gruppenphänomene

geblickt, macht diese Geschichte anschaulich, wie der Gruppentherapeut und die Person, die in Gefahr ist, von der Gruppe wegen der negativen Übertragung ausgeschlossen zu werden, zusammenhängen. Ohne diese positive Verbindung, dass beide ein Geheimnis teilen, also bei nur negativer Übertragung auf den Gruppentherapeuten und auf die Gruppe wäre die Gefahr des Abbruchs groß. Hier ist der Gruppentherapeut besonders gefordert, sich um eine Klärung und Positivierung durch Annahme der negativen Übertragung zu engagieren. Was in diesem Zusammenhang Regression bedeutet, ist schnell erklärt, wenn diese Spekulationen zugelassen werden. Die Patientin, die das für sie peinliche Geheimnis mit sich trägt, ein Kind mit eigenem Vergnügen geschlagen zu haben, reinszeniert eine Szene aus ihrer Herkunftsfamilie oder aktuellen Familie mit dem Gruppentherapeuten als heimlichen Vertrauten (ggf. als Vater oder Großvater) gegen die Familiengruppe (ggf. Mutter, Großmutter, Geschwister). Erst durch diese Reinszenierung in der Therapiegruppe kann die Patientin ihre sie krankmachende Geschichte dem Therapeuten und der Gruppe mitteilen. Auf diese Weise sind ein Erleben und schrittweises Verstehen der Gefühle wie Scham, Angst, Aggression oder sadistisch triumphierende Freude möglich, um diesen psychosozialen Zustand in ihr so zu integrieren, dass sie mit sich und den anderen Menschen besser leben und kommunizieren kann. Eine Veränderung der dysfunktionalen Beziehungsdynamik kann durch die regressive Reinszenierung in der Gruppe progressiv hin zu mehr Kommunikation (free intercommunication) in verschiedenen für die Patientin relevanten Gruppen verändert werden. In diesem Sinn steckt in jedem Abwehrmuster einer Gruppe und ihrer Mitglieder ein Potenzial für progressive Entwicklung (Individuation durch Sozialisation und vice versa). Die archetypische Ebene bei diesem Muster des drohenden Ausschlusses eines Gruppenmitgliedes ist das, was William C. Schutz mit dem allen Gruppenbildungen zugrundeliegenden Kommunikationsmuster »inclusion« bzw. das Spannungsfeld zwischen Inklusion und Exklusion beschrieb (vgl. Schutz, 1958). Es geht dabei um die fundamentale Frage, ob und wer zu einer Gruppe gehört (Inklusion) oder ausgeschlossen ist (Exklusion). Schutz selbst diskutiert in seiner Publikation die drei bereits vorgestellten Grundannahmen von Bion (Schutz, 1958, S. 50 f.). Danach ist es offensichtlich, dass der Prozess des Aushandelns, sich als Person in einer Gruppe dazugehörig oder ausgeschlossen

(»in-or-out«, ebenda, S. 50) zu erleben, mit der angstvollen Grundannahme von Kampf oder Flucht verknüpft ist. Die Grundannahme der Abhängigkeit umfasst Phänomene der Macht-Ohnmacht-Rebellion, also mit Schutz gedacht: »control« (ebenda, S. 51). Die dritte Grundannahme »pairing« von Bion ist schließlich mit dem, was Schutz mit der Dimension »affection« untersuchte, verbunden (ebenda). Das ist aufregend zu lesen (siehe Differenzen zu Kapitel 3.6.1), zumal sich Schutz auf Veröffentlichungen von Bion aus dem Jahr 1949 zu den Grundannahmen in Gruppen als Abwehr von extremer Angst bezieht (Schutz, 1958, S. 50). Hobson, der, soweit mir bekannt, sich weder mit Bion noch mit Schutz auseinandersetzte, spricht von subsidiären archetypischen Motiven. Eines davon ist das Spannungsfeld zwischen zusammen und getrennt bis allein sein, also »Zusammengehören – Trennung/Alleinsein« (Hobson, 1964, S. 37).

Bei der zweiten Abwehrgestalt einer Gruppe, der »*starken Spaltung*«, sind es abermals Geheimnisse zwischen den Gruppenmitgliedern, die zur Spaltung führen. Ein Mann, so schildert es Hobson aus seiner Patientengruppe, hat sich vermutlich in eine Mitpatientin verliebt und erlebt sie als für ihn wichtige ihn innerlich leitende Frauenfigur. Diese Frauenfigur als unbewusste intrapsychische Konstellation, die dem Patienten Liebe und Leidenschaft als Erleben möglich macht und damit die Verbindung zu anderen Menschen und der Welt, nannte Jung die Anima. Er identifizierte in diesem meist durch besonders starke Liebe ausgelöstem Erleben eine archetypische Konstellation. Die Anima als die Seelenführerin, man könnte sie auch als Selbstobjekt im Sinne der Selbstpsychologie bezeichnen, trägt viel zur Stabilisierung und Entwicklung eines Menschen bei. Zugleich können damit viel Scham und Aggression, die vor voreiliger Infragestellung dieser einmaligen Erfahrung schützt, eintreten. Dabei kann jedoch die als Anima gefundene Frau in ihrem Wesen vom Geliebten nicht erfasst werden. Das gilt ebenso für Frauen in Bezug zu Männern oder gleichgeschlechtlichen Personen. Auf die Ähnlichkeit mit dem, was Bion in der Grundannahme »pairing« beschreibt, sei hier hingewiesen. Damit wird die freie Kommunikation blockiert, was sich in der Gruppe als große Spaltung zeigen kann. So erinnere ich als Gruppentherapeut eine Phase einer eigenen ambulanten therapeutischen Gruppe[66], in der es zu einer Rivalität zwischen zwei Patientinnen mit der drängenden inneren Frage kam[67], welche von beiden ich als Gruppentherapeut mehr mochte. Diese Rivalität war mit der Fantasie verbunden, dass nur eine von beiden überleben, zumindest in der Gruppe bleiben könne. Die andere müsse verschwinden. Dieser Hass in Verbindung mit Neid und Eifersucht vor dem Hintergrund traumatischer inzestuöser Erfahrungen war hochdramatisch. Erst eine schrittweise Versicherung der Verbundenheit zur einen wie auch zur anderen Patientin und dem Verstehen, welche Geschwisterrivalität damit in der Gruppe verstanden werden sollte, ließen beide Patientinnen wieder gern in die Gruppe kommen. Sie erkannten sich plötzlich nicht als sich bekämpfende Schwestern, sondern als potenzielle Seelenverwandte, die füreinander in der Therapiegruppe schwesterlich hochbedeutsam wurden. Auch in diesem Beispiel markiert die regressive Bewegung über die Spaltung und den Hass den Entwicklungsweg zur Progression, zu Einsicht und neuen Beziehungserfahrungen.[68] Für beide wurde es später möglich, zu ihren Geschwistern und Freunden neue anerkennende und kooperativere Beziehungen aufzunehmen.

Beim dritten Abwehrmuster, der »völlig defensiven Muster« unterscheidet Hobson zwei Varianten, die entstehen, wenn extrem viel unbewusste Angst in der Gruppe vorherrscht. Entweder reagiert die Gruppe in Bezug zum Gruppentherapeuten unterwürfig, angepasst und abhängig oder sie wendet sich von ihm ab, bekämpft ihn oder flieht vor ihm. In der ersten, wie in der zweiten Variante erkennen wir, zwei der Gruppenannahmen von Bion: Abhängigkeit und Kampf/Flucht. Im Falle der Abhängigkeit, die Hobson als Muster beschreibt, wird die Kommunikation der Gruppenpatienten untereinander unwichtig und im Gegenzug die Bezogenheit, ja erlebte Abhängigkeit zum Gruppentherapeuten bzw. der Gruppentherapeutin vordergründig. Eine Atmosphäre von Oberflächlichkeit, von etwas Klischeehaftem verbunden mit Fragen an den Thera-

---

66 Die ausführliche Fallgeschichte ist in meinem Buchbeitrag: »Untergehen und Neubeginn. Träume in der Gruppe als Zwischenwelt« (Alder 2022, S. 9–43, in Braun, 2022) nachzulesen.
67 Ist ähnlich dem teleologischen Modus nach Jean Knox (2009, 2011).
68 ▶ Kap. 3.4.8

peuten, die offensichtlich beruhigen sollen, ist vorherrschend. Bion nennt das einen Zustand, in dem die Gruppenmitglieder nichts lernen, nicht wissen wollen, sondern in der oralen Abhängigkeit vom Leiter hoffen, auf ihre meist komplexen, mit Angst und Scham oder versteckter Entwertung und Aggression durchsetzten Fragen einfache Antworten zu bekommen.

Ob es sich um eine orale (bedürftige, etwas wissen und nicht selbst denken wollende Haltung) oder eine anale (unterwürfig aufgrund des übermächtig fantasierten Gruppentherapeuten hilflos ohnmächtige) Haltung handelt oder eher um eine werbend sexuell getönte (ödipale) Anfrage, muss situativ und intuitiv im Prozess, orientiert am Gefühl und Inhalt überlegt werden.

Im Fall zwei des *total defensiven Musters* wird die Stimmung in der Gruppe durch Aggression und Kritik am Gruppentherapeuten bestimmt. Man kritisiert die Psychologie als Methode oder diskutiert, ob eine andere Art der Psychotherapie nicht besser wäre. Hier kann es zu Fluchttendenzen, also auch zum Wegbleiben oder zu Abbrüchen kommen, aber auch zu kämpferischen Haltungen, sich mit dem Gruppentherapeuten symbolisch aggressiv auseinanderzusetzen. In der Abwehr oder im Widerstand formiert sich möglicherweise eine kreative Bewegung der Gruppenmitglieder im Sinne der Ermächtigung und Kooperation.

Zur vierten Abwehrfigur von Gruppen, der *zentral ausgerichteten Aktivität* sagt Hobson, dass diese selten auftrete und er zögere, sie zu deuten. Typisches Kommunikationsmuster ist, dass alle, einschließlich des Therapeuten, in die Mitte der Gruppe schauen, kontemplativ äußerlich und innerlich. Das Sprechen werde eher assoziativ verbunden mit freien Einfällen, gelegentlich mit Anreicherungen aus Filmen, Gedichten oder Märchen, was Jung und die Analytische Psychologie die Methode der Amplifikation (Anreicherung) nennt. Hobson beschreibt diesen Zustand als den einer gruppalen Identität (a state of collective identity), aus dem heraus etwas Neues entstünde. Er fügt hinzu, dass solche Zustände des Miteinanders in einer Gruppe auch mit einem gemeinsamen Schweigen verknüpft sind. Mir fällt dazu eine Situation in einer Gruppe ein, die traumatische Erfahrungen des Krieges in der Ukraine besprach. Namenloses Grauen wurde angedeutet. Aus dem Schweigen war in mir die Idee entstanden, wie viel Unfassbares und Unausgesprochenes in der Gruppe sei, was noch nicht benannt, dessen aber schweigend gedacht werde. Das

3.6 Gruppenphänomene

konnte ich als Gruppenleiter der Gruppe sagen. Die Vehemenz der Zustimmung gab meiner Deutung eine berührende Unterstützung. Ebenso zähle ich zu der »zentral ausgerichteten Aktivität« die Momente zu Beginn von Gruppensitzungen, in denen ein eher kurzes Schweigen damit verbunden ist, sich aufeinander einzustimmen, ein »tuning in«. Das kann sich auch in Beendigungsprozessen ereignen.

Am Ende von Gruppensitzungen in der Klinik und in der ambulanten Praxis ist es wichtig, der Gruppe für ihre Anstrengungen lobend Anerkennung auszusprechen. Das ist nicht immer nötig, aber es ist wichtig, daran zu denken und es in Abständen zu tun, besonders zu Beginn eines Gruppenprozesses und in einer Abschlussphase.

Mit dieser Diskussion der meist unbewussten und universal beobachtbaren kommunikativen Gruppenphänomene, wie sie Bion, Hobson, Hopper und Schutz vorlegen, ist hiermit begonnen worden. Die Ähnlichkeiten und Differenzen veranschaulichen für mich faszinierend die unüberschaubare Komplexität menschlichen Seins. Anwendung finden diese Modelle sowohl im stationären als auch im ambulanten Bereich.

4 Stationäre Gruppentherapie

> **Zusammenfassung**
>
> Stationäre Gruppenpsychotherapie bedeutet in der Regel, kurzzeitige psychische Prozesse der Krisenintervention, der Stabilisierung durch Anerkennung und der vorsichtigen Veränderung über zwei, drei und mehr Wochen für möglich zu halten. Die Therapeuten-Team-Patienten-Beziehung als Arbeitsbündnis und die Rahmenbedingungen bestimmen überwiegend, was im Innern einer Gruppe und somit, was für die Einzelnen besprochen und bearbeitet werden kann. Damit sind das Maß an Offenheit, Vertrauen und Sicherheit gemeint; auch wie risikobereit die Teilnehmenden in Gruppensitzungen sind.

Wir können in Anlehnung und Erweiterung der Beschreibung von Janssen und Sachs (2018) vier Modelle unterscheiden, wie psychiatrische und psychosomatische Kliniken (Psych-Kliniken) Gruppentherapeutisches nutzen.

1. Gruppenpsychotherapien werden ausgelagert. »Modell 1: Psychodynamische Einzeltherapie oder Gruppentherapie, abgegrenzt von der Station (sog. Ambulanz-Modell)« Janssen und Sachs, 2018, S. 145).
2. Es gibt einen psychiatrischen Raum und eine Gruppentherapie. Beide haben miteinander wenig zu tun. »Modell 2: Bipolare Konzepte mit Unterscheidung von Therapie- und Realraum« (ebenda).
3. Es gibt das Konzept, dass die gesamte Klinik als institutionelle Gruppe verstanden wird. Darin arbeiten therapeutische Teams. Mitglieder des Teams behandeln die Patienten in Gruppen, in der Dyade und sehen die

4 Stationäre Gruppentherapie

Patienten in der Stationsgruppe. »Modell 3: Integrative Konzepte für die Behandlung der Patientengruppe durch eine Therapeutengruppe« (ebenda).

4. Als »Modell 4« ergänze ich: In einer Psych-Klinik werden zusätzlich zu dem unter Punkt 3 genannten Konzept sowohl die therapeutischen Teams (einzelne Stationen), die therapeutischen Gruppen als auch das Personal der Gesamtklinik zu einer Großgruppe eingeladen. Grundsätzlich werden die verschiedenen gruppalen therapeutischen Prozesse zeitweilig oder kontinuierlich extern supervidiert (Knauss, 2001, S. 80).

Je nach den Bedingungen der jeweiligen Einrichtung wird eine der beschriebenen Varianten praktiziert. Dabei sind die verschiedenen Bereiche einer Klinik voneinander getrennt oder kommunikativ miteinander verbunden. Zu diesen Bereichen und Berufsgruppen eines Krankenhauses gehören die Stationsarbeit mit Ärzten/Psychotherapeuten, mit Ergo-, Physio-, Kunst-, Musiktherapeuten und die Pflege mit ihren Bezugspflegern (eine Pflegekraft ist verantwortlich für einen oder zwei Patienten). Für erforderliche Supervisionen, also für den nötigen Rahmen für die Reflexion des therapeutischen Teams, das Organisieren und Durchführen der Kommunikation des Personals der Gesamtklinik (als Großgruppe) sind interne, besser externe Supervisorinnen oder Supervisoren mit Felderfahrung aus Krankenhäusern oder ähnlichen Einrichtungen sinnvoll. Manchmal werden auch Großgruppen des Personals gemeinsam mit den Patienten und in einigen Konstellationen ohne diese durchgeführt. Die Treffen finden entweder in einer Kleingruppe (3–12 Personen), in einer Mittelgruppe (13–25 Personen) oder in einer Großgruppe (25–100) statt. Welche Struktur und welche Schwerpunkte umgesetzt werden, hängt von den Rahmenbedingungen und den verantwortlichen Personen (Chefärztinnen/Chefärzte, leitende Psychotherapeutinnen/ Psychotherapeuten, Pflegeleitung, Klinikleitung) ab. Welches Setting gewählt wird, kann sich durchaus im Laufe der Jahre ändern.

Wenden wir uns den Kleingruppen zu, mit und in denen Patienten therapeutisch behandelt werden. Dazu stelle ich ein gut untersuchtes und praktisch verwendetes Konzept des norwegischen Gruppenpsychotherapeuten Steinar Lorentzen vor.

4.1 Psychodynamisches Kurz-Zeit-Konzept – Aufgaben des Gruppentherapeuten

> **Zusammenfassung**
>
> Stationäre Gruppenpsychotherapie folgt im Ablauf einer Mischung aus institutionell geplanter Struktur, offenem Prozess und individuell unvorhersehbarer Wandlung.

Zur stationären Gruppentherapie für 14 bis zu 23 Sitzungen (Lorentzen, 2014, S. 50) wird in der Abbildung zur Kurzzeit-Gruppentherapie ein Ablauf beschrieben, der zur Orientierung für Gruppentherapeuten dient.

Tab. 4.1: Kurz-Zeit-Gruppentherapie stationär, leicht modifiziert nach Lorentzen, 2014, S. 50, Übersetzung des Autors)

Phase	Sitzungen	Beschreibung
Einführung, Engagement	2–4	Erstes Erleben von Gemeinschaft, Was passiert hier Besonderes?
Differenzierung	2–4	TN behaupten sich und finden Strategien für Affektregulation, Spannungen und Konflikte
Interpersonale (mitmenschliche) Arbeit	8–12	Konfrontation und Introspektionsarbeit mit eigenen und dysfunktional interpersonalen Mustern der anderen TN
Beendigung	2–4	Verabschiedung, Verlust und Trennung: genug von der Therapie und für das eigene Leben erhalten zu haben. Jeder ist für sich verantwortlich und auch für den nun neu erlebten Mitmenschen.

Phase I der Öffnung und des Engagements – Sitzung 1: Alle Patienten sind da, oder fehlt jemand? Darauf achtet der Gruppentherapeut, womit er oder sie die Aufgabe der dynamischen Administration wahrnimmt und zugleich in der ersten Phase auf die zentralen Fragen achtet, wer gehört dazu (inclusion) und welches sind die Bedingungen, die ein sicheres und vertrauendes aufeinander Einlassen ermöglichen. Das führt dazu, eine Einführung zu geben, welche Aufgaben diese therapeutische Gruppe für die einzelnen haben kann (Engagement, Anwärm- und Orientierungsphase).

Wie kann beispielhaft eine Einführung mit Aufgabenformulierung gelingen? Folgende ist denkbar: (1.) Wir sind heute alle da, nein eine Patientin kommt erst morgen dazu. Dann sind wir mit sechs, zehn oder zwölf Gruppenmitgliedern oder Teilnehmenden vollständig.
(2.) Wir haben 15 Sitzungen in fünf Wochen gemeinsam. Wir treffen uns jede Woche drei Mal, montags, mittwochs, freitags für 75 Minuten.
(3.) Pünktliches Kommen und Verabschieden sind wichtig. Die Schweigepflicht wird für das hier Gesprochene vereinbart, obwohl Sie wissen, dass es innerhalb des Behandlerteams auf der Station die Möglichkeit gibt, sich auf Sie als Patienten bezogen auszutauschen. Wenn es etwas gibt, was die Gruppe inhaltlich nicht verlassen darf, sagen Sie es bitte.
(4.) Wir untersuchen hier im Sinne der therapeutischen Aufgabe die bestehenden und entstehenden Beziehungen und Bezogenheiten untereinander. Diese Verbindungen zwischen uns sind immer bedeutsam und sinnvoll. Wir können untereinander das Entstehende kommentieren, anerkennen und bezeugen. Worum kann es inhaltlich gehen? Hauptaufgabe ist, wie bereits erwähnt, unsere Beziehungen hier in der Gruppe im Hier und Jetzt zu untersuchen. Nur uns haben wir hier und jetzt. Das ist unsere gemeinsam geteilte Realität. Wir können uns etwas anvertrauen. Wir können zuhören, anerkennen und dabei etwas bezeugen, was wir vom anderen gehört und verstanden haben. Erfahrungen mit der eigenen Angst, mit depressiven Zuständen wie innere Leere, Unruhe, Verzweiflung, Sinnlosigkeit, Suizidgedanken können angesprochen werden. Meist ist das mit Verunsicherung, mit Misstrauen und Vorsicht verbunden. Es sind immer verinnerlichte Interaktionserfahrungen, die unser Leben prägen. Davon wollen wir etwas hier verstehen. Gerade das ist besonders wichtig, weil zuhören, fühlen und

> Gedanken mitteilen in der Gruppe akzeptiert und miteinander geprüft werden können.

Das Angstniveau in Gruppen – das gilt grundsätzlich immer – ist oft zu Beginn hoch. Es ist die Aufgabe des Gruppentherapeuten, dies zu regulieren, indem er eine eher aktive Rolle einnimmt, für Sicherheit und Vertrauen sorgt. Eine der wichtigen Aufgaben für den Gruppentherapeuten ist es, den Raum für die Gruppentherapie vorzubereiten, die Stühle in einen Kreis zu stellen, und wenn dann alle Teilnehmenden da sind, sich als Gruppentherapeut zu etablieren. Er findet einen Umgang mit Patienten, die sich verspäten und beschreibt schrittweise die Aufgaben und besonderen Möglichkeiten von Gruppentherapie. Es ist die beste Form, die eigenen Probleme im Umgang mit anderen Menschen und sich selbst in einer therapeutischen, gewissermaßen Übungssituation, die künstlich ist und zugleich ganz echt, zu erkunden und Neues auszuprobieren. Der Therapeut formuliert diese Ziele und beginnt damit eine Gruppengrenze zu setzen. Diese Gruppengrenze entsteht, wenn klar ist, wer zur Gruppe gehört und wer nicht, wann und wo und in welchem Rhythmus diese Gruppe sich trifft, wann sie beginnt, wann sie endet. Der Zusammenhalt, eine Art von Kohäsion der Gruppe, wird zudem gefördert, wenn deutlich wird, dass hier persönliche Themen angesprochen werden können. Wir sitzen in einem Boot, ist eine häufig gebrauchte Metapher für Gruppenkohäsion. Zum Abschluss der ersten Gruppensitzung und auch der zweiten kann eine Abschlussrunde stattfinden, in der jeder kurz etwas sagt, wie er oder sie diese erste Stunde erlebt hat. Dabei ist vom Gruppentherapeuten wertschätzend auf Positives, auf zu unterstützende Aspekte für die Patientinnen und Patienten zu achten, die markiert gespiegelt werden können, auch auf die Gruppe als Ganzes bezogen.

Differenzierungsphase oder Auseinandersetzung – die Atmosphäre ändert sich bald hin zu einer eher konfrontativen und zeitweise negativen. Es geht um Fragen, wer die Macht hat, wer sich ohnmächtig fühlt (control). Hierbei entstehen Konflikte. Jemand fühlt sich nicht dazugehörig oder hilflos oder erlebt andere als bevorzugt und zu mächtig. Wenn jemand der Teilnehmenden in die Rolle des Sündenbocks gerät, ist es wichtig, diese Person als Gruppentherapeut besonders zu unterstützen.

4.1 Psychodynamisches Kurz-Zeit-Konzept

Das ist ein meist unbewusster Test der Gruppe für den Gruppentherapeuten, ob er oder sie die Konfrontation moderieren kann oder nicht. Es können auch dissoziierte Zustände auftreten oder jemand kommt deutlich zu spät oder eine andere Teilnehmende muss den Raum verlassen, weil sie es nicht aushalte und kommt nach wenigen Minuten wieder zurück. Die Patienten und Patientinnen machen deutlich, wie unterschiedlich sie sind. Parallel werden einige von sehr problembeladenen und leidvollen Erfahrungen berichten.

In dieser Phase ist der Therapeut besonders gefordert. Er wird mit allem konfrontiert, was in der Gruppe möglich ist. Er wird als übermächtig oder privilegiert angegriffen. Es kann auch sein, dass ihm nicht vertraut wird und er als hilflos und unerfahren erlebt wird. Nicht so selten werden diese Fantasien (Übertragungen und Projektionen) weniger auf den Gruppentherapeuten direkt bezogen, sondern eher auf andere Teilnehmende in der Gruppe. Es treten auch Zweifel auf, ob diese Therapieform die richtige sei. Abwertungen werden geäußert. Hass oder Neid richten sich mitunter gegen die Teilnehmenden selbst oder gegen den Gruppentherapeuten. Mit etwas Mut und intuitiver Risikobereitschaft können die Äußerungen der teilnehmenden Patienten vom Gruppentherapeuten immer auch auf sich selbst bezogen gehört werden. Sich diese zu prüfende Frage anzugewöhnen (Können die negativen Gefühle und Fantasien etwas mit dem Therapeuten, also mit mir, zu tun haben? Oder: Was hat das mit der Gruppe zu tun?), hilft, diese Perspektiven mitzudenken. Wenn es passt, darf dann in vorsichtig fragender oder konfrontativer Weise die Überlegung, ob nicht die Zweifel an dem Personal und die Selbstwertzweifel auch etwas mit dem Gruppentherapeuten zu tun haben könnten, in die Mitte des Gruppenraums (imaginärer Raum) »gelegt« werden. Damit kann ein grundsätzliches Denken eingeführt werden, eben die Idee, dass alles, was gesagt wird, auch mit den Gruppentherapeuten und der Gruppe als Ganzes zu tun hat. Biografische Bezüge der Gruppenmitglieder finden sich erfahrungsgemäß schnell.

Mit diesem Angebot wird der Raum für negative Fantasien und Gefühle in der Gruppe geöffnet. Je sicherer der therapeutische Raum wird, umso mehr können negative Gefühle wie Aggression, mörderische Wut, Hass, Neid oder Eifersucht, natürlich auch Angst und Schamthemen angesprochen werden. Angriffe von Gruppenteilnehmern gegen die Gruppentherapeuten sind einerseits gefürchtet, andererseits sind es Geschenke an die Gruppe und die Gruppentherapierenden. Es erfordert ausreichendes Vertrauen in die Gruppe und den Therapeuten, wenn aggressive und destruktive Gefühle und Gedanken in der Gruppe und bezogen auf die stärkste Person in der Gruppe, der Gruppentherapeut, geäußert werden. Erst wenn das möglich ist, kann das nächste Stadium der Gruppenarbeit beginnen. Dieser Übergang wird in der Intendierten dynamischen Gruppentherapie als Kipp-Prozess[69] bezeichnet. Winnicott nennt dies »Angriffe auf den Therapeuten«, die er oder sie überleben muss, damit der Patient zwischen Selbst und Anderem, zwischen Innen und Außen, zwischen Ich und Du unterscheiden lernen kann. Wenn man mit Techniken der Mentalisierungstherapie arbeitet, geht es neben dem markierten Spiegeln um Affektregulation und das Verdeutlichen von Ich und Du. Was meinen Sie, Frau A, was Herr B fühlt oder denkt und was fühlen und denken Sie dazu?

Interpersonale Arbeit (mitmenschliche) Arbeit in der Gruppe – Nun sind die Mitglieder der Gruppe mehr und mehr in der Lage, Probleme von anderen und eigene zu benennen. Die Therapeuten in der Regel auch. Patienten beginnen etwas mehr Verantwortung füreinander auszuprobieren. Die einen werden zu viel davon erleben (depressiver Modus), die anderen empfinden das Einlassen auf andere in einer Gruppe von Fremden sehr suspekt (schizoider Modus). Es kann zu kathartischen Erfahrungen kommen, wenn jemand ein Familiengeheimnis erzählt und ein anderer ein anderes Tabu öffnet. Hoffnung, dass es doch neue Wege des Lebens geben kann, beginnt zu wachsen. Ebenso kommt es zur überraschenden Erfahrung, dass das menschliche Leiden meist universal ist, selbst in solch einer kleinen eher zufällig entstandenen Gruppe. Schritt für Schritt entsteht eine Nähe zueinander, die im sicheren Rahmen der Gruppengrenzen, Intimität in Gedanken, Fantasien und Gefühlen zulässt. Damit wächst die Kapazität der Teilnehmenden, die Beziehungen und Bezogenheiten untereinander besser und differenzierter zu untersuchen. Gleichzeitig ergeben sich neue Möglichkeiten über die sozialen Verbindungen außen (eigene Familie, Freundeskreis, Arbeitskollegen, andere Gruppen) zu reflektieren. Damit bekommen zentrale Fragen von Vertrauen – Miss-

---

69 Dazu empfehle ich das Kapitel zum Kipp-Prozess (Misselwitz, 2001, S. 121 f, Seidler, 2014, S. 34; Höck, 1981, S. 29 f., im vorliegenden Text ▶ Kap. 3.4.9).

4.1 Psychodynamisches Kurz-Zeit-Konzept

trauen, von Autonomie – Abhängigkeit/in Bezogenheit-sein, Kontrolle – Unterwerfung/Hingabefähigkeit, Liebe, Hass, Destruktion, sexuelle Fragen, sexuelle Selbstbestimmung – sexualisierte Gewalt, religiöse Fragen und grundsätzlich existentielle Fragen wie Tod, Sinn, Einsamkeit und Freiheit mit Verantwortung einen möglichen Platz. Natürlich können in begrenzten Zeiträumen und bei begrenzten personalen Möglichkeiten immer nur Anteile der uns Menschen oft ergreifenden Themen im Miteinander entwickelt und besprochen werden. Aber wenn etwas erkannt, gefühlt und neues Verhalten schon einmal möglich war, kann später darauf Bezug genommen werden; Neues kann erneut ausprobiert und umgesetzt werden.

Abschieds-Beendigungs-Phase – Die letzte Aufgabe der Gruppe ist die Verabschiedung. Entweder werden einzelne Gruppen-Teilnehmende verabschiedet, während die anderen bleiben und ggf. neue Teilnehmende/Patienten begrüßen und aufnehmen, oder die Gruppe insgesamt verabschiedet sich. Diese Verabschiedung ist neben dem gelingenden Beginn eine der wichtigsten Aufgaben für eine Gruppe. Das Verabschieden ist oft eine schmerzhafte und mit Ängsten behaftete Situation. Wie zu Beginn wird zum Ende das Bindungssystem aktiviert. Alle negativen und unsicher vermeidenden, unsicher verstrickten oder chaotischen Erfahrungen können in der Abschiedssituation erneut zum Vorschein kommen. Deshalb wohl ging Schutz davon aus, dass die drei Dimensionen des interpersonalen Verhaltens am Ende von Gruppen noch einmal, und zwar rückwärts verlaufen: Auf Intimität (affection) folgt Kontrolle (control) und zum eigentlichen Abschied stellt sich die Frage, wer dazugehört (inclusion) (Schutz, 1958, S. 199). Das ist, wenn wir die Bindungstheorie ernst nehmen, gut nachvollziehbar. Eine Abschlussrunde, in der jeder und jede etwas zu den anderen und zu sich formuliert, ist unbedingt wichtig. Begründungen gibt es dafür mehrere: Bindungen können erneuert und bestätigt werden, Missverständnisse klären sich, der reflexive Raum wird erneut genutzt und intersubjektiv belebt, was mögliche Prozessergebnisse in der Gruppe und Symbolisierung/Mentalisierung festigen hilft (»Ich begegne in deinem Erleben und Verhalten meinem eigenen, was ich lange nicht wahrhaben wollte. Dank(e) dir.«). Selbst Konflikte können anerkannt und mit dem Geist: »We agree to disagree« zu einem vorläufigen Innehalten gebracht werden. Das gilt im Fall, dass ein Konflikt anerkannt wird, aber eine Lösung unmöglich erscheint. Zum Abschied besteht oft das Bedürfnis, im Guten auseinanderzugehen. So sind Worte der Anerkennung, der Wertschätzung, des Trostes, der Möglichkeit wiederzukommen oft sehr wichtig. Wenn es passt, kann auch etwas Segnendes für den neuen Lebensweg ausgesprochen werden.

4.2 Agenda-Gruppe nach Yalom/1–3 Stunden Fokus-Gruppe

Zusammenfassung

Wenn Patientinnen und Patienten für vielleicht nur eine Gruppensitzung zusammenkommen: Wie können sie mit Hilfe der Gruppentherapeuten ihr Anliegen in der für sie nachvollziehbaren Bezogenheit zu einem anderen in der Gruppe oder zur Gruppe als ganzer formulieren und untersuchen? Das ist konsequentes Arbeiten im Hier und Jetzt, um in den realen Beziehungen in der Gruppe Erwartungen, Gefühle, Gedanken, Ängste und Scham so in Worte zu fassen, dass sowohl die eigene Person als auch ein anderes Gruppenmitglied Verbindung mit all ihrer Beschädigung und Brüchigkeit – zumindest in Anteilen – erleben kann. Ein respektvoller und liebevoller Umgang, der Einsamkeit, Resignation, Wut, Schmerz und die Sehnsucht nach liebevoller Anerkennung einschließt, ist Voraussetzung, die zugleich geschaffen werden kann.

Der Verlauf einer Gruppensitzung, die für einen Teil der Gruppenpatienten die einzige Sitzung sein wird, folgt einem Muster bzw. einer Struktur. Eine Gruppe von 5–7 Patienten trifft sich für 75 oder 90 Minuten. In den ersten fünf Minuten wird die Arbeitsweise vom Gruppentherapeuten erklärt. Für jeden Patienten wird eine Agenda, ein Fokus erarbeitet, der hier in der Gruppe bearbeitet werden kann (Yalom, 2005b, 258 ff.). Es wird von dem Gruppentherapeuten formuliert, dass es nicht um allgemeine Themen geht, wie zum Beispiel die Frage, was eine Depression ist oder wie Medikamente wirken, sondern darum, dass in dieser jetzigen Gruppe die entstehenden Beziehungen genutzt werden, um diese wahrzunehmen und zu reflektieren. Gegenseitige Unterstützung und Vertraulichkeit werden aktiv zugesagt.

Dann beginnt die Arbeit, mit jeder Patientin und jedem Patienten in der Gruppe ein Thema für diese Sitzung zu erarbeiten.

Beispiele – Ein Patient ist depressiv und völlig hilflos, entwertet sich selbst und kann sich nicht vorstellen, dass das Leben einen Sinn haben kann. Eine mögliche Aufgabe (Agenda) in der Gruppe könnte sein: Darauf zu achten, wer in der Gruppe ebenso hilflos ist, wie er oder sie, ähnlich sich entwertet fühle. Vielleicht entsteht eine Idee für den anderen?

Ein anderer Patient kam in die Klinik, weil er unter panischen Ängsten leidet. Immer, wenn er aus dem Haus gehe, steige diese Angst in ihm auf. Eine mögliche Aufgabe für ihn in solch einer Kurz-Zeit-Gruppe ist, darauf zu achten, wer zur Gruppe gehört und wie sich der einzelne einbringt.

Je mehr Patienten einbezogen wurden, umso mehr kann so etwas wie ein Dialog und Trialog beginnen.

Nach etwa 30–35 (von 75) Minuten ist für jedes Gruppenmitglied eine Agenda erarbeitet worden.

Während des Prozesses und nun danach gibt es erste Rückmeldungen, die sich aufeinander beziehen. So stellt ein Patient fest, an welcher Stelle des Gesprächs er in der Gruppe Angst bekommen hat. Die depressive Patientin bemerkte, wer in der Gruppe einsam ist, und kann überlegen, welche Art von Unterstützung möglich erscheint. Das kann sofort bewertet, bestätigt, abgelehnt, anerkannt und bezeugt werden. Immer geht es darum, welche Gefühle, Gedanken und Körperreaktionen sowie Fantasien in einem selbst in Bezug zu sich selbst und zu den anwesenden Anderen auftreten.

Nach weiteren 20 Minuten (jetzt 60 von 75 Minuten) kann mit einem Feedback zueinander begonnen und besprochen werden und welche Erkenntnisse neu waren und welche nicht. Die jeweilige Bedeutung des anderen in der Gruppe für sich selbst ist dabei wichtiger Bestandteil. Mit einer

4 Stationäre Gruppentherapie

Anerkennung für die Schwierigkeiten und die gefundenen Lösungen kann die Gruppensitzung im Sinne des Verabschiedens beendet werden.[70]

---

70 Eine ausführliche Darstellung findet sich bei Yalom (2005, S. 255 ff. und S. 331 ff.).

5 Ambulante Praxis

5.1 Rahmenbedingungen im vertragsärztlichen und psychotherapeutischen Alltag

> **Zusammenfassung**
>
> Ambulante Gruppenpsychotherapie bedeutet in der Regel, längere psychische Prozesse der Anerkennung und der Veränderung über zwei, drei und mehr Jahre für möglich zu halten. Die Therapeut-Patient-Beziehung als Arbeitsbündnis und die Rahmenbedingungen bestimmen, was im Innern einer Gruppe und somit für die Einzelnen besprochen und bearbeitet werden kann. Damit ist das Maß an Offenheit, an Vertrauen und Sicherheit gemeint. Auch wie risikobereit die Teilnehmenden in Gruppensitzungen sind, hängt davon ab.

Gruppentherapie in einer vertragspsychotherapeutischen oder -ärztlichen Praxis bedeutet für Patientinnen und Patienten mit krankheitswertigen psychischen Störungen ein Angebot, sich nach Diagnostik, eingehender Information und Klärung der Behandlungsindikation, auf einen kürzeren oder meist längeren psychischen Prozess der Beschäftigung, der Öffnung und Veränderung einzulassen. Das zu Beginn entstandene Arbeitsbündnis trägt, wird infrage gestellt und darf sich weiterentwickeln. Die Mitglieder der Therapiegruppe bilden eine Gesprächskultur heraus, die dazu einlädt, sich als Patienten und als Gruppentherapeut aufeinander einzulassen, um das eigene Leiden und das der anderen schrittweise zu begreifen. Immer wieder ist die Erkenntnis des einen, ein Spiegel für die anderen. Als Gruppentherapeut, der in seiner eigenen Praxis beginnt zu arbeiten, ist die Zusammenstellung einer neuen Gruppe ebenso eine Herausforderung. Dabei wird sich zeigen, dass eine gute Vorbereitung verbunden mit ausreichendem Vertrauen in die nun mitwirkenden Patienten, ein therapeutisch spannendes, meist erfolgreiches und verantwortungsvolles Denken und Handeln darstellt. Die Komplexität der theoretischen Grundlagen wurden in den vorangegangenen Abschnitten der vorliegenden Kapitel als Theorie und Praxis beschrieben.

Die rechtlichen Rahmenbedingungen sind im Sozialgesetzbuch V geregelt. Danach dürfen folgende Berufe die Psychotherapie als Heilkunde ausüben: Psychotherapeuten und ärztliche Psychotherapeuten, Fachärzte für Psychiatrie-Psychotherapie, für Psychosomatik-Psychotherapie und Kinder- und Jugendpsychiater-Psychotherapie. Die konkreten Regelungen finden sich in der »Psychotherapie-Vereinbarung«, die auch als »Psychotherapie-Richtlinien« (Richtlinienpsychotherapie) bekannt sind (KBV, 2024, S. 2).

In der Bundesrepublik Deutschland sind 90 % der Bürgerinnen und Bürger gesetzlich, über 9 % privat krankenversichert. Ein geringer Teil der Bevölkerung[71] verfügt über keine Krankenversicherung, obwohl seit 2009 eine gesetzliche Pflicht zur Krankenversicherung gilt.

---

71 Das Statistische Bundesamt weist am 15. 09. 2020 für 2019 insgesamt 61 000 Bürgerinnen und Bürger ohne Krankenversicherung (weniger als 0,1 % der Bevölkerung) aus (www.destatis.de/DE/Presse/Pressemitteilungen/2020/09/PD2 0_365_23.html, Zugriff 21.08.2023). Da auch Menschen ohne Papiere (ohne Geburtsurkunde, ohne Personalausweis) oder durch Menschenhandel in die BRD kommen, schätzen Ärzteverbände, dass es ca. 500.000 Menschen gibt, die ohne Krankenversicherung sind (mündliche Mitteilung Prof. Gerhard Trabert am 20. 11. 2023).

5.2 Stundenkontingente im Rahmen der gesetzlichen Krankenkassen für die ambulante kassenärztliche und kassenpsychotherapeutische Versorgung

Für die analytische Gruppenpsychotherapie gibt es folgende Stundenkontingente für die Therapien für Patienten ab 18 Jahren (Erwachsene):

1. Kurzzeittherapie 1 – Gruppe: 12 Sitzungen zu je 100 Minuten.
2. Kurzzeittherapie 2 – Gruppe: weitere 12 Sitzungen zu je 100 Minuten.
3. Langzeittherapie – Gruppe: 80 Sitzungen zu je 100 Minuten, wobei zuvor gewährte Zeiten der KZT in die 80 Sitzungen einfließen. Wenn beispielsweise nach der KZT 1-Gruppe mit der LZT-Gruppe begonnen wird, stehen 68 Sitzungen zur Verfügung.
4. Die Langzeittherapie kann um weitere 70 Sitzungen verlängert werden, sodass insgesamt 150 Sitzungen in der therapeutischen Gruppe möglich sind, miteinander zu arbeiten.

Nach jeder zehnten Gruppentherapiesitzung kann bei Bedarf eine Einzeltherapiesitzung ohne vorherige Beantragung verwendet werden. Wenn eine Kombinationstherapie von Einzel- und Gruppentherapie beantragt wurde, entfällt diese Regelung. Dafür können die beantragten Gruppen- und Einzelsitzungen zur Anwendung kommen.

Für die tiefenpsychologisch fundierte Gruppenpsychotherapie stehen für die Langzeittherapie im ersten Schritt 60 Sitzungen in der Gruppe zu je 100 Minuten zur Verfügung. Jede Gruppenpsychotherapie kann ebenfalls durch eine Kurzzeittherapie begonnen werden. Das ändert an der Gesamtstundenzahl nichts, ist jedoch für die Beteiligten zu Beginn überschaubarer, da sich zwölf Sitzungen in der Regel – bedingt durch Feiertage oder aus anderen Gründen – auf etwas mehr als ein Vierteljahr erstrecken. In dieser Zeit entscheidet es sich bald, ob die Patienten sich auf den Prozess in der konkreten Gruppe einlassen können oder nicht. Dann kann bei bestehender Indikation die Langzeittherapie um weitere 20 Sitzungen (halbes Jahr) verlängert werden. Damit stehen im möglichen Kontingent der Psychotherapierichtlinien insgesamt 80 Sitzungen – ca. zwei Jahre – zur Verfügung. Verlängerungen über das übliche Maß sind auch hier möglich und personenbezogen indiziert.

Für die tiefenpsychologisch fundierte Gruppenpsychotherapie entsteht folgende Übersicht:

1. Kurzzeittherapie 1 – Gruppe: 12 Sitzungen zu je 100 Minuten.
2. Kurzzeittherapie 2 – Gruppe: weitere 12 Sitzungen zu je 100 Minuten.
3. Langzeittherapie – Gruppe: 60 Sitzungen zu je 100 Minuten, wobei zuvor gewährte Zeiten der KZT in die 60 Sitzungen einfließen. Wenn beispielsweise nach der KZT 1-Gruppe mit der LZT-Gruppe begonnen wird, stehen 48 Sitzungen zur Verfügung.
4. Die Langzeittherapie kann um weitere 20 Sitzungen verlängert werden, sodass insgesamt 80 Sitzungen in der therapeutischen Gruppe möglich sind.

Zusatz: nach jeder zehnten Gruppentherapiesitzung kann bei Bedarf eine Einzeltherapiesitzung ohne vorherige Beantragung verwendet werden. Wenn eine Kombinationstherapie von Einzel- und Gruppentherapie beantragt wurde, entfällt diese Regelung. Dafür können die beantragten Gruppen- und Einzelsitzungen zur Anwendung kommen.

Für Kinder- und Jugendlichenpsychotherapie in der Gruppe stehen folgende Kontingente zur Verfügung:
Analytische und tiefenpsychologisch fundiert arbeitende Gruppe:

KZT-1 Gruppe bis 18 Jahre (bis 21 Jahre) 12 Sitzungen
KZT-2 Gruppe weitere 12 Sitzungen
LZT-Gruppe umfasst 60 Sitzungen, wobei die Kurzzeittherapien einbezogen werden.

Eine Verlängerung auf 90 Sitzungen kann gleichermaßen in Anspruch genommen werden, wenn die Indikation dazu besteht. Darüber hinaus sind mit Begründung weitere Behandlungszeiten möglich. Für alle praktischen Fragen im Rahmen der Kinder- und Jugendlichen-Psychotherapie verweise ich auf die folgenden Publikationen: »Gruppenanalytisches Arbeiten mit Kindern und Jugendliche« der Herausgeberin Katrin Stumptner

(2022) und »Mut zur Gruppentherapie« von Trautmann-Voigt und Bernd Voigt (2019).

Die Gruppen werden meist als halboffene geführt. Das bedeutet, dass eine Therapiegruppe bis zu neun Mitglieder hat. Eine Mindestzeit von einem Jahr in einer solchen Gruppentherapie ist in der Regel dringend zu empfehlen. Wird jemand verabschiedet, so wird zeitlich parallel oder in der nächsten bzw. übernächsten Stunde ein neuer Patient aufgenommen. Im vorliegenden Buch habe ich viele Beispiele aus ambulanten Gruppensituationen beschrieben, weshalb ich an dieser Stelle darauf verzichte.[72] An dieser Stelle möchte ich zum Ausdruck bringen, dass die auf den anderen Menschen bezogene analytisch-psychodynamisch verstandene Arbeit in einer kleinen Gruppe, die über Monate und einige Jahre regelmäßig zusammenkommt, eine der anspruchsvollsten und beglückendsten Tätigkeiten ist, die ich kenne.

5.3 Unterschied und Übereinstimmung zwischen psychodynamischer und analytischer Gruppentherapie

Die Gemeinsamkeiten von psychodynamischer und analytischer Gruppentherapie habe ich in diesem Buch immer betont. Wenn das Bedürfnis besteht, zwischen beiden Herangehensweisen zu unterscheiden, finden sich zuerst die verschiedenen Stundenkontingente. Typisch für die analytische Gruppenpsychotherapie ist das Verständnis, dass über die Reaktualisierung eines oder mehrerer frühkindlicher Konflikte und deren Interaktionsmuster bzw. Selbst-mit-anderen-Muster (Knox) diese in der Gruppe wiederholt, auf diese Weise wahrgenommen, behandelt und verändert werden können. Mit der Reaktualisierung früher konflikthafter Störungen

---

72 Eine ausführliche Darstellung von analytischer Gruppenarbeit im ambulanten Setting beschreibe ich im Buch: »Traumarbeit in Gruppen«, (Alder, 2022a, S. 9 ff.).

sind auch strukturelle Schwierigkeiten im Bereich der psychischen Fähigkeiten mitgedacht, die mit den Stichworten Mentalisierungsdefizite, Fixierungen in Beziehungsangeboten der Selbstwirksamkeit und der Beschreibung der psychischen Struktur im Sinne der OPD-3 benannt sind. Praktisch verbinden sich damit längere Behandlungszeiten und -möglichkeiten, was sich in der Regel für die betroffenen Patienten lohnt. Gibt es deshalb unterschiedliche Interventionen? Ich vertrete die Auffassung, dass dies nicht so ist. Als Gruppentherapeuten arbeiten wir in Bezug zu den Patienten bzw. Selbsterfahrungsteilnehmenden, in Bezug zum Entwicklungsstand der Gruppe und möglichen situativen Herausforderungen und Störungen. Vertreter der psychodynamischen Gruppentherapie und tiefenpsychologisch fundierten Psychotherapie betonen folgende Aspekte. Danach ist die Fokussierung auf vier Bereiche charakteristisch: 1. die spezifische, die Symptomatik auslösende Situation für den Patienten, 2. das pathogene (Um-)Feld oder soziale Netzwerk, in dem sich die Konflikte immer wieder neu konstellieren, 3. die aktuelle therapeutische Situation in der Gruppe und 4. die Begrenzungen der Themen und die Dauer der Therapie[73]. Allein für die analytische Psychotherapie wird auch in der Gruppe die therapeutische Bearbeitung als Reaktualisierung eines frühkindlichen Konfliktes im therapeutischen Feld verstanden. In meinem Verständnis bewegen wir uns immer in einem Oszillieren zwischen einer Fokussierung auf einen Aspekt und einer afokalen therapeutischen Haltung. Dass hier ein weites Feld zwischen den benannten Polen besteht, ist jedem klar, der psychodynamisch – tiefenpsychologisch und gruppenanalytisch – mit Patientengruppen arbeitet. Beginnende Therapeuten bevorzugen die Fokussierung auf ein Thema, auf einen Konflikt oder strukturelle Aspekte, was die Komplexität reduziert, auch die Angst, was zunächst und oft von Vorteil ist.

---

[73] Diese Aspekte werden von Ulrich Rüger in seinem Aufsatz: »Herkunft und Entwicklung der tiefenpsychologisch fundierten Psychotherapie als psychoanalytisch begründetes Verfahren« diskutiert (Rüger, 2020, S. 4 ff.)

6 Kompetenzen in Klinik und Praxis

> **Zusammenfassung**
>
> Therapeutische Kompetenzen als Gruppenpsychotherapeuten sind die Fähigkeiten, gut für sich zu sorgen. Daraus folgen die Fähigkeiten, ausreichend aufmerksam und aufnahmefähig für positive und negative Übertragungen zu sein, um diese im Sinne der Patientinnen und Patienten therapeutisch zu verwenden. Schließlich ist es wichtig, das Psychische respektvoll und vertrauend geschehen zu lassen.

Für die ärztlichen Psychotherapeuten gilt, dass alle im Rahmen ihrer Facharztweiterbildung – in Abhängigkeit vom Bundesland kann es ab 2020 bzw. 2022 sein – über eine gruppentherapeutische Qualifikation verfügen. Bis dahin war diese nur für Fachärztinnen und Fachärzte für Psychosomatische Medizin-Psychotherapie obligater Bestandteil. Für alle anderen, die nicht gruppentherapeutisch qualifiziert waren, bestand und besteht die Möglichkeit der zusätzlichen Qualifizierung in Gruppenpsychotherapie. Diese Qualifizierung ergänzt immer die einzeltherapeutisch erworbene im jeweiligen Verfahren wie psychodynamische Psychotherapie (analytisch begründete und tiefenpsychologisch fundiert), verhaltenstherapeutisch oder systemische Therapie. Die Richtlinien für Psychotherapie haben das auf gesetzlicher Grundlage geregelt. Demnach sind mindestens 40 Doppelstunden Selbsterfahrung in der Gruppe, 48 Stunden Theorie und mindestens 60 selbst geleitete Gruppensitzungen, die mit 30 Stunden su-

pervidiert wurden, nachzuweisen (Psychotherapie-Vereinbarung, KBV, 2024, S. 8 Teil B, § 8).[74]
Die Fachgesellschaft für Gruppenpsychotherapie und Gruppenanalyse (D3G) hat in Abstimmung mit allen anerkannten Weiterbildungsinstituten ein Kerncurriculum (Schultz-Venrath, Niecke, Niecke & Janssen, 2023, S. 276 ff.) erarbeitet. Darin werden zur Theorievermittlung wesentliche Inhalte formuliert. Dass es sich dabei um einen ersten Einstieg handelt, sich mit der komplexen Thematik vertraut zu machen, ist jedem klar, der Erfahrungen mit Gruppentherapie sammeln konnte.

Nach über dreißig Jahren Erfahrung mit der Weiterbildung in tiefenpsychologisch fundierter und analytischer Psychotherapie inklusive Gruppenpsychotherapie, Mitarbeit an verschiedenen psychotherapeutischen Instituten auf nationaler und internationaler Ebene und Sichtung von Literatur stelle ich folgende konzeptionellen, diagnostischen und therapeutischen Kompetenzen zusammen:

- Gruppenbezogener Umgang ist grundsätzlich indiziert für Menschen mit psychischer und körperlich zu erlebender krankheitswertiger Not, psychischem Leiden, Schmerzen, Angst, Anspannungen, depressiven Zuständen, hypochondrischen Ängsten, zwanghaftem Denken und Verhalten, Essstörungen, zudem mit
- Suchterkrankungen, dissoziativen Störungen und Traumafolgestörungen.
- Meist zeigen sich die psychischen (bio-psycho-sozialen) Störungen sehr deutlich in Kleingruppen, ebenso die Ressourcen der Patienten. Diese psychischen bzw. psychosozialen krankheitswertigen Nöte, wie konkret sie auch ausgedrückt werden können, sind meist in ihrer Konflikthaftigkeit inklusive der psychischen Struktur (Arbeitskreis OPD-3, 2023, S. 21 ff.) und in ihrer Bezogenheit in sozialen (gruppalen) Netzwerken (Beziehungsdiagnostik) zu verstehen. Konflikte können als Dilemmata (nicht im aktuellen Kontext lösbare Konflikte) auftreten.

---

[74] 2020_11_20_Psycho_Gruppe_Gutachter_BAnz.pdf (kbv.de), Zugriff 16.08.2023.

- Mit Verweis auf die Therapieziele können für Psychotherapeutinnen und Psychotherapeuten (meist P-Fachärzte und Fachpsychotherapeuten) folgende Kompetenzfelder benannt werden:
  1. Eigener Zugang zu verschiedenen Konflikten mit ihren Kern- und Leitaffekten (OPD-3, 2023, S. 171) und typischen Beziehungsgestaltungen.
  2. Erfahrungen mit sicherer und unsicherer Bindung in Gruppen.
  3. Eigene Erfahrungen mit Affektwahrnehmung, -differenzierung und -regulation in Gruppen.
  4. Eigene Erfahrungen mit der Entstehung und der Verwendung eines reflexiven Raumes.
  5. Eigene Erfahrungen mit Selbstwirksamkeit und Selbsturheberschaft.
  6. Eigene Erfahrungen mit negativer Übertragung und dem Erleben von Angriffen gegen andere oder von anderen gegen sich selbst.
  7. Erfahrungen mit Regression, deren Regulation und das Verwenden von Gruppen, anderen Menschen und eigener Kreativität.
  8. Eigene Erfahrung in der Rolle der dynamischen Administration, also wie Gruppentherapien organisiert werden und wie während des Therapieprozesses Grenzverletzungen (Raum, Zeit, Vertraulichkeit, Nähe-Distanz, Selbstverletzungen etc.) gehandhabt werden können.
- Gruppenpsychotherapeuten nutzen Vorgänge, die in den Konzepten des szenischen Verstehens, des Umgangs mit und dem therapeutischen Verwenden von Übertragung, Gegenübertragung und Widerstand enthalten sind.
- Grundsätzlich gilt für Gruppenpsychotherapeuten, dass sich alle psychischen Störungen der Gruppenmitglieder in der Gruppe darstellen werden und dass wir damit rechnen müssen, dass wir alle Symptome und Störungen auf irgendeine Weise im Sinne der projektiven Identifikation bzw. der introjektiven Identifikation (Klein, Bion, Nissen) oder der Rollenübernahme (Sandner), oder der psychischen Ansteckung im Sinne der participation mystique bzw. der unbewussten Identifizierung (Jung) selbst möglicherweise erleben können. Damit geht es um die Fähigkeit, damit zu rechnen, dies zumindest vage zu ahnen und sich bei Bedarf Hilfe für sich selbst zu suchen. Supervision, Intervision und Selbsterfahrung sind damit gemeint.

- Selbsterfahrung: Aufgrund der eben beschriebenen Zusammenhänge, wird von allen psychotherapeutischen Schulen und in allen Weiterbildungsordnungen sowohl Selbsterfahrung in der Gruppe als auch ausreichend Supervision für selbst geleitete Gruppen empfohlen und ist für bestimmte Zeiteinheiten obligat vorgeschrieben. Die Begründung dafür ist die Erkenntnis, dass nur durch eigene Klärung der eigenen blinden Flecke das Sicht- und Wahrnehmungsfeld geweitet ist und neurotische Anteile nicht auf Kosten von Patienten ausgelebt werden müssen.[75]
- Kulturelle Bildung: Nicht nur als letztes Thema ist es von Bedeutung, sich mit den wichtigen kulturellen, sprachlichen, mythischen und religiösen Bereichen der eigenen Kultur und der der Patienten zu beschäftigen. Grundkenntnisse der humanistischen Entwicklung von der Aufklärung bis zu den Menschenrechten, zu den Weltreligionen, den Mythen der Welt, der Literatur, Kunst und der Gegenwartskunst sollten vorhanden sein, zumindest ein stetes Interesse daran.

---

75 C.G. Jung war der erste Psychotherapeut, der die Lehranalyse für jeden Psychotherapeuten, für jede Psychotherapeutin als Voraussetzung für Patientenbehandlungen dringend empfahl (Jung, 1951/1995, §§ 137–139, S. 123 f.)

7 Schlusswort – Begegnung und Versöhnung mit dem Gruppalen

Aus meiner Sicht geht es im Kern des ambulanten und stationär-klinisch psychotherapeutischen Praxisalltages inklusive der psychosomatischen Reha-Kliniken und anderen Anwendungen der Arbeit mit Menschen in Gruppen darum, ein wohlwollend kritisches Vertrauen in Gruppen – gelegentlich auch zu mittleren und großen Gruppen (Kulturen) – und zu sich persönlich zu gewinnen. Das wird ergänzt durch ein Verständnis für die Präsenz der gegenseitigen Bezogenheit von Menschen einschließlich dem Getrennt- und Alleinsein. Für psychosomatische und psychiatrisch-psychotherapeutische Krankenhäuser und Abteilungen inklusive Tageskliniken und Rehabilitationskliniken bekommt die Therapie in der Kleingruppe eine Erweiterung durch Erfahrungen in einer Mittel- und Großgruppe. Gefühle der Faszination und des Schreckens, manchmal auch der Ehrfurcht, sind dabei vereint sowie die Fähigkeit, über die wichtigen anderen Menschen und sich selbst nachdenken zu können – in der szenischen Bezogenheit und gruppal, eben auf andere Gruppen bezogen. Daraus leitet sich die Annahme ab, dass wir füreinander unsere Schattenseiten auf die jeweils anderen Personen in der Gruppe projizieren (übertragen) und diese uns im anderen begegnen. Wir können gar nicht anders. Wenn wir uns als Mitglieder einer Gruppe füreinander zur Verfügung stellen, gewinnen alle Beteiligten an Lebendigkeit, an Liebe, Kraft, Glaube und an Hoffnung; ebenso gelangen sie in Kontakt mit Wut, Hass, depressiver Schwere, Leere, Destruktion, Neid und Eifersucht, auch wenn die Angst davor und die peinlichen Gefühle die verschiedensten Widerstände erzeugen. Eine eigene Geschichte für sich selbst und diese wichtigen anderen erzählend zu entwickeln, ist eine sinnvolle Aufgabe. Pat de Maré hatte als langjährig in psychiatrischen Krankenhäusern und in Großgruppen praktizierender Psychiater und Gruppenanalytiker die Erfahrung gemacht, dass

7 Schlusswort – Begegnung und Versöhnung mit dem Gruppalen

Panikzustände gut in Großgruppen zu behandeln seien (De Maré, 1991, S. 141). An dieser Stelle stimme ich (erneut) Siegmund H. Foulkes in seiner Vorstellung zu, dass Gruppenanalyse den Einzelnen nicht nur individuell hilft, sondern sie und uns alle mit der wertschätzenden Bedeutung von Gruppenzugehörigkeiten versöhnt (Foulkes, 1992, S. 70)[76], worüber gemeinsam sprechend nachgedacht werden kann.

Besonders herausfordernd und schwer zu handhaben sind Personen in therapeutischen Gruppen mit stabilen Gefühlen von Rache, dissoziativen und suizidalen Zuständen. Zusammengefasst kann man das als szenische Aspekte der negativen Übertragung verstehen, die in der Regel für eine psychische Besserung oder Heilung notwendig sind. Wenn kollektive Wahnzustände wirken, wie die zeitlich anhaltende oder begrenzte Überzeugung, beispielsweise in Zeiten eines Krieges, eine Gruppe von Menschen ausschließen, verfolgen und töten zu wollen, sind wir als Menschen und Bürger besonders herausgefordert, dies zu verändern.

Doch wer entlang des sich abzeichnenden Widerstandes aller Beteiligten wohlwollend und auf die sich anvertrauenden Patienten bezogen arbeitet, kommt voran, wenn auch Krisen und schmerzhafte Zeiten ausgehalten werden müssen. Zudem wächst die psychische Kapazität für Verunsicherung und Unschärfen (Ambiguität), für das Sowohl-als-Auch (Ambivalenz), was bedeutet, dass wir Gutes und Böses, Liebe und Hass, Bezogensein und Gleichgültigkeit, Vertrauen und Misstrauen, Angst und Sicherheit, Schuld und Verantwortung, Scham und Selbstunsicherheit in der Gruppe und dann in uns selbst wahrnehmen, regulieren, schließlich aushalten können. So können wir gegen Leben Zerstörendes angemessen aktiv werden, voneinander lernen und aneinander glauben.

---

76 »Sie (die therapeutische Gruppe, eingefügt von S. Alder) dient jenem langsamen Prozeß, der viele Jahrhunderte gebraucht hat, um zu reifen: der Entwicklung des Individuums aus der gemeinsamen Gruppenmatrix. Gleichzeitig kann man, ohne daß dies ein Widerspruch wäre, behaupten, daß die Gruppenpsychotherapie hilft, das Individuum wieder mit der Gruppe zu versöhnen und es stärker in ihr zu verwurzeln, eine Verwurzelung, die oft durch die Kompliziertheit des modernen Lebens aufgehoben ist« Foulkes, 1950/1992, S. 70).

Literatur

Alder, M.-L. & Alder, S. (2019). Gruppenanalytischen und interaktionsanalytische Perspektiven auf Großgruppenprozesse während der psychohistorischen Trialog-Konferenzen 2015 und 2017. *Analytische Psychologie 192(2), 382–404.*
Alder, M.-L.; Alder, S.; Jacob-Bekfani, T.; Mahlstedt, C. (2021) Das Gruppenleiterpaar und die Gruppe im Spannungsfeld von Interventionen und Großgruppenprozessen. Analysen und gruppentheoretische Verortungen zur dritten Trialog Konferenz. Gruppendynamik 57: 333–367 (2021), ISSN 0017–4947 (print), 2196–7989 (online) © 2021 Vandenhoeck & Ruprecht.
Alder, S. (2015). Die Geschichte der Gruppenanalyse in der Analytischen Psychologie von 1957 bis zur Gegenwart. *Analytische Psychologie*, 180, 46, 2, 196–220.
Alder, S. (2018). Das Geheimnis der Begegnung im therapeutischen Prozess. In: Alder, S. & Färber, K., *Das Geheimnis in der Psychotherapie.* Gießen: Psychosozial, S. 35–54
Alder, S. (2022a). Untergehen und Neubeginn. Träume in der Gruppe als Zwischenwelt. In: Braun, C. (2022). *Träume in Gruppen.* Brandes & Apsel, S. 9–43.
Alder, S. (2022b). Analytische Gruppenpsychotherapie mit jungianischen Bezügen. *Analytische Psychologie*, 198, 2/2022, 53 Jg. S. 309–339.
Alder, S. & Stumptner, K. (2019). Einblicke in das Theorie-Seminar am Berliner Institut für Gruppenanalyse. In: Seidler, C., Albert, K., Husemann, K, Stumptner, K. (2019), *Berliner Gruppenanalyse.* S. 161–168.
Arbeitskreis OPD (Hg.) (2006). *Operationalisierte Psychodynamische Diagnostik OPD-2. Das Manual für Diagnostik und Therapieplanung.* Bern: Huber.
Arbeitskreis OPD (Hg.) (2023). *Operationalisierte Psychodynamische Diagnostik – OPD-3. Das Manual für Diagnostik und Therapieplanung.* Bern: Hogrefe
Assmann, A., Assmann, J. (2018). Aleida und Jan Assmann: 14. Oktober 2018: Reden und Bilder aus der Paulskirche, Friedenspreis des Deutschen Buchhandels 2018. *Börsenblatt.* MVB: Frankfurt am Main.
Baranger, M.& W. (2018) Die analytische Situation als dynamisches Feld. In: *Psyche – Z Psychoanal* 72, 2018, 739–784.
Battegay, R. (1973) *Der Mensch in der Gruppe.* Bd. 1–3 4. Auflage. Bern: Huber.
Bauer, J. (2018) *Wie wir werden wer wir sind. Die Entstehung des menschlichen Selbst durch Resonanz.* München: Heyne.

Bauer, J. (2005) *Warum ich fühle, was du fühlst. Intuitive Kommunikation und das Geheimnis der Spiegelneurone.* Hamburg: Hoffmann und Campe.
Benjamin, J. (2019) Anerkennung, Zeugenschaft und Moral. Soziale Traumata in psychoanalytischer Perspektive. Gießen: Psychosozial.
Bion, W.R. (2009). *Aufmerksamkeit und Deutung.* Frankfurt am Main: Brandes & Apsel.
Bion, W.R. (1961). *Experiences in Groups.* London: Social Science Paperbacks.
Bion, W. R. (2018). *Attention and interpretation: A scientific approach to insight in psycho-analysis and groups.* Routledge.
Braun, C. (2012). Gruppenselbst und Gruppenmatrix. Vorbewusste Figurationen des analytischen Dritten in der Gruppenanalyse. *Anal Psychol.* 170(43), 472–486.
Braun, C. (Hg.) (2022) *Träume in Gruppen.* Frankfurt am Main: Brandes & Apsel
Buber, M. (1995) *Ich und Du,* Stuttgart: Phillip Reclam.
Bolle, R.H. (2007) Das Konzept »inneres Kind« und die Analytische Psychologie nach C. G. Jung. In: Herbold, W. & Sachsse, U. (2007): *Das so genannte innere Kind.* Stuttgart: Schattauer.
Bovensiepen, G. (2016) *Die Komplextheorie. Ihre Weiterentwicklungen und Anwendungen in der Psychotherapie.* Stuttgart: Kohlhammer.
Buchholz, M.B. (2010) Stephen Mitchel und die Perspektive der Intersubjektivität. In: *Macht und Dynamik des Unbewussten. Gießen: Psychosozial, S. 627–649.*
Buchholz, M.B. & Gödde, G. (2011) *Macht und Dynamik des Unbewussten. Auseinandersetzungen in Philosophie, Medizin und Psychoanalyse.* Giessen: Psychosozial Verlag.
Burrow, T. (1926). *Die Gruppenmethode in der Psychoanalyse.* Internationaler Psychoanalytischer Verlag.
Burrow, T. (1928). Die Laboratoriumsmethode in der Psychoanalyse. *Int Z Psa 24,* 375–386.
Césaire, A. (2021) *Über den Kolonialismus.* Berlin: Alexander Verlag.
Civitarese, G. (2018) Halluzinationen, Traum und Spiel. Das analytische Feld und seine Transformationen. In: *Psyche* – Z Psychoanal 72, 2018, 785–810.
De Maré, P., Piper, R., Thompson, S. (1991) Koinonia. From Hate, through Dialogue to Culture in the Large Group. London: Karnac.
De Masi, F. (2010). *Die sadomasochistische Perversion. Jahrbuch der Psychoanalyse, Beiheft 23.* Stuttgart-Bad Cannstatt: Frommann-Holzboog.
Dietrich, G., & Fossel, F. (Eds.). (2022). *Gruppenpsychoanalyse: Theorie, Geschichte und Praxisfelder der gruppenanalytischen Methode.* facultas.
Dornes, M. (2007) *Die emotionale Welt des Kindes.* Frankfurt a. M.: Fischer.
Dornes, M. (2012) *Die Modernisierung der Seele. Kind – Familie – Gesellschaft.* Frankfurt a. M.: Fischer.
Dorst, B. (2016) Der Archetyp der Gruppe. In: Schimkus, M., & Stuck, U. (Eds.). (2016). Selbst, Ich und Wir: Theorie und Praxis der analytischen Gruppenpsychotherapie. Brandes & Apsel, S. 41–63.

Literatur

Dorst, B. (2022) Therapeutisches Arbeiten mit Symbolen. Wege in die innere Bilderwelt. Stuttgart. Kohlhammer.

Elias, N. (1976). *Über den Prozess der Zivilisation. Soziogenetische und psychogenetische Untersuchungen.* Frankfurt am Main: Suhrkamp taschenbuch wissenschaft.

Elias, N. (2021) *Die Gesellschaft der Individuen.* Schröter, M. (Hg.). Frankfurt a. M.: Suhrkamp.

Erlenmeyer, A. (2001). Nach der Katastrophe: Auschwitz in Jungs Texten. *Analytische Psychologie, 32,*107–121.

Freud, S. (1920/1999) Jenseits des Lustprinzips. GW, Bd. 13, (S. 1–19) Frankfurt a. M.: Fischer.

Freud, S. (1921/1999) Massenpsychologie und Ich-Analyse. GW, Bd. 13, (S. 71–161), Frankfurt a. M.: Fischer.

Freud, S. (1923/1999) *Das ICH und das ES.* GW, Bd. 13 (S. 239–255), Frankfurt a. M.: Fischer.

Freud, S. (1939/1999) Der Mann Moses und die monotheistische Religion. GW, Bd. 16., S. 103–246. Frankfurt a.M: Fischer.

Freud, S. (1941/1999): Abriss der Psychoanalyse (1938). GW Bd. 17 (S. 63–138). Frankfurt a. M.: Fischer.

Friedman, R. (2018). *Die Soldatenmatrix und andere psychoanalytische Zugänge zur Beziehung von Individuum und Gruppe.* Gießen: Psychosozial-Verlag.

Friedman, R. & Seidler, C. (2022) Beziehungen mit Autoritäten in der Gruppenanalyse. Gruppenpsychother. Gruppendynamik 58: 327–343 ISSN 0017–4947 Vandenhoeck & Ruprecht.

Froese, M. (2009) Überlegungen zur psychohistorischen Situation Ostdeutschlands. In: Seidler, C. & Froese, M. (2009) *Traumatisierungen in (Ost-)Deutschland.* Gießen: Psychosozial.

Froese, M. & Misselwitz, I. (2001) Hinterher ist man klüger. In: In: Seidler, C., & Misselwitz, I. (2001). *Die Intendierte Dynamische Gruppenpsychotherapie.* Göttingen: Vandenhoeck & Ruprecht.

Fordham, M. (1978). *Jungian Psychotherapy. A Study in Analytical Psychology.* London, Karnac.

Foulkes, S.H. (1991). *Introduction to group analytic psychotherapy. Studies in the social Integration of Individuals and groups.* London: Karnac.

Foulkes, S.H. (1992). Gruppenanalytische Psychotherapie. München: Pfeiffer, (first puplished 1974).

Foulkes, S.H. (2007). Praxis der gruppenanalytischen Psychotherapie. Eschborn bei Frankfurt a. M.: Klotz.

Foulkes, S.H., Anthony, E.J. (1957). Group Psychotherapy. The Psychoanalytic Approach. London: Penguin Books.

Foulkes, S. H., & Lewis, E. (1945). A Study in the Treatment of Groups on Psycho-Analytic Lines. British Journal of Medical Psychology, 20(2), 175–184.

Literatur

Gloger-Tippelt, G., König, L. (2009). Bindung in der mittleren Kindheit. Das Geschichtenergänzungsverfahren zur Bindung 5- bis 8jähriger Kinder. Weinheim, Basel, Beltz-Verlag.

Gödde, G. & Buchholz, M.B. (2012) *Der Besen, mit dem die Hexe fliegt. Wissenschaft und Therapeutik des Unbewussten.* Band 1: Psychologie als Wissenschaft der Komplementarität. Giessen: Psychosozial-Verlag.

Haubl, R. & Lamott, F. (2019) *Handbuch der Gruppenanalyse,* Frankfurt a. M.: Klotz.

Heinz, A. (2023) *Das kolonisierte Gehirn und die Wege der Revolte.* Berlin: Suhrkamp.

Herbold, W. & Sachsse, U. (2007): *Das so genannte innere Kind.* Stuttgart: Schattauer.

Hobson, R. F. (1959). An Approach to Group Analysis. *Journal of Analytical Psychology, 4(2),* 139–151.

Hobson, R. F. (1964). Group Dynamics and Analytical Psychology. *Journal of Analytical Psychology. 9(1),* 23–49.

Hopper, E. (2003). *Traumatic experience in the unconscious life of groups: The fourth basic assumption: Incohesion: Aggregation/massification or (ba) I: A/M* (Vol. 23). Jessica Kingsley Publishers.

Hopper, E. (2010) Ein Abriss meiner Theorie der Grundannahme der Inkohärenz: Aggregation/Vermassung oder (ba) I:A/M. In Roth, W. & Shaked, J. & Felsberger, H. (Hg.) Die analytische Großgruppe. Festschrift zu Ehren von Josef Shaked. Wien: facultas.

Janssen, P.L. & Sachs, G. (2018) *Psychodynamische Gruppenpsychotherapie.* Theorie, Setting und Praxis. Stuttgart: Schattauer.

Jung, C.G. (1921/1995) *Definitionen,* GW, Bd. 6, Olten: Walter.

Jung, C.G. (1925/1989) *Analytical Psychology. Notes Of The Seminar Given In 1925.* New Jersey: Princeton University Press.

Jung, C.G. (1941/1995) *Die Psychotherapie der Gegenwart.* GW, Bd. 16, §§ 212–229, S.103–118, Olten, Walter.

Jung, C.G. (1933/1995) *Die Individuation.* GW, Bd. 7, §§ 266–295, S. 181–196, Olten: Walter.

Jung, C.G. (1934/1995) *Allgemeines zur Komplextheorie.* GW, Bd. 8, §§ 194–219, S. 109–123, Olten: Walter.

Jung C.G. (1935/1995) *Grundsätzliches zur praktischen Psychotherapie.* GW, Bd. 16, §§1–27, S. 15–32, Olten: Walter.

Jung C.G. (1946/1995) *Die Psychologie der Übertragung.* GW, Bd. 16, §§ 353–539, S. 168–319, Olten: Walter.

Jung, C.G. (1951/1995) *Grundfragen der Psychotherapie,* GW, Bd. 16, §§ 230–254, S. 119–132, Olten: Walter.

Jung, C. G. (1972). *Briefe II, (1946–1955).* Olten: Walter.

Jung, C. G. (1973). *Briefe III (1956–1961).* Olten: Walter.

Kaes, R. (2009) Innere Gruppen und psychische Gruppalität: Entstehung und Hintergründe eines Konzepts. *Psyche – Psychoanal 63(2)* 281–305.

Kant, I. (1787/2014) https://nowxhere.wordpress.com/wp-content/uploads/2014/09/kant-kritik-der-reinen-vernunft.pdf (letzter Zugriff: 11.11.2024).

KBV – Kassenärztliche Bundesvereinigung (2024). *Vereinbarung über die Anwendung von Psychotherapie in der vertragsärztlichen Versorgung (Psychotherapie-Vereinbarung) vom 1. Januar 2025*, Zugriff am 15.12.2024 unter: www.kbv.de/media/sp/01_Psychotherapie_Aerzte.pdf.

Keller, W., Dilg, R., Westhoff, G., Rohner, R., & Studt, H. H. (1997) Zur Wirksamkeit ambulanter jungianischer Psychoanalysen und Psychotherapien–eine katamnestische Studie. S. 432–453. In: M. Leuzinger-Bohleber & U. Stuhr (Hg.), *Psychoanalysen im Rückblick*. Gießen: Psychosozial-Verlag.

Kennard, D., Roberts, J., Winter, D.A. (2000): Arbeitsbuch gruppenanalytischer Interventionen. Heidelberg: Mattes-Verlag.

Khalil, A. & Weber, C. (2022) »Muss ich denn ein Bösewicht werden?« – vom Sinn der Destruktion in existenziellen Auseinandersetzungen. In: Stumptner, K. (Hg.) Gruppenanalytisch arbeiten mit Kindern und Jugendlichen. S. 140–152.

Kirsch, H., Brockmann, J., & Taubner, S. (2016). *Praxis des Mentalisierens*. Stuttgart: Klett-Cotta.

Kirsch, J. & Spradlin, S. (2006). Group Process in Jungian Analytic Training and Institute Life. *Journal of Analytical Psychology. 51*, 357–380.

Kleespies, W. (1995). Gruppentherapie und Analytische Psychologie: Innerer Gegensatz oder Vereinbarkeit? *Anal Psychol. 26*, 159–180.

Kleespies, W. (1998) Vom Sinn der Depression. Selbstwertstörungen im Blickwinkel der Analytischen Psychologie. München: Reinhardt.

Kleespies, W. (2010). Der Traum in der analytischen Gruppentherapie. *Anal Psychol. 41*, 399–419.

Knauss, W. (2001) Gruppenanalyse in der stationären Psychotherapie. In: gruppenanalyse. Zeitschrift für gruppenanalytische Psychotherapie, Beratung und Supervision. Vol. 11, Heft1. S.77–86.

Knoke, D. & Yang, S. (2020) *Social Network Analysis*. Los Angeles, London: Sage-

Knox, J. (2003). *Archetype, attachment, analysis: Jungian psychology and the emergent mind*. East Sussex, London: Routledge.

Knox, J. (2009) The Analytic Relationship: Integrating Jungian, Attachment Theory and Developmental Perspectives. British Journal of Psychotherapy, 25(1), BAP and Blackwell Publishing Ltd; Oxford.

Knox, J. (2011). *Self-agency in psychotherapy: Attachment, Autonomy, and Intimacy*. New York, WW Norton & Company.

Krejci, E. (2011). Zur Relevanz von Freuds« Ichspaltung im Abwehrvorgang »als Brückenkonzept für die Erweiterung des Neurosenmodells der Psychoanalyse. *Psyche, 65*(1), 1–29.

LeBon, G. (2016). *Psychologie der Massen* (1895), übers. von Rudolf Eisler, Hamburg, Nikol, 14.

Liebscher, M. (2011) C. G. Jung – Die gedanklichen Werkzeuge des Unbewussten. In: Buchholz & Gödde, *Macht und Dynamik des Unbewussten. Auseinandersetzungen in Philosophie, Medizin und Psychoanalyse*. S. 383–394, Giessen: Psychosozial-Verlag.

López-Corvo, R. E. (2003). Wilfred Bion and Psychoanalysis. In *The Routledge Handbook of Psychoanalysis in the Social Sciences and Humanities* (pp. 92–112). Routledge.

Lammers, A.C. (Hg.) (2014) *C. G. Jung und James Kirsch. Die Briefe 1928–1961.* Ostfildern: Patmos.

Lorentzen, S. (2014). Group Analytic Psychotherapy. Working with affective, anxiety and personality disorders. London, Routledge.

Lorentzen, S. (2022). Focused Group Analytic Psychotherapy. An Integration of Clinical Experience and Research. An integration of clinical experience and research). London/New York: Routledge.

Lorenzer, A. (1984) *Intimität und soziales Leid.* Archäologie der Psychoanalyse. Frankfurt am Main: S. Fischer.

Mahler, M.S., Pine, F., Bergman, A. (1992) *Die psychische Geburt des Menschen.* Symbiose und Individuation. Frankf.a.M.: Fischer.

Margraf, J., Rudolf, G. (2005) Wissenschaftlicher Beirat Psychotherapie nach § 11 PsychThG: Stellungnahme zur Psychodynamischen Psychotherapie bei Erwachsenen. In: Dtsch Ärztebl 2005; 102(1–2):-73/B-61/C-57.

Marmaroch, C. (2021) Ruptures and Repairs in Group Psychotherapy: From Theory to Practice. In: International Journal of Group Psychotherapy, 71: 205–223, 2021, The American Group Psychotherapy Association, Inc.ISSN: 0020–7284 print/ 1943–2836 online DOI: https://doi.org/10.1080/00207284.2020.1855893205, Zugriff, 26.08.2023.

Mattke, D. & Pröstler, M. (Hg.) (2020) *Formen ambulanter Gruppentherapie. Kann, Will, Muss Ich Gruppe?* Springer.

Meyer, W. (2005). Überlegungen zur Zusammenstellung der analytischen Gruppe. Das Gegenübertragungserleben als Orientierung für Zusammenstellung und Verlauf der Gruppe. Anal Psychol. 36, 248–265.

Misselwitz, I. (2001) Idealtypischer Gruppenverlauf – das Phasenkonzept. In: Seidler, C., & Misselwitz, I. (2001). Die Intendierte Dynamische Gruppenpsychotherapie. Göttingen: Vandenhoeck & Ruprecht.

Mitchell, S. A. (2021). *Bindung und Beziehung. Auf dem Weg zu einer relationalen Psychoanalyse.* Gießen, Psychosozial-Verlag.

Müller, A. & Müller, L. (2018). Praxis der Analytischen Psychologie: ein Lehrbuch für eine integrative Psychotherapie. Kohlhammer Verlag.

Möller, M.L. (2003) Gegenübertragung in der Gruppenanalyse. In: Pritz, A. & Vykoukal, E. (Hg.) *Gruppenpsychoanalyse.* Theorie-Technik-Anwendung, S. 70–102. Wien: facultas.

Niedecken, D. (2016). Feld und Szene. In: *Jahrbuch der Psychoanalyse,* 72, 211–237, Stuttgart, Frommann-Holzboog.

Nissen, B. (Hg.) (2009) *Die Entstehung des Seelischen.* Psychoanalytische Perspektiven. Gießen: Psychosozial-Verlag.

Nissen, B. (2014). Autistoide Organisationen. Jahrbuch der Psychoanalyse, 68, 71–88.

Nitsun, M. (2006): *The Anti-Group. Destructive forces in the group and their creative potential.* Routledge. London, New York (first edition 1996).

Orange D.M., Atwood, G. Stolorow, W. (2001). *Intersubjektivität in der Psychoanalyse. Kontextualismus in der psychoanalytischen Praxis.* Frankfurt am Main: Brandes & Apsel.

Otscheret, L., Braun, C. (Hg.) (2005). *Im Dialog mit dem Anderen. Intersubjektivität in Psychoanalyse und Psychotherapie.* Frankfurt am Main, Brandes & Apsel.

Poege-Alder, K. (2016) Märchenforschung: Theorien, Methoden, Interpretationen. Tübingen: Gunter Narr Verlag.

Poscheschnik, G. (2012) Über >Empirische Forschung in der Psychoanalyse<. Versuch einer Grundlegung anhand ausgewählter Beispiele aus Theorie, Therapie und Methodik. In: Gödde, G. & Buchholz, M.B. (Hg.) *Der Besen, mit dem die Hexe fliegt. Wissenschaft und Therapeutik des Unbewussten,* Band 1: Psychologie als Wissenschaft der Komplementarität. Gießen: Psychosozial-Verlag.

Potthoff, P. (2014) Abriss der Relationalen Psychoanalyse. In Potthoff, P. & Wollnik (Hg.) (2014) Die Begegnung der Subjekte. Die intersubjektiv-relationale Perspektive in Psychoanalyse und Psychotherapie. Gießen: Psychosozial, S. 43–61.

Potthoff, P. (2022) Psychoanalytische Feldtheorien. Auf dem Weg zu einem schulenübergreifenden Paradigma. Gießen: Psychosozial.

Potthoff, P. & Wollnik (Hg.) (2014) Die Begegnung der Subjekte. Die intersubjektiv-relationale Perspektive in Psychoanalyse und Psychotherapie. Gießen: Psychosozial.

Pertegato, E.G. & Pertegato, G.O (2013). *From Psychoanalysis to Group Analysis. The Pioneering work of Trigant Burrow.* London: Karnac.

Rafalski, M. (2018) Empfinden, Intuieren, Fühlen und Denken. Die vier psychischen Grundfunktionen in Psychotherapie und Individuation. Stuttgart: Kohlhammer

Roesler, C. (2010) *Analytische Psychologie heute. Der aktuelle Stand der Forschung zur Psychologie C. G. Jungs,* Basel: Karger. Roesler & Sotirova-Kohli, 2014, S. 133.

Roesler, C. (2016) *Das Archetypenkonzept C. G. Jungs: Theorie, Forschung und Anwendung.* Stuttgart: Kohlhammer Verlag

Roesler, C. (2022) *Development of a Reconceptualization of Archetype Theory.* Report to the IAAP. Freiburg, Katholische Hochschule.

Rosa, H. (2018) *Unverfügbarkeit.* Wien: Residenz-Verlag.

Roudinesco, E., & Plon, M. (2004) *Wörterbuch der Psychoanalyse: Namen, Länder, Werke, Begriffe.* Wien, New York: Springer-Verlag.

Safran, J. D., Muran, J. C., Samstag, L. W., Stevens, C. (2001). *Repairing alliance ruptures. Psychotherapy: Theory, Research, Practice, Training,* 38(4), 406.

Samuels, A., Shorter, B., Plaut, F. (1989) *Wörterbuch Jungscher Psychologie.* München: Kösel

Samuels, A. (2019) Erläuterungen zum offenen Brief. Anal Psychol. 192 (50), S. 317–323.

Sandner, D. (2013). *Die Gruppe und das Unbewusste.* Berlin und Heidelberg: Springer.

Schimkus, M., & Stuck, U. (Eds.). (2016). *Selbst, Ich und Wir: Theorie und Praxis der analytischen Gruppenpsychotherapie*. Brandes & Apsel.

Schindler, R. (1957). Grundprinzipien der Psychodynamik in der Gruppe. *Psyche. 11*, 308–311.

Schindler, R. (2016) *Das lebendige Gefüge der Gruppe. Ausgewählte Schriften*. Gießen: Psychosozial-Verlag.

Schlapobersky, J.R. (2016). *From the Couch to the Circle. Group-Analytic Psychotherapy in Practice.* London / New York: Routledge.

Schultz-Venrath, U. (2013). *Lehrbuch Mentalisieren*. Stuttgart: Klett-Cotta.

Schultz-Venrath, U. (2020) *Mentalisierungsbasierte Therapie in Gruppen.* In: Mattke, D. & Pröstler, M. Formen ambulanter Gruppentherapie. Kann, will, muss ich Gruppe? S. 95–101 Springer Verlag.

Schultz-Venrath, U., Niecke, A., Niecke, I., & Janssen, P. (2023). D3G-zertifiziertes Kerncurriculum für Psychodynamische Gruppentherapie (n)–ein Update. *Gruppenpsychotherapie und Gruppendynamik, 59*(4), 276–286.

Staats, H, A. Dally, T. Bolm (2014): *Gruppenpsychotherapie und Gruppenanalyse.* Ein Lehr- und Lernbuch für Klinik und Praxis. Vandenhoeck & Ruprecht.

Seidler, C.; Albert, K., Husemann, K., Stumptner, K. (Hg.) (2019): Berliner Gruppenanalyse. Geschichte – Theorie – Praxis. Giessen: Psychosozial.

Seidler, C., & Misselwitz, I. (2014). Neue Wege der Gruppenanalyse. *Beiträge der Intendierten Dynamischen Gruppenpsychotherapie. Budrich Unipress Ltd, Leverkusen.*

Singer, T. & Kimbles, S.L. (Hg.) (2008). *The Cultural complex. Contemporary Jungian Perspectives on Psyche and Society.* London, New York: Routledge.

Schutz, W. C. (1958). *FIRO: A Three-Dimensional Theory of Interpersonal Behavior.* Rinehart.

Snyder, T. (2024) *Über die Freiheit.* München: Beck.

Solms, M. & Turnbull, O. (2007). *Das Gehirn und seine innere Welt.* Düsseldorf, Zürich, Walter.

Spielrein, S. (1987) *Sämtliche Schriften.* Freiburg: Kore.

Spillmann, B. & Strubel, R. (2010) *C. G. Jung. Zerrissen zwischen Mythos und Wirklichkeit. Über die Folgen persönlicher und kollektiver Spaltungen im tiefenpsychologischen Erbe.* Gießen: Psychosozial-Verlag.

Springer, A.; Wellendorf, F.; Senf, W.; Schneider, G.; Sasse, H.; Wimmer, R. (2011) Stellungnahme zur Prüfung der Richtlinienverfahren gemäß §§ 13–15 der Psychotherapie-Richtlinie für die psychoanalytisch begründeten Verfahren. Forum Psychoanal (2011) 27:1–85, DOI 10.1007/s00451–011–0091–7, Springer-Verlag.

Stein, M. (2013) *C. G. Jungs Landkarte der Seele.* Ulm: Patmos Verlag.

Strauß, B. (2022). *Gruppenpsychotherapie: Grundlagen und integrative Konzepte.* Kohlhammer Verlag.

Sterba, R. (1934): *Das Schicksal des Ichs im therapeutischen Verfahren.* Internationale Zeitschrift für Psychoanalyse 20, 1934, S. 66–73.

Stuck, U. (2020) *Analytische Gruppentherapie: Komplexbearbeitung in der Gruppe.* In: Mattke, D. & Prostler, M. Formen ambulanter Gruppentherapie. Kann, will, muss ich Gruppe? Springer-Verlag.

Streeck, U. (2015) *Der Einzelne und die Anderen – Interdependenz und soziale Interaktion. Zu Norbert Elias' Aufsatz »Soziologie und Psychiatrie«.* Gruppenpsychother. Gruppendynamik 51: 46–62 Göttingen: Vandenhoeck & Ruprecht.

Stern, D. (2014). *Der Gegenwartsmoment. Veränderungsprozesse in Psychoanalyse, Psychotherapie und Alltag.* Frankfurt am Main: Brandes & Apsel.

Stumptner, K. (2022) *Gruppenanalytisch arbeiten mit Kindern und Jugendlichen. Impulse für eine vielfältige und kreative Praxis.* Göttingen: Vandenhoeck & Ruprecht.

Tann, M. von der & Erlenmeyer, A. (Hg.) (1993). C. G. Jung und der Nationalsozialismus. Texte und Daten. Berlin, unveröffentlichtes Manuskript im Auftrag der DGAP.

Thomä, H. & Kächele, H. (2006) *Psychoanalytische Therapie. Grundlagen.* Heidelberg: Springer.

Tomasello, M. (2009) *Die Ursprünge der menschlichen Kommunikation.* Frankfurt a. M.: Suhrkamp.

Trautmann-Voigt, S. & Voigt, B. (2019) *Mut zur Gruppentherapie. Das Praxisbuch für gruppenaffine Psychotherapeuten.* Stuttgart: Schattauer.

Tschuschke, V. (Hg.) (2001) *Praxis der Gruppenpsychotherapie.* Stuttgart: Thieme.

Tschuschke, V. & Anbeh, T. (2008). *Ambulante Gruppenpsychotherapie.* Stuttgart: Schattauer.

Türcke, C. (2008). *Philosophie des Traums.* München: CH Beck.

Türcke, C. (2011). Konzentrierte Zerstreuung. Zur mikroelektronischen Aufmerksamkeitsdefizit-Kultur. In *Jahrbuch der Psychoanalyse* (pp. 13–30). frommann-holzboog Verlag.

Vogel, R. T. (2017) *Individuation und Wandlung: Der» Werdensprozess der Seele« in der Analytischen Psychologie CG Jungs.* Kohlhammer Verlag.

Walach, H. (2012) Komplementarität: Rahmen für eine Wissenschaftstheorie der Psychologie. In: Gödde, G. & Buchholz, M.B. Der Besen, mit den die Hexe fliegt. Band 1. Gießen: Psychosozial, S. 301–326.

Wellert, I. (2003) Theoriebildungen zur Gruppenpsychoanalyse. In: Pritz, A. & Vykoukal, E. (Hg.) Gruppenpsychoanalyse. Theorie-Technik-Anwendung, S. 15–20. Wien: facultas.

Weimer, M. (2011). Vorüberlegungen zu einer gruppenanalytischen Theorie der Depression. *Jahrbuch der Gruppenanalyse 2009/2010. Bd. 15/16*, Heidelberg: Mattes-Verlag.

Wiedemann, W. (2007). *Wilfred Bion: Biografie, Theorie und klinische Praxis des »Mystikers der Psychoanalyse«.* Psychosozial-Verlag.

Wiener, J. (2009). *The Therapeutic Relationship. Transference and Countertransference and the making of meaning.* Texas: A&M University Press.

Winnicott, D.W. (1997) *Von der Kinderheilkunde zur Psychoanalyse.* Frankfurt am Main: Fischer Taschenbuchverlag

Wöller, W. (2008) Psychotherapeutische Konzepte zur Behandlung von Persönlichkeitsstörungen bei chronischen Kindheitstraumatisierungen. In: *Fortschr. Neurol Psychiatr.* 76: 530–538. Stuttgart: Thieme.

Wöller, W., & Kruse, J. (2001). *Tiefenpsychologisch fundierte Psychotherapie: Basisbuch und Praxisleitfaden.* Schattauer Verlag.

Yalom, I.D. (1971/2005a). *Theorie und Praxis der Gruppenpsychotherapie: Ein Lehrbuch.* Leben Lernen Jubiläumsedition (Vol. 66). Stuttgart, Klett-Cotta.

Yalom, I. D. (2005b). *Im Hier und Jetzt: Richtlinien der Gruppenpsychotherapie.* München, btb Verlag.

Stichwortverzeichnis

A

Abwehrmuster in Gruppen 194
Agenda-Gruppe
– Fokus-Gruppe in Klinik 220
analytische Gruppentherapie
– Gruppenanalyse 32
Analytischen Psychologie 107
Antigruppe (Anti-Group) 178
Arbeitsbeziehung
– - therapeutische 26
Arbeitsbündnis
– therapeutisches 120

B

Bion, Wilfred Rupert 35
Burrow, Trigant 31

C

Common-Ground-Aktivität 106, 107

D

Deuten 168
Drei Beziehungsperspektiven
– Gruppe 52
Drei Ebenen des Erlebens 50
Dynamischen Administration 140

dynamischen Administration 140
– Interventionen 162

E

Erstgespräch
– Gruppenpsychotherapie 115

F

Feld und Szene 88, 97
Foulkes, Siegmund H. 32
Freud, Sigmund 62

G

Gefühle 84
Gefühlsregulation 147
Gegenübertragung 47
Gegenwartsmoment oder das Moment der intersubjektiven Begegnung 157
Grundregeln
– zur Gruppenpsychotherapie für Teilnehmende 131
Gruppal-intersubjektives Feld 86
Gruppe 93
– als Symbol 94
– Entwicklungsphasen 104
Gruppenanalyse 31

Stichwortverzeichnis

Gruppenpsychotherapie 45
- psychodynamisch 45
Gruppentherapie
- analytische 227

H

Heidelberger Umstrukturierungsskala 149
Hobson, Robert F. 33

I

Ich- und Wir-Identitäten 120
Individuation
- als psychosoziale Integrationsprozess 149
Individuelle und gruppenbezogene Psyche 28
Interaktionserfahrungen 49
Interventionen von Gruppentherapeuten 160

J

Jung, C.G. 64

K

Kipp-Prozess 174
Kollektive Unbewusste 64
Kompetenzen in Klinik und Praxis 229
Komplexe
- als unbewusste Beziehungsmuster 152
Konflikt
- interpersonal, intersubjektiv 80
- intrapsychisch 79
Konversationelles Objekt 107
Krankheitsentstehung 69

Kurz-Zeit-Gruppentherapie stationär 214

L

Laborationsmethode 45

M

Matrix 95
- dynamische 98
Misstrauen 144
Motivationssysteme 55

N

Neue interpersonale Beziehungserfahrungen 168

O

Objektkonstanz 144
Okkupation, Lokation, Spiegelung, Translation, Interpretation, Transformation 101
Operationalisierte psychodynamische Diagnostik 72

P

Paarleitung 109
Psychische Selbst ist so in seiner Vielheit und Einheit 90
Psychische Struktur 82
Psychischen Gruppalität 89
Psychoanalyse 110
Psychoanalytische Diagnostik 73

Stichwortverzeichnis

R

Rahmenbedingung 140
Rahmenbedingungen 29
Regression 169
Repetitive dysfunktionale Beziehungsdynamik 76
Resonanz 86
Roth, Gerhard 54
Rrechtlichen Rahmenbedingungen
- Gruppenpsychotherapie 224

S

Schattenintegration 148
Schultz-Venrath, Ulrich 36
Selbst in der analytischen Psychologie
- Vielheit und Einheit 90
Selbsturheberschaft und Selbstwirksamkeit 144
Soziale Netzwerkanalyse 91
Soziale Rollen in Gruppen 88
- Alpha-Position 89
- Omega-Position 89
Sozialisation
- als psychosozialer Integrationsprozess 149
Struktur, Prozess und Inhalt 100
Subsidiäre archetypische Kommunikationsmuster 58
Szenischer Komplex 85

T

Therapeutische Haltung 123
Traumatischer Wiederholungszwang 57

Typologie von Persönlichkeitseigenschaften 78

U

Übertragung 17, 20, 23, 26, 27, 47, 183
Übertragungsmatrix
- vertikal und horizontal 96
Unbewusste
- neurobiologisch 55
Unbewusstes 61

V

vier Fragen
- zur Beziehungsdiagnostik 118

W

Widerstand 48
Wiederholungszwang 27, 48, 59, 135, 155, 162
Wir-Ich-Balance 145
Wir-Identität(en), Ich-Identität(en) 145
Wirkfaktoren 155

Y

Yalom, Irvin D. 155

Z

Ziele und Interventionen
- Gruppenpsychotherapie 136